“十三五”国家重点出版物出版规划项目

转型时代的中国财经战略论丛

要素价格扭曲对我国出口产品质量影响机理与升级路径研究

王明益　王培志　方　慧　戚建梅　著

中国财经出版传媒集团

经济科学出版社
Economic Science Press

图书在版编目（CIP）数据

要素价格扭曲对我国出口产品质量影响机理与升级路径研究/王明益等著.—北京：经济科学出版社，2020.1
（转型时代的中国财经战略论丛）
ISBN 978-7-5218-1231-2

Ⅰ.①要… Ⅱ.①王… Ⅲ.①生产要素-价格-影响-出口产品-产品质量-研究-中国 Ⅳ.①F752.62

中国版本图书馆 CIP 数据核字（2020）第 021302 号

责任编辑：宋 涛
责任校对：杨 海
责任印制：李 鹏 范 艳

要素价格扭曲对我国出口产品质量影响机理与升级路径研究
王明益 王培志 方 慧 戚建梅 著
经济科学出版社出版、发行 新华书店经销
社址：北京市海淀区阜成路甲 28 号 邮编：100142
总编部电话：010-88191217 发行部电话：010-88191522
网址：www.esp.com.cn
电子邮件：esp@esp.com.cn
天猫网店：经济科学出版社旗舰店
网址：http://jjkxcbs.tmall.com
北京季蜂印刷有限公司印装
710×1000 16 开 13.5 印张 220000 字
2020 年 4 月第 1 版 2020 年 4 月第 1 次印刷
ISBN 978-7-5218-1231-2 定价：52.00 元

总　序

山东财经大学《转型时代的中国财经战略论丛》（以下简称《论丛》）系列学术专著是"'十三五'国家重点出版物出版规划项目"，是山东财经大学与经济科学出版社合作推出的系列学术专著。

山东财经大学是一所办学历史悠久、办学规模较大、办学特色鲜明，以经济学科和管理学科为主，兼有文学、法学、理学、工学、教育学、艺术学八大学科门类，在国内外具有较高声誉和知名度的财经类大学。学校于2011年7月4日由原山东经济学院和原山东财政学院合并组建而成，2012年6月9日正式揭牌。2012年8月23日，财政部、教育部、山东省人民政府在济南签署了共同建设山东财经大学的协议。2013年7月，经国务院学位委员会批准，学校获得博士学位授予权。2013年12月，学校入选山东省"省部共建人才培养特色名校立项建设单位"。

党的十九大以来，学校科研整体水平得到较大跃升，教师从事科学研究的能动性显著增强，科研体制机制改革更加深入。近三年来，全校共获批国家级项目103项，教育部及其他省部级课题311项。学校参与了国家级协同创新平台中国财政发展2011协同创新中心、中国会计发展2011协同创新中心，承担建设各类省部级以上平台29个。学校高度重视服务地方经济社会发展，立足山东、面向全国，主动对接"一带一路"、新旧动能转换、乡村振兴等国家及区域重大发展战略，建立和完善科研科技创新体系，通过政产学研用的创新合作，以政府、企业和区域经济发展需求为导向，采取多种形式，充分发挥专业学科和人才优势为政府和地方经济社会建设服务，每年签订横向委托项目100余项。学校的发展为教师从事科学研究提供了广阔的平台，创造了良好的学术生态。

习近平总书记在全国教育大会上的重要讲话，从党和国家事业发展全局的战略高度，对新时代教育工作进行了全面、系统、深入的阐述和部署，为我们的科研工作提供了根本遵循和行动指南。习近平总书记在庆祝改革开放40周年大会上的重要讲话，发出了新时代改革开放再出发的宣言书和动员令，更是对高校的发展提出了新的目标要求。在此背景下，《论丛》集中反映了我校学术前沿水平、体现相关领域高水准的创新成果，《论丛》的出版能够更好地服务我校一流学科建设，展现我校“特色名校工程”建设成效和进展。同时，《论丛》的出版也有助于鼓励我校广大教师潜心治学，扎实研究，充分发挥优秀成果和优秀人才的示范引领作用，推进学科体系、学术观点、科研方法创新，推动我校科学研究事业进一步繁荣发展。

伴随着中国经济改革和发展的进程，我们期待着山东财经大学有更多更好的学术成果问世。

山东财经大学校长

2018年12月28日

前　言

改革开放40多年来，我国产品市场开展了一系列市场化改革并取得了显著的成效，目前已经形成了较为完备和发达的产品供求市场，但包括劳动力、资本及各类中间投入品在内的各要素市场化改革进程却明显滞后。到目前为止，上述各要素市场的垄断程度仍较高，各生产要素市场均存在程度不等的要素价格扭曲现象。换言之，我国劳动力市场、资本市场及中间投入品要素价格均与其边际产出存在较为明显的偏离现象，即我国既存在比较完备、发达的产品市场，还包括相对封闭、垄断程度较高、地区分割较为明显、市场化程度较低的各要素市场。

众所周知，最终产品的生产过程需要投入大量的生产要素（包括劳动力投入、资本投入及各种中间投入品），如果各要素市场存在较为严重的价格扭曲，则要素价格扭曲势必会通过某种机制或渠道对最终产品质量产生影响。如长期以来，我国劳动力供给量一直非常丰裕，并且劳动力价格长期存在低估现象，这使得我国各企业发挥劳动力使用成本低的优势，大量生产和出口劳动密集型产品，利用本国的比较优势，从而带动了我国经济长期高速增长（截至2008年金融危机之前）。也就是说，劳动力价格扭曲在很大程度上能够解释我国出口高速增长的重要原因。另外，要素价格扭曲也会对我国企业出口产品质量产生重要影响。长期以来，我国企业只重视出口的数量和规模，普遍忽视了产品质量的提高。而出口产品质量的提高是实现我国出口结构升级及出口可持续增长的重要源泉。但在劳动力存在明显的价格负向扭曲背景下，企业大都缺乏进行产品研发并提高产品质量的动力。

伴随着我国经济步入“新常态”，劳动力、原材料等生产要素成本在持续快速上涨，企业出口所长期依赖的价格优势迅速消失。在这个背景下，大多数出口企业纷纷陷入转型的“阵痛期”，如何实现产品质量升级成为很多企业必须面临的重大现实问题。

那么，要素价格扭曲与出口产品质量升级之间存在怎样的关系？各要素价格扭曲又如何影响企业出口产品质量？它的影响渠道和作用机制是怎样的？显然，对这些问题的思考和解答具有较强的理论和现实意义。从理论层面看，这有助于拓展出口产品质量升级的研究维度，为企业出口产品质量升级提供新的视角和切入点。而目前大多数相关研究并没有把要素价格扭曲和我国出口产品质量联系在一起进行深入探讨。从实践层面看，本书的研究对处在“新常态”时期的众多出口企业以及出口决策部门而言，具有较强的实践指导意义和出口决策实施依据。

本书正是基于上述基本背景而设计，并以此背景为基础，从多个层面深入探讨了各生产要素价格扭曲对我国制造业企业出口产品质量的影响机制、制约条件及实际作用效果，并基于研究结论提出了一些对我国对外贸易发展及要素市场改革具有借鉴意义的政策建议。

目　录

第1章　导　　论

本章为导论部分，主要包括以下几个内容：选题背景、研究意义、研究主要内容和主要结构、创新点、研究方法、主要不足等。

1.1　选 题 背 景

改革开放40多年来，我国产品市场开展了一系列快速的市场化改革并取得了显著的成效，目前已经形成了较为完善和发达的产品供求市场。但包括劳动力、资本及各类中间投入品的市场化改革进程却非常缓慢。到目前为止，上述各要素市场的垄断程度仍很高，各生产要素市场均存在程度不等的要素价格扭曲现象。换言之，我国劳动力市场、资本市场及中间投入品要素价格均与其边际产出存在较为明显的偏离现象，即我国既存在比较完备、发达的产品市场，还包括相对封闭、垄断程度较高、地区分割较为明显、市场化程度较低的各要素市场。

众所周知，最终产品的生产过程需要投入大量的生产要素（包括劳动力投入、资本投入、中间投入品及各类资源能源类产品的投入），如果各要素市场存在较为严重的价格扭曲①，则要素价格扭曲势必会通过某种机制或渠道对最终产品产生影响。如长期以来，我国劳动力供给量一直非常丰裕，并且劳动力价格长期存在低估现象，这会使得我国各企业会发挥劳动力使用成本低的优势，大量生产和出口劳动密集型产品，发挥本国的比较优势，从而带动了我国经济长期高速增长（截至2008年金融危机之前）。也就是说，劳动力价格扭曲在很大程度上能够解释

① 这种扭曲既包括各类要素不同方向的价格扭曲，也包括扭曲程度的差异。

我国出口高速增长的重要原因①。另外，要素价格扭曲也会对我国企业出口产品质量产生重要影响。长期以来，我国企业只重视出口的数量和规模，普遍忽视了产品质量的提高。而出口产品质量的提高是实现我国出口结构升级及出口可持续增长的重要源泉，但在劳动力存在明显的价格负向扭曲背景下，企业大都缺乏进行产品研发并提高产品质量的动力。

伴随着我国经济步入“新常态”时期，劳动力、原材料等生产要素成本在持续快速上涨，企业出口所长期依赖的价格优势迅速消失。在这个背景下，大多出口企业纷纷陷入转型的“阵痛期”，如何实现产品质量升级成为大多企业必须面临的重大现实问题。

那么，要素价格扭曲与出口产品质量升级之间存在怎样的关系？各要素价格扭曲又如何影响企业出口产品质量？它的影响渠道和作用机制是怎样的？显然，对这些问题的思考和解答具有较强的理论和现实意义。从理论层面看，这有助于拓展出口产品质量升级的研究维度，为企业出口产品质量升级提供新的视角和切入点。而大多已有文献并没有把要素价格扭曲和出口产品质量联系在一起进行讨论。从实践层面看，该课题的研究对处在“新常态”时期的众多出口企业以及出口决策部门而言，也具有较强的实践指导意义和出口决策实施依据。

基于上述基本背景，本书侧重探讨各生产要素价格扭曲对我国企业出口产品质量的影响机制和制约条件。

1.2 研究意义

本书基于我国各要素存在较显著的价格扭曲这一典型特征事实，分别从理论及经验层面论证、探讨要素价格扭曲对我国出口产品质量升级的影响。本项目的研究具有较明显的研究意义。

1.2.1 理论层面

任何有形产品的生产和制造业过程都需要各种要素，各种要素的投

① 当然，劳动力价格扭曲只是其中一个重要原因，我国出口高速增长还与政府的产业导向、政策鼓励等密切相关。

入组合和比例会直接影响产品质量水平。而各要素价格扭曲方向和程度的差异则会打乱原有的投入比例，这可能会降低要素配置效率从而对最终产品质量产生影响。但遗憾的是，到目前为止，鲜有学者对此问题展开深入研究。此问题的研究理论意义主要体现为以下几个方面：

第一，把要素价格扭曲与最终产品质量结合起来，从要素价格扭曲的视角切入分析出口产品质量升级问题。显然，这会在一定程度上拓展已有相关研究的维度并丰富其研究内容。此外，在“新常态”背景下，研究我国企业出口产品质量升级也是当前一大热点。在面临劳动力、原材料等成本的大幅持续上涨，各出口企业必须重视出口产品质量问题。这是维持企业长期可持续出口乃至市场竞争力的关键所在。

第二，本项目关于我国各要素价格扭曲的测度、成因分析以及它对我国出口产品质量的影响研究，会在一定程度上改变我国各要素市场的市场化发展进程，从而为缩短要素市场和产品市场市场化进程的高度不同步性作出一些贡献。作为一个完善的市场经济体，要素的高度市场化是一种趋势。我国市场经济地位的不断发展、完善与各要素市场的持续、渐进的市场化改革具有非常密切的关系。而各要素市场的市场化改革又会对我国企业的出口行为、政府的出口决策（战略）以及我国产业结构的调整与升级等均具有深远的影响。

1.2.2 实践层面

我国各要素市场的市场化程度很低，政府垄断因素较为突出，要素市场化改革进展较为缓慢，各要素市场均存在较严重的价格扭曲现象。从各要素的价格扭曲视角研究我国企业出口产品质量升级问题，是基于我国基本经济现状的考虑，它具有较强的实践意义。

第一，厘清要素价格扭曲对企业出口产品质量的作用机理，会为我国经济决策部门（包括国务院、商务部，各省、自治区、直辖市的商务厅及其附属机构）制定经济发展决策（尤其是企业出口相关决策）起到较明显的理论依据，从而为今后我国企业的转型、国家出口战略的调整以及出口的可持续增长等提供较明显的理论层面的观点支撑和决策依据。

第二，本书关于要素价格扭曲对我国企业出口产品质量升级的探讨，对我国各制造业企业的转型、各生产资源的重新合理配置以及企业出口产品质量升级的路径均会产生重要的理论依据和参考价值。

1.3 研究主要内容

本书以我国各要素市场存在较严重的价格扭曲为基础，首先深入论证要素价格扭曲对出口产品质量的影响机理和约束条件，然后运用国内工业企业数据和海关统计数据库的相关合并数据展开实证分析，最后在理论分析和实证检验的基础上，详细探讨我国企业出口产品质量升级的路径，并提出相应的政策建议。

总的来看，本书的主要内容主要包括以下几个方面。

1.3.1 我国各要素市场价格扭曲基本现状、演进趋势及扭曲程度测度

这是本书研究的基础。首先，基于相关资料和文献，对改革开放以来我国各要素（包括劳动力、资本、能源及进口中间品）市场扭曲状况做系统的梳理和分析、归纳；其次，运用较科学的方法测度我国各要素市场价格扭曲程度，并进行对比分析，得出我国各要素市场价格扭曲的基本特征事实，从而为后文的研究提供必要的资料基础和研究前提。

1.3.2 要素价格扭曲对企业产品质量的影响机理

这部分是本书研究的一大重点内容，同时，它也是本项目研究的难点所在。本书尝试在已有微观经济增长理论基础上构建一个简单的数理分析框架。首先，论证在要素价格不存在扭曲情形下它对产品质量的传导路径；其次，引入要素价格扭曲因素，深入论证各要素价格扭曲通过哪些渠道如何对企业产品质量产生影响；最后，基于比较静态分析方法，推导、论证各要素价格扭曲对企业出口产品质量的作用方向和制约条件，在此基础上，得出基本理论假设，从而为后文的实证分析提供理论支撑。

1.3.3 我国企业层面出口产品质量测度

产品质量测度一直是一个比较棘手的问题，到目前为止，学术界对企业出口产品质量的测度尚未达成一个公认的有效测度方法。现存的各种测度方法理论假设不太一致，均存在一定程度上的测度误差和偏误。本书尝试在已有测度方法基础上对其进行改进，从而尽可能地减少测度误差，提高估计结果的真实性和可靠性。

我们会从企业层面、行业层面以及我国制造业年度层面三个维度分别测度样本期内我国出口产品质量的基本状况和发展基本态势。

1.3.4 要素价格扭曲对我国企业出口产品质量的实证分析

本部分也是本书的重点内容之一，我们将运用较科学的计量方法构建合理的计量模型，合理构造各变量，并基于手头能掌握的最新的微观数据进行实证分析。我们的实证分析基本思路是：首先，进行大样本检验，得出初步的估计结果，其次，分别对劳动力、资本及中间投入品价格扭曲对我国企业出口产品质量的影响进行检验，有效处理内生性问题，并进行稳健性分析，以得到比较稳健的估计结果。

实证分析结果出来之后，我们会基于我国的基本国情出发，并结合已有相关的经典文献对实证分析结果给出经济学解释。

1.3.5 我国企业出口产品质量升级路径选择和政策建议

首先，我们会基于理论分析和实证检验得出的基本结果，同时充分结合当前我国制造业企业所面临的基本国内外经济局势，分别从劳动力、资本、能源及进口中间品要素价格市场化的视角深入探讨提升我国企业出口产品质量的途径和渠道。

其次，为了能够有效地实现我国企业出口产品质量升级，我们尝试从政府等决策层面给出对应的政策建议，从而为我国企业出口产品质量升级提供相对完备的政策和制度保障。

1.4 研究框架

本书一共由五大部分组成，分别是：导论部分、文献综述部分、理论机制和数理模型部分、实证分析部分以及我国出口产品质量升级路径选择和政策含义。这五大组成部分又可细分为7章：第1章为导论，第2章为文献综述，第3章为要素价格扭曲对产品质量的影响：理论分析，第4章为我国要素市场扭曲和出口产品质量特征事实描述，第5章为要素价格扭曲对出口产品质量影响：实证分析，第6章为要素价格扭曲对出口产品质量影响效应的考察，第7章为主要结论与我国出口产品质量升级路径。

各章节安排具体如下：

第1章，导论

该部分主要介绍本项目写作背景、研究意义、研究主要内容、研究结构框架、主要研究方法、创新点及主要不足等。

第2章，文献综述

本章共分为3节，在2.1节我们将首先系统梳理要素价格扭曲的测度方法及其经济效应，然后对已有文献进行必要的评论。在2.2节，我们将系统梳理出口产品质量测度方法及决定因素相关文献，并对已有出口产品质量测度方法进行比较分析，指出各自优缺点，然后对出口产品质量决定因素相关研究文献进行总结和评价，从而为本书奠定文献基础。2.3节为本章小结。

第3章，要素价格扭曲对产品质量的影响：理论分析

本章是本书的一大重点，同时它也是本项目研究的一大难点所在。本章一共分为3节，3.1节是要素价格扭曲对产品质量影响的理论机制分析，3.2节是要素价格扭曲对产品质量影响的数理模型推演部分，通过理论模型的构建和推导，我们试图推演出各要素价格扭曲对产品质量的作用渠道和制约条件。3.3节是本章小结部分。

3.1节是各要素价格扭曲对产品质量影响机理分析。但由于劳动力、资本及中间投入品对产品质量影响机制和作用渠道可能不尽相同。因此，我们认为有必要对劳动力、资本、能源及中间投入品分别进行理

论机制分析。我们基本的处理思路是：本章第1节又细分为四小节，分别讨论劳动力、资本、能源和中间投入品价格扭曲对产品质量的作用机制。其中，3.1小节，我们侧重探讨劳动力价格扭曲对产品质量的作用机制和影响渠道；3.2小节，我们侧重探讨资本价格扭曲对产品质量的作用机制和影响渠道；3.3小节，我们侧重探讨能源价格扭曲对产品质量的作用机制和影响渠道；3.4小节，我们侧重探讨中间投入品价格扭曲对出口产品质量的作用机制和影响渠道。

3.2节是数理模型部分。我们试图构建一个关于要素价格扭曲对产品质量影响的数理分析框架。首先，推导出要素价格与产品质量的函数表达式；其次，引入要素价格扭曲变量，分析要素价格扭曲对产品质量的影响机制，进一步推导出要素价格扭曲对产品质量影响的函数表达式；再次，通过比较静态分析，推导各要素价格扭曲对产品质量的影响方向和制约条件；最后，根据理论模型推导结果，提出我们的理论假设。

3.3节，系统归纳理论机制分析和数理模型分析得出的关于要素价格扭曲对产品质量影响的基本分析结论，从而为后文的实证分析提供必要的理论依据。

第4章，我国要素价格扭曲和出口产品质量的典型特征事实描述

本章也是本书很重要的一章。它是本书开始经验分析的必要基础，同时，它在逻辑上也能够很好地承接理论分析部分。我们认为，只有把我国要素价格扭曲基本状况及我国出口产品质量基本状况分别进行科学、严谨的测度、分析与总结，并得出基本的统计描述结果，我们才能相对客观地了解我国要素价格扭曲与出口产品质量的基本情况。因此，我们认为，本章是一个承上启下的重要章节，它会把理论分析（第3章）和实证分析（第4、5、6章）有机地衔接起来，从而使整个研究结构更加合理。

本章一共分为6节。在4.1节，我们将会对我国改革开放以来各要素价格扭曲的背景、扭曲的基本发展状况、扭曲的成因等进行系统整理与概况；在4.2节，我们将会运用科学、先进的方法测度各要素价格扭曲程度。在4.3节，我们将对改革开放以来我国出口产品质量发展基本状况和趋势进行概况、分析；4.4节，我们将运用科学、先进的方法测度我国出口产品质量（包括企业层面、行业层面及国家层面）。在4.5节，我们会根据测度结果和已有文献与资料，简要总结我国要素价格扭

曲与出口产品质量的基本状况和发展趋势。4.6节是本章小结。

第5章，要素价格扭曲对我国出口产品质量的影响：实证分析

在本章，我们将依据第3章理论分析得出的基本结论，首先构造劳动力价格扭曲对我国出口产品质量影响的计量基准模型，同时借鉴已有相关经典文献，构造各变量，同时使用《中国工业企业数据库》和《中国海关数据库》的合并数据进行实证检验。本章共分为4节，5.1节是计量模型、变量构造与数据说明，5.2节是实证结果与分析，5.3节是稳健性分析，5.4节是本章小结。

本章实证分析的基本思路是：首先进行大样本检验，其次依据理论分析得出的基本假设，分别进行分样本检验，然后是内生性分析和稳健性检验。我们将会对实证分析结果进行合理的解释，最后，对本章实证结果进行精要概况。

第6章，要素价格扭曲对出口产品质量影响效应的考察

本章分为4节，6.1节是计量模型设定、变量构造部分；6.2节是要素价格扭曲对我国出口产品质量影响效应的实证结果与分析部分；6.3节是在6.2节基础上，基于行业及所有制差异对要素价格扭曲经济效应的影响进行了进一步的考察，同时也对各要素价格扭曲的相互作用进行了实证分析；6.4节是本章小结。

第7章，主要结论与我国出口产品质量升级路径

本章为本书的最后1章，本章主要以定性分析为主，首先，在7.1节系统总结了基于本研究的理论分析与实证检验的基本结论；7.2节，基于7.1节的研究结论，同时结合我国制造业出口企业的基本情况及国内外当前的基本经济局势，从要素价格扭曲这个角度深入探讨我国出口产品升级的路径选择，并给出了我国出口产品质量升级相应的政策含义与对策建议。

1.5 主要创新点

1.5.1 对出口产品质量升级的研究采用新的切入点

我们基于我国各生产要素市场普遍存在的价格扭曲这一典型特征事

实，把各要素价格扭曲与我国出口产品质量联系在一起，从各要素价格扭曲的视角重新解读我国出口产品质量变迁与升级路径问题。这在一定程度上弥补了已有文献的不足，从而在某种意义上也拓宽了关于出口产品质量升级的研究唯独，丰富了其研究内容。

1.5.2 系统论证各要素价格扭曲对产品质量的影响机制和约束条件

本书将综合运用规范分析和定量分析相结合的方式，探讨各要素价格扭曲对产品质量的影响机制和约束条件。首先，使用规范分析法探讨劳动力、资本及中间品对产品质量作用机制和影响渠道；其次，通过构建数理分析框架，推导、论证劳动力、资本、能源及中间品价格扭曲对产品质量的影响渠道和经济效应；最后，通过比较静态分析等方法，给出各要素价格扭曲对产品质量的影响方向和约束条件。

1.5.3 深入探讨我国出口产品质量升级的新路径

我们将基于理论分析和实证检验的基本结论，同时结合我国制造业企业当前所面临的基本经济局势和困境，从各要素价格市场化改革的视角深入探讨我国制造业企业出口产品质量升级的新路径。这不仅丰富、拓展了相关理论研究成果，同时它对于我国今后出口决策的制定、出口产品质量升级的政策调整等均具有较强的政策参考价值和理论支撑。

1.6 研 究 方 法

本书研究的是要素价格扭曲对我国出口产品质量的影响，基于本书的研究主题，我们拟采用以下几种主要研究方法。

1.6.1 理论分析与实证检验相结合

我们既会从理论层面充分、深入地推导、论证劳动力、资本及中间品价格扭曲对产品质量的作用机制、影响渠道和制约条件，得出基本理论假设；同时，我们还会以理论分析结论为基础，基于相关数据库信息，运用较为先进的计量分析方法和技术，从实证的角度进行经验考察，力求得到与理论分析相一致的研究结论，从而达到理论分析与实证检验的高度统一。

1.6.2 归纳、演绎分析法相结合

在论证劳动力、资本与中间品价格扭曲的经济效应时，我们既需要使用归纳分析法对要素价格扭曲的经济效应进行系统的、科学的分析与归纳；同时，还需要基于劳动力、资本与中间品各自价格扭曲的异质性，分别对其经济效应进行深入探讨，从而分别得到劳动力、资本与中间品价格扭曲对产品质量影响的基本结论，即我们也需要使用演绎分析法。实际上，本书在理论分析时，使用更多的还是演绎分析法。

同时，在分析各要素价格扭曲的典型特征事实以及我国出口产品质量升级路径等问题时，我们同样需要归纳分析与演绎分析相结合的方法。

1.6.3 定性分析与定量分析相结合

定性分析、定量分析的组合与理论分析、实证检验的组合是相对应的。在对各要素价格扭曲的经济效应进行分析时，我们使用的方法之一就是定性分析，使用该方法对劳动力、资本及中间品价格扭曲对产品质量的作用机制和影响渠道进行详尽阐释。在测度各要素价格扭曲程度、我国不同时期出口产品质量水平时，我们需要使用定量分析法。此外，在对各变量指标进行构造后，我们仍需要使用定量分析法来考察各变量对产品质量的具体贡献。

1.7 主要不足

本书的主要不足主要体现在以下几个方面：

1.7.1 微观数据获取的限制

受本书研究所用微观数据获取的限制，目前，我们尚不能得到最新的微观数据。目前，我们所能得到的微观数据主要是1998～2007年的《中国工业企业数据库》和《海关统计数据库》。而2008年之后的数据（目前最新数据截止到2013年）尚无法获取。

因此，微观数据获取的滞后性可能在某种程度上对本书的研究结论产生一些影响。我们期待未来得到更新的数据后，我们会用更新的数据重新考察我们的研究结论，同时也期待能得到一些较新的研究结论。

1.7.2 中间品价格扭曲的测度方法

到目前为止，很少有学者对中间品价格扭曲进行测度。实际上，中间品（包括进口中间品）是存在价格扭曲的。如跨国公司在对中间品进行跨国买卖时，通常使用“转移价格”来进行交易，而“转移价格”的存在很显然是扭曲了市场价格。此外，发达国家作为中间品的中间和出口大国，为了获取超额垄断利润，往往对出口的中间品收取过高的成本加成，这也会导致我国所进口的中间品价格明显超过正常的市场价格，即进口中间品存在明显的价格“正向扭曲”现象。

针对进口中间品所存在的价格正向扭曲，其扭曲度测度方法是否与劳动力、资本等要素一致？部分学者（王永进、施炳展，2014）指出，中间品市场是不完全竞争的，因此无法使用传统的生产函数法测度中间品价格扭曲度。因为传统的生产函数法是假定生产要素市场是完全竞争为前提来测度的。而其他要素价格扭曲测度方法是否适用于中间品价格扭曲的测度？这是本项目研究所面临的一大技术性问题。面对此问题，我们尝试使用多种方法来分别测度中间品价格扭曲度，试图通过多种测度方法的联合使用，得到相对稳健的研究结论。

第2章　文献综述

本章为文献综述部分，与本书相关的文献主要包括两大类：第一类是关于要素价格扭曲相关的文献；第二类是与出口产品质量相关的文献。2.1节我们首先对已有关于要素价格（市场）扭曲相关的文献进行系统梳理和简要评价。2.2节侧重对出口产品质量决定因素相关文献进行系统梳理并进行相关评价。2.3节为本章小结。

2.1　要素价格扭曲文献述评

在本节，我们分别从要素价格扭曲的成因、测度方法及经济效应三个角度系统梳理关于要素价格扭曲的相关文献。

2.1.1　要素价格（市场）扭曲的成因

要素市场扭曲作为一种市场失灵下的经济现象，中国要素价格扭曲的形成是经济改革转型一定历史条件下由诸多体制性因素所共同决定的（林毅夫等，1994）。基于已有相关文献的探讨，归纳起来，主要有以下几个方面的原因：

第一，政府干预。政府干预是要素价格扭曲的主要原因。科尔内（Kornai，1980）从“预算软约束”的视角进行研究并指出，政府为了支持国有企业投资或解救处于亏损状态的国有企业，往往实施财政补贴、贷款支持等措施，而这种措施又会导致要素市场扭曲和经济低效率。

就中国要素市场而言，它存在典型的政府干预现象，政府干预导致中国要素市场存在内生性扭曲和政策性扭曲。在新中国成立初期，中国学习苏联模式，实施优先发展重工业的经济发展模式，而这种经济发展战略会使得要素分配机制产生了扭曲，以及由此形成的市场垄断和利益集团导致之后要素市场的改革进展缓慢，是中国目前要素价格扭曲的最初的根本的原因（唐杰英，2013；卢峰和姚洋，2004；张幼文，2013）。新中国成立初期，基于当时特殊的国内外环境，中国政府选择重工业优先发展战略。中国在落后的工业条件下违背中国比较优势建立的重工业不具有自生能力（Garnaut，2000；刘瑞明，2011）。为此，中国政府作出了一系列制度安排，通过人为扭曲各生产要素价格，对经济资源进行计划配置和管理，以确保优先发展重工业。这主要包括在资金配置上，建立金融管理体制，把有限的资金优先分配到国家重点发展的项目和产业；在对外经济管理体制上，实行进口许可证、外汇管制、保护性关税等（林毅夫等，1994）。

中国政府对要素市场的干预还表现在它对资本使用成本的干预上，即金融抑制是中国银行体系的一种重要特征。在计划经济时代，低利率体系被用来向重工业优先发展战略提供资金；改革开放以来，金融市场上国有银行等垄断力量依然存在，资金的配置通常服务于国家政策的需要，而非基于市场效率的考虑，效率较低的国有企业可以以较低的利率获得资金支持，而民营企业在融资上却面临种种约束，这种扭曲的资本配置，严重影响了经济效率。艾伦（Allen，2005）等指出，中国在支持经济增长放慢，金融体系中最成功的不是银行部门或金融市场，而是一个由其他融资渠道构成的部门，如非正规金融、自筹资金和商业信贷，以及企业、投资者和地方政府的各种形式的合作。这些金融渠道依靠不同的治理机制，如产品和原料市场的竞争、信托、声誉和人脉。中国的官方利率一直比非正式信贷市场低 50% ~100%（卢峰、姚洋，2004）。加诺特（Garnaut，2000）等的研究认为中国的金融抑制扭曲了资本要素的价格，非国有经济部门获得的银行贷款不到 20%，但对中国 GDP 的贡献超过 70%，贷款的 80% 以上都流向了国有部门。经济转型过程中，庞大的国有经济通过金融压抑、歧视和效率误配的途径对整个国民经济产生拖累效应（刘瑞明，2011）。

第二，市场分割。托宾（Tobin，1972）从市场分割的角度分析要素市场的扭曲，认为市场分割形成要素流动的壁垒，要素不能自由流动，导致劳动力价格偏离市场出清价格；作者认为市场分割导致了要素流动壁垒的形成，使得要素不能自由流动，劳动力价格偏离市场出清价格。

迪肯斯和朗（Dickens and Lang，1988）则从实证角度进行考察，发现确实存在主要劳动力市场和次要劳动力市场，而且一些非经济壁垒因素阻碍劳动力从次要市场向主要市场流动，劳动力市场的分割是导致工资水平出现差异的关键。

在改革开放初期，我国城乡户籍制度管理比较严格，这导致农村劳动力很难到城市，由此形成比较严重的劳动力市场的分割现象（施炳展、冼国明，2012）。而劳动力市场的分割会直接导致劳动收入（工资）在不同行业、不同地区（如城乡之间）的不一致现象，从而造成了劳动力价格扭曲。莫吉（Magee，1973）认为要素价格的差异会导致要素市场价格的扭曲，同时指出要素价格的差异可分为两种情况：一是所有行业的要素价格都相同，但要素的边际产出和实际回报在一个或多个部门间有差异；二是不同行业的要素价格有差异，但要素在各个行业的边际产出和实际回报都相等。

中国不同经济类型企业之间、不同行业之间要素市场的分割普遍存在，而且资本要素价格的扭曲程度高于劳动力要素。非国有经济部门比国有经济部门获得资本要素的成本较高，所以非国有经济部门中资本要素和劳动力要素之间的扭曲程度相对较低，资源的配置效率比国有经济部门要高。村口春树（Murakami，1994）等以服装企业为样本，分别对不同所有制企业的配置效率进行了实证研究。结论显示，不同所有制企业的配置效率差异明显，首先，相对于合资企业，国有企业和城市集体企业的配置效率是最低的，对劳动力的过多分配分别达到42%和43%；其次，是普通乡镇企业和联营企业，对劳动力的过多分配分别为16%和4%。谢和克列纳（Hsieh and Klenow，2009）利用企业数据实证分析发现，中国劳动力和资本市场存在扭曲，这种扭曲降低了企业效率。如果中国劳动力和资本的配置效率达到美国的水平，那么中国制造业的全要素生产率将提高30%~50%。

科尔内（Kornai，1986）基于“预算约束”的研究视角指出，政府为解救处于亏损状态的国有企业或支持国有企业投资，一般会采取财政补贴、支持贷款等措施，但这些措施同时会导致要素市场扭曲和经济的低效率。

第三，工会影响力。德菲纳（Defina，1983）认为，工会的存在有可能会使得工人工资的实际水平高于完全竞争的均衡水平；并且工会的势力越强，对劳动市场扭曲的影响越大。费舍尔和瓦舍克（Fisher and Waschik，2000）从实证的角度考察了加拿大工会对本国福利损失的影响，研究发现，如果工会没有谈判能力，将使总就业提高近2.6个百分点；但在工会势力的影响下，工人工资高于竞争性水平，造成不少于GDP总量0.04个百分点的净福利损失，还将导致工会人员的收入降低1.5个百分点，使非工会人员收入提高0.67个百分点。

2.1.2 要素价格扭曲测度方法综述

基于已有文献对要素价格（市场）扭曲的界定，关于对要素市场扭曲的测度，实际上就是测度要素市场价格与其机会成本（影子价格）的偏离程度。在完全竞争市场条件下，企业将遵循要素价格等于边际产出的原则进行技术选择与生产，即此时要素市场价格恰好等于其机会成本。在这种情况下，每家企业均实现了配置效率或价格效率（Lau，1971）。但在现实经济中，特别是在发展中国家或地区，普遍存在着社会、政治或其他制度约束，这些制度约束因素导致了产出或要素市场的非竞争性，从而使得要素市场价格并不能反映其投入或产出的机会成本，从而使得各生产要素价格（包括要素相对价格）均存在着不同程度的扭曲现象。由于在扭曲的价格结构安排下，企业一般都是在次优水平进行生产从而会导致社会福利、经济效率的损失。因此，在许多实证研究文献中，对要素价格扭曲的测度经常是伴随着对经济效率的检验来进行的。

通过文献梳理，我们把要素价格扭曲的主要测度方法概括为以下几种。

1. 生产函数法

关于要素价格扭曲最常用的方法就是采用生产函数法。希尔和克莱姆（Hsieh and Klenow，2009）基于柯布—道格拉斯生产函数（以下简称“C－D函数法”）对各要素价格扭曲情况进行了测度。后来大多学者均使用该方法测度要素的价格扭曲（Hopper，1965；Sahota，1968；

Sampath, 1978；RAM, 1980；施炳展、冼国明，2012）。

假设生产函数具有 C－D 函数特征，则通过变换可以得出关系形式：

$$\ln Y = \ln\beta_0 + \beta_1 \ln X_i + u_i \tag{2-1}$$

其中，$i = L, K$。通过对（2－1）式进行回归分析，可以得到 β_1 的估计值 $\widehat{\beta_1}$。如果假设只有资本 K 和劳动 L 两种投入要素，则可以计算出这两种生产要素的边际产出：

$$MP_i = \widehat{\beta_1}\frac{\overline{Y}}{\overline{X_i}} \tag{2-2}$$

其中，$\overline{X_i}$ 是 X_i 的均值，$\overline{Y}$ 是 Y 的均值。如果投入要素的价格分别为 w_i，则可以导出以下关系式：

$$MP_i = kw_i \quad \frac{Mp_i}{Mp_j} = \frac{k_i w_i}{k_i w_j} \tag{2-3}$$

（2－3）式中，如果 $k = 1$，则说明要素价格是合理的，否则则说明它是存在扭曲的；而且 k 偏离 1 的程度越高，说明要素价格或要素相对价格扭曲程度越严重。同样，如果 $k_i = k_j$，则说明不同要素的相对价格是合理的，否则则说明其相对价格是扭曲的。

2. 利润函数法

由于生产函数与利润函数之间存在着对应关系，并且对利润函数运用 Shephard－Uzawa－Macfadden 引理，而不用对生产函数做出特殊假定，就可以导出企业的供给和要素需求函数（Lau and Yotopoulos, 1971）。因此，许多学者开始基于利润函数方法来对经济效率研究，从而引申出对要素价格扭曲问题的测度。

纳洛夫（Nerlove, 1988）虽然最早使用利润函数对相对经济效率问题进行研究，但在这方面做出了开创性的贡献，应归功于拉夫和约托普洛斯（Lau and Yotopoulos, 1971；1972；1973）。他们在对印度农业的经济效率研究中，认为经济效率可以分为价格或配置效率和技术效率。如果一个企业是价格或配置有效率的，则企业就会最大化其利润，也就是可以实现边际产品价值等于要素投入的价格。如果两个企业面对的是相同的投入与产出价格，则利润更高的企业则会具有更高的价格效率。在以上研究中，拉夫和约托普洛斯（1971）和卡丽拉詹（Kalirajan, 1966）都是以经济单位是市场价格的接受者为假设前提的，没有考虑现实经济中的外部制度约束。但如果要素或产出市场是非竞争性的，即存在着社会、政治和制度约束（在欠发达国家这个问题很普遍存在），那么，经济微观主体面对的将是扭曲的要素或产品价格，这会对他们的决策行为进而它们的价格和技术效率产生影响。卡姆哈卡（Kumbhakar，1992）和王（Wang，1996）分别以印度和中国农业为例，在研究各自的价格效率即要素使用效率中对要素价格的扭曲问题进行了实证研究。他们的研究思路是，首先引入了一个受约束的利润函数，并进而可以得到约束条件下成本最小化的一阶条件。通过变换进而得到一个受约束的影子利润函数及其标准化形式：

$$\prod{}^{*} = \prod \cdot (p^{*}, w^{*}, z) \quad \prod S = \frac{\prod^{*}}{w_i^{*}} \prod S(p^{*}, w^{*}, z) \tag{2-4}$$

通过设定：

$$p^{*} = \theta_p p \quad w_i^{*} = \theta_i w_i \tag{2-5}$$

其中，p^{*} 和 p 分别表示产品的影子价格和市场价格，w^{*} 和 w_i 分别表示要素的影子价格和市场价格。通过利用豪特林引理（Hotelling's Lemma）进行一系列代换，可以得到一个真实和影子利润的关系式：

$$\ln \prod a = \ln \prod S + \ln M \tag{2-6}$$

在对上式进行估计时，由于会产生回归元太多可能导致共线性问题。为了增进自由度和提高参数估计的精确度，可以引入企业的利润份额函数进而构建一个联立方程，然后运用迭代的似无关估计方法 ISUR 对 θ_i 的值进行估计。如果 $\theta_i = 1$ 则不存在扭曲，否则可知由于外部约束的存在，导致了要素投入价格存在着扭曲。

3. 成本函数方法

与利润函数相对应，生产函数一旦设定，也就意味着一个特定的成本函数的存在，并且当产出水平是外生时，成本函数相对于生产函数更具有优势（Christensen and Greene，1976）。基于上述埋论，大量文献采用成本函数方法对美国等国家规制行业中的要素价格扭曲问题进行了实证研究，具有代表性文献的作者有阿特森等（Atkinson et al.，1980；1984；1994；1998）、帕克（Parker，1995），奥泵和阿泽姆（Obeng and Azam，1997），奥泵和萨卡诺（Obeng and Sakano，2000）等。在对要素价格扭曲进行测度时，成本函数与利润函数在许多假定方面具有较大的相似之处。其主要思路首先引入一个影子成本函数 $C^S = C^S(kP, Q)$。在外部约束条件下，要素影子价格可以写为市场价格 P_j^* 为的 P_j 函数，即 $P_j^* = g(p_j) = k_j P_j$。通过运用谢泼德引理（Shephard's Lemma）和一系列变换，可以得到一个真实成本和影子成本的关系式：

$$\ln C^0 = \ln C^S + \ln \sum k_i^{-1} M_i^S \quad i = 1, k, n \tag{2-7}$$

在对上式进行估计时，也会产生回归元太多可能导致共线性问题。为了增进自由度，可以引入企业的真实成本函数与真实要素份额函数一起进行估计。为避免构造的联立方程的奇异性，通过去掉一个方份额方程并利用迭代的似无关估计方法（ISUR）可以对 k_i 的值进行估计，如果 $k_i = 1$，说明要素价格是不存在扭曲，否则就说明要素价格存在扭曲现象。

4. 可计算一般均衡方法

总体来看，上述三种方法仍属于局部均衡分析框架的范畴，而可计算一般均衡（Computable General Equilibrium，CGE）模型方法则把要素价格扭曲放在一般均衡框架内进行研究。德麦罗（De Melo，1977）、派克（Paik，1991）、万和派克（Kwon and Paik，1995）、庄（Zhuang，1996）、费舍尔和万尅（Fisher and Waschik，2000）等分别运用此框架，分别对哥伦比亚、韩国、中国、加拿大等国的要素扭曲及其造成的福利成本进行了研究。在此我们以万和派克（1995）为例对该模型进行说明。简单来说，CGE 的核心模型是包括产出供给、投入需求、国际部门和价格标准化在内的一个联立方程组。在供给方面，对资本和其他五种劳动力要素设定了 C－D 函数形式，同时假设资本和劳动力是可替代的，而对于中间投入的生产系数（包括非竞争的进口物品）则是固定的。企业的利润最大化行为决定着基本投入要素的需求，要素回报内生地由要素需求方程决定。对于需求方来说，消费者面对的是能使消费者需求在价格和支出是线性的 Stone－Geary 效用函数。同时，还假定可贸易物品的价格是由世界价格所决定；而且在模型中，汇率被设定为固定汇率；为反应经济的二元性质，还假定在农村和城市之间存在着二元工资结构。通过运用 CGE 模型方法，万和派克（1995）把资本回报的自动差异与扭曲进行了区分。在技术上，这主要是通过从要素衡量系数中计算无要素扭曲的衡量系数来完成的。通过使用基年有关数据从要素需求方程中求得的要素规模参数把部门回报与整个经济的平均回报率联系起来，它反映了不同部门间要素的边际回报。扭曲参数 d_i 代表部门的资本租金价格和全部经济范围内的平均租金价格的比率。扭曲参数低于（或高于）1 反映了一个更低的（或更高的）由政府提供的投资激励程度。虽然 CGE 模型方法为测度一国和地区要素价格扭曲提供了一个很好的视角，但由于这种方法的前提假设过于严格而且需要非常庞大的数据和繁杂的计算，因此这在很大程度上影响了其现实解释力和适用性。

5. 替代弹性方法

在对要素价格扭曲测度的方法中，替代弹性法是相对比较间接的一种。使用这种方法对要素价格扭曲程度进行测度的思想是，要素替代弹性是要素市场化程度的反应，而要素市场化程度和要素价格的扭曲程度是高度相关的，一般认为，在市场化或竞争性较充分的国家和地区，其要素价格的扭曲程度也相对较小。对于要素替代弹性的研究，阿罗等（Arrow et al.，1961）做出了开创性的贡献。在过去的研究中，人们经常对要素替代弹性假设为 0 或 1。对要素替代弹性给予 0 和 1 的假设，虽然给经济学研究带来了很大的方便，但同时也造成了许多约束。如在要素弹性为零的假设下，经济增长理论模型表明经济增长会出现刃锋的情形；如果替代弹性假设为 1 或 0，这又与经验事实形成很大的反差，因为在现实中，在不同部门和行业中，技术的替代性是经常发生的。通过放松上述条件约束，阿罗等（1961）推导出了固定替代弹性生产函数（CES）：

$$Y_i = \gamma[\delta K_i^{-\rho} + (1-\delta)L_i^{-\rho}]^{-\frac{v}{\rho}} \tag{2-8}$$

其中，γ 是效率参数，δ 是分布参数，ρ 是替代参数，v 是次的阶数。Y_i 表示的是 i 部门中的产出，K_i 表示是 i 部门中的资本存量，L_i 表示的是 i 部门中的从业人数，$\rho = \frac{\sigma}{1-\sigma}$，$\sigma$ 为资本和劳动力要素的替代弹性。通过对替代弹性 σ 估计，我们就可以判断出要素之间的可替代情况。从要素替代弹性的变化情况从而间接地可以对要素价格之间的扭曲状况做出判断。尔斯特里等（Esterly et al.，1995）研究认为，苏联的经济停滞在很大程度上是由于较低的替代弹性造成的；当资本与劳动的替代弹性更大时，资本的报酬递减将不足以使苏联的经济出现停滞。低要素替代弹性在很大程度上是前苏联僵硬的计划经济体制导致的，与之相伴随的是要素价格存在着较为严重的扭曲状况。阿伦（Allen，2001）也认为，苏联经济增长的停滞重要原因在于内部资源的错误配置。由于要素价格存在较为严重的扭曲，资本和劳动力要素的替代性很差，当农业剩余劳动力转移完毕后，资本的报酬递减情况凸显。同时，与 OECD 及其他国家相比，苏联的能源利用率低；在企业面临软约束的条件下，通过提高资源价格控制要素过度使用难以得到有效执行，从而资源的稀缺性难以得到体现，这进一步加剧了苏联经济恶性循环的局面。

2.1.3 要素价格扭曲的经济效应

受一国经济发展战略、体制等因素的影响，部分国家往往会出现要素市场化改革进程会滞后于产品市场化进程，从而导致了要素市场扭曲的存在。在一个开放型的环境中，要素市场扭曲会对出口、生产率、资源配置等诸多层面产生影响。鉴于此，诸多学者开展了对要素市场扭曲经济效应的研究。从目前已有文献来看，学术界对要素市场扭曲的研究视角已经比较宽泛，大多学者的研究普遍集中在要素价格扭曲的出口效应、研发（自主创新）效应、经济（产业）结构升级效应、资源配置、经济失衡效应、收入分配效应等方面。下面，我们将基于这几个层面对已有文献进行系统梳理。

1. 要素价格扭曲的出口效应

要素价格扭曲的一个最直接表现就是其使用价格低于被低估。显然，生产要素价格被低估直接导致产品生产成本的下降，因而提高了其价格竞争力。基于此，众多学者以我国为例考察了要素价格扭曲对我国出口的影响，学者们的研究也得到了基本一致的结论。如张杰等（2011）以我国要素市场存在较严重的价格扭曲为基本特征事实并基于我国要素市场存在严重的市场分割现象，构造了要素市场化指数，运用中国工业企业数据库等相关数据，考察了要素市场扭曲对中国企业出口的影响，研究发现：要素市场扭曲激励了中国企业出口，同时也激励了外资企业的出口动机的加强，但研究发现这种激励作用小于本土企业。研究还发现，要素扭曲程度较高的地区本土企业的利润率相对较低。唐杰英（2015）在要素价格扭曲的框架下测度了劳动力、资本及能源的要素价格扭曲度，研究发现：总体看三种要素的价格扭曲显著促进了我国出口的快速增长。但各要素扭曲对出口的影响却存在一些差异，如劳动力价格扭曲对国有企业的出口效应显著高于外资企业，而资本价格扭曲对国有企业出口影响不显著而对外资企业出口影响显著，能源价格扭曲对国有企业出口存在抑制效应，但对外资企业存在促进效应。施炳展、冼国明（2012）利用1999～2007年的微观企业数据，在有效控制了要素密集度、企业规模、外包、生产率、所有权属性及政府补贴等因素影响后，考察了要素价格扭曲对我国企业出口的影响。结论发现，要素价格负向扭曲显著促进了中国企业出口，在考虑内生性因素后，结论依然稳健。耿伟（2013）利用工业企业数据库和中国海关数据库的相关合并数据，从要素价格扭曲的视角考察了中国企业出口多元化特征。在控制企业规模、生产率、要素密集度等因素后，研究发现：要素价格扭曲提升了中国企业出口种类的多元化，并且这种影响在新出口企业及私营企业表现更为明显。研究还发现，企业规模的扩大以及政府补贴均有助于增强扭曲对出口种类多元化的影响。

2. 要素价格扭曲的要素配置效应和生产率效应

杨（Young，2000）对中国的要素市场扭曲的要素配置效应进行了探讨，指出中国地区市场分割局面会使得要素市场扭曲陷入恶性循环状态（distortions beget distortions），各级地方政府对本地区要素市场的掌控使得“寻租行为”泛滥，“寻租行为”的大量存在使得那些不受政府控制的市场损失了大量的资源要素，从而破坏了其资源配置，导致新的扭曲产生。因此，作者认为，改革进程使得我国国内市场的分割现象日益严重，使得要素配置持续恶化，进而导致各地区的产品生产远离“比较优势”的基本模式。姚战琪（2009）运用1985～2007年我国经济总体和工业部门的相关数据，考察了我国的经济总体和工业部门的要素再配置效应，研究发现：改革开放后，我国要素再配置效应在经济总体6部门和工业部门的贡献率较低，劳动力要素的生产率配置效应为负，在工业部门资本要素的生产率再配置效应也为负。谢攀、林致远（2016）指出，受经济体制改革路径的影响，我国既存在受体制保护的传统生产部门（如国有经济和集体经济），又存在独立于体制之外的以发展市场为主导的生产部门，在“看得见的手”影响之下，两类部分生产要素市场分割现象越来越严重，并且导致其要素价格形成机制越发扭曲。各级地方政府对本地资源和市场的保护使得跨行业（企业）的资源要素被大量低效率配置，造成了大量的产能过剩和配置效率损失。史晋川和赵自芳（2007）、王希（2012）的研究均认为，受利率市场化长期迟缓的影响，我国资本要素比劳动力要素市场扭曲更加严重，扭曲导致的要素错配程度也明显高于劳动力要素。

要素价格扭曲会破坏企业已有的要素配置比例进而降低各要素的配置效率。要素配置效率的下降是否会影响到企业生产率水平？部分学者对此问题展开了经验层面的考察，并且得出了一致的研究结论。如多拉尔和魏（Dollar and Wei，2007）通过实证考察中国1万多家制造业企业的要素使用扭曲状况和企业全要素生产率后发现，如果减少资本价格扭曲，通过提高资本要素与其他要素的配置效率，在不增加投入的情况下，可以使企业生产率增加约5%左右。谢和克莱诺（Hsieh and Klenow，2009）通过测度中国和印度的要素错配状况，考察了要素错配对中国、印度制造业企业生产率的影响。研究发现，要素错配均显著抑制了两国工业企业生产率的提升。克瑞斯特波罗斯和谢娜斯（Christopoulos and Tsionas，2002）考察了资本和能源密集型行业要素价格扭曲带来的配置效率问题，研究发现，要素价格扭曲显著降低了资本和能源的配置效率，扭曲程度的增大加剧了这种低效率运作模式。雷斯图恰和罗杰森（Restuccia and Rogerson，2008）的研究发现，各要素价格扭曲降低了产业内部各要素的配置效率，从而导致同一产业内部不同企业生产率存在显著的差异。霍尔和琼斯（Hall and Jones，1999）基于要素价格扭曲的视角考察了发展中国家和发达国家的人均产出水平，发现要素配置扭曲越严重的国家产出效率越低，而要素配置较轻的国家的人均产出效率明显高于其他国家。科普和迪沃特（Kopp and Diewert，1982）通过对前沿成本函数偏离的分解，从经济效率中剥离出技术效率和要素配置效率，测度并考察了要素扭曲导致的技术和配置效率的损失。作者的研究结论是，要素价格扭曲对技术效率损失的影响较轻而它对要素配置效率损失的影响较为显著。陈永伟和胡伟民（2011）通过把资源错配和效率损失纳入传统增长核算框架，分析了要素价格扭曲对我国制造业产出效率损失的影响。研究发现，要素价格扭曲造成了中国制造业内部各子行业之间的要素错配，并由此造成了实际产出和潜在产出之间大概15%的缺口。简泽（2011）考察了市场扭曲与产业内不同企业之间的生产率差异的内在联系，研究发现，在作者选取的几个代表性行业里，产业内部跨企业的资源配置扭曲能够解释企业间的生产率差异的实质性部分；研究还发现，跨企业要素配置扭曲还导致了总量层面至少40%的全要素生产率损失。毛其淋（2013）运用1998～2007年高度细化的企业层面微观数据，考察了要素市场扭曲对企业生产率的影响，研究发现，要素市场扭曲对工业企业生产率提高产生了显著的抑制作用，扭曲不仅抑制了企业内部生产率的提高，还显著降低了跨企业的要素配置效率。研究还发现，持续的贸易自由化会对扭曲的上述影响产生一定程度的矫正作用。袁鹏和杨洋（2014）首先采用影子成本模型考察了中国要素市场扭曲状况，然后运用1985～2010年省际层面的面板数据，考察了要素扭曲对经济运行效率的影响，研究发现：在2005年之前要素价格扭曲度较轻时，经济效率呈现逐步上升的趋势，但在2005～2010年期间造成要素配置效率下降，同时技术效率也出现下滑现象。

3. 要素价格扭曲的收入分配（财富转移）效应

要素市场扭曲在降低市场运行效率的同时，它也在影响着社会财富的分配。部分学者考察了要素市场扭曲对收入分配效应的影响。如蔡昉等（2001）发现，中国长期以来存在的城乡和地区之间的劳动力市场扭曲现象严重影响了各要素的配置效率，并由此拉大了我国地区间收入差距的扩大。张曙光和程炼（2010），指出中国长期以来对各类要素价格的管制扩大了对其使用者的收益，并基于2002年统计局编制的投入产出表等相关数据分别估算了要素价格扭曲引起的国内财富转移和国际财富转移。测算结果表明：2002年社会财富向垄断部门的转移高达2135亿～2417亿元，垄断部门劳动者报酬占比比就业人数占比高出12.3%；要素价格扭曲导致的财富国际转移主要靠贸易和资本流动实现，在样本期内，国际大宗商品价格上涨了1.2倍，而国际零售商品几乎没有变化。工业品价格国外上涨了1.8倍，而国内出厂价只涨了12%。加尔巴乔（Garbaccio，1994）用可计算一般均衡方法估算了中国不同经济部门的价格扭曲程度，并分析了放松与加强价格管制对利润和财富分配的影响，结果发现，在加强各部门价格管制后，财富分配更多地流向管制部门；而在放松价格管制后，这种财富转移效应会明显减弱。托尼尔和维拉斯科（Tornell and Velasco，1992）、托尼尔和莱恩（Tornell and Lane，1999）及托维克（Torvik，2002）的研究指出，政府对部门生产要素部门价格的管控极容易产生“寻租”行为，要素价格扭曲越严重，既得利益者对资源租的争夺会更加激烈，财富的分配会越来越两极化，从长期来看，这会对一国的经济增长产生威胁。蒋含明（2013）利用1983～2010年我国各地区历史统计资料汇编、新中国50年统计资料汇编等相关数据，构造了反映地区收入差距的空间面板协整模型，考察了要素价格扭曲对我国居民收入分配的影响，研究发现，要素价格扭曲与泰尔指数之间存在着长期均衡关系，即从长期来看，一个地区或邻近地区要素价格扭曲程度的提高对该地区居民收入差距的扩大都存在显著的正向影响。

4. 要素价格扭曲的产业（经济）结构效应

部分学者侧重研究了要素价格扭曲对产业结构、宏观经济失衡的影响。如黄益平（2009）指出，要素价格扭曲从短期看会带来经济的快速增长，但从中长期来看，扭曲可能会带来要素配置效率下降和宏观经济结构的显著失衡。夏晓华、李进一（2012）运用1980～2009年我国行业层面的相关数据考察要素价格扭曲对产业结构的影响，研究发现：要素价格扭曲与产业结构变化之间存在互动关系；能源要素价格的严重扭曲导致第二产业中的重工业比重不断提高，从而成为我国制造业产业结构升级的重要障碍之一；生产要素的异质性扭曲是决定我国产业结构动态变化的基础和主要原因。林雪、林可全（2015）运用1978～2013年宏观层面数据，测度了我国资本、劳动力和能源的价格扭曲度，并通过建立VAR模型考察了各要素价格扭曲对经济失衡的影响，研究发现：各要素价格扭曲对我国消费、投资和出口均产生显著影响，从而导致宏观经济出现消费不足、投资过度等内部失衡以及外贸顺差过多等外部不平衡现象。郑振雄等（2013）通过构建一个关于要素价格扭曲、技术进步及产业演化的理论框架，深入剖析了劳动力、资本等要素价格扭曲及相对差异造成劳动密集型产业衰退缓慢的原因。姜学勤（2009）认为劳动力价格扭曲降低了普通职工收入，从而降低了消费水平；资本价格扭曲人为降低了资本使用报酬，刺激企业加大投资，盲目扩张规模，从而造成了资本要素的过度投入和部分产业出现严重的产能过剩问题。而张杰等（2011）及施炳展和冼国明（2012）的研究则从出口的角度分析要素价格扭曲对产业结构的影响，研究均发现，我国要素价格扭曲刺激企业出口快速扩张，造成了劳动力、资本、资源能源等投入密集型部门的非理性扩张，在资源总量既定的情况下，造成了其他产业部门发展相对滞后，出现相对萎缩现象。徐长生等（2008）、陈乐一等（2008）研究指出，我国当前宏观经济需求结构的失衡是其内部失衡的重要原因，并认为各要素价格负向扭曲的存在使得我国长期以来出现低消费、高投资和高出口的不均衡格局。奈特和王（Knight and Wang，2011）也从要素价格扭曲的视角分析了我国宏观经济内外部失衡的原因，研究认为劳动力、资本等生产要素的长期较严重的价格扭曲可以解释我国宏观经济出现的消费不足、投资过度以及外贸顺差较大等内外部失衡问题。此外，王希（2012）、于立新等（2012）也分别从要素价格扭曲的视角解释了我国宏观经济失衡的原因，得出了与上述学者基本一致的研究结论。

5. 要素价格扭曲的研发（创新）效应

要素价格扭曲在降低企业配置效率、抑制其全要素生产率提升的同时，它是否对企业研发产生抑制作用？部分学者对此问题展开了实证层面的考察。相比而言，对此问题的研究文献相对较少。克莱森斯等（Claessens et al.，2008）、赫瓦贾和米安（Khwaja and Mian，2005）等的研究均表明，在要素市场被政府掌控的发展中经济，企业更倾向于与当地政府建立良好的政治关系以保证自己获得要素资源，维持自身产品的市场份额，在这个过程中，企业从事研发的动力会严重不足。博尔德林和莱文（Boldrin and Levine，2004）的研究认为，在存在严重要素市场扭曲的经济体，从事研发企业会向政府寻租，以谋求政府对企业自身研发加强政策或财力方面的扶持或保护，从而减缓了企业研发升级的步伐。此外，康诺利等（Connolly et al.，1986）以及墨菲等（Murphy et al.，1993）的研究也得出了类似的结论。吉尔和卡拉思（Gill and Kharas，2007）的研究指出，在存在要素市场扭曲的转型经济体，企业往往会向政府发送虚假的创新绩效等信息，来获得政府对其研发活动的财政补贴。一旦获得财政补贴后，企业的研发活动会受到显著的抑制。

在国内研究方面，张杰等（2011）运用2001～2007年中国工业企业数据库的相关数据信息，考察了要素价格扭曲对企业研发的影响，研究发现：在要素扭曲度越严重的地区，扭曲对企业研发的抑制效应越大；要素价格扭曲对不同所有制类型企业研发的影响存在显著差异性，要素价格扭曲对本土企业和外资企业的研发均会产生抑制作用。李平、季永宝（2014）使用1998～2011年的省际面板数据，运用多种实证检验方法考察了要素价格扭曲对企业自主创新活动的影响，研究发现资本和劳动力价格扭曲均显著抑制了我国企业层面的自主创新活动。

2.2 出口产品质量文献述评

已有关于出口产品质量的相关文献主要研究了两大问题：第一是关于出口产品质量测度方法，第二是出口产品质量升级的决定因素。在本节，我们首先，系统概况已有关于出口产品质量的测度方法，并对每种测度方法进行评价；其次，我们对已有关于出口产品质量决定因素的研究文献进行系统综述，并进行简要述评。

2.2.1 出口产品质量测度方法述评

目前，关于出口产品质量的测度方法有多种，并且随着测度技术以及微观数据可获取性的逐渐增强，出口产品质量的测度方法越来越微观化和精细化。下面，我们将依次介绍已有文献常用的几种方法。

1. 单位价值法

单位价值法就是使用出口产品的单位价值（Unit Value）作为出口产品质量的代理变量。在测度时，使用每类出口产品的出口总价格除以总的出口数量即可得出该类产品的出口价格。单位价值法的基本观点就是，高质量的产品往往价格较高。这种方法的优点是测度非常方便、简洁，因而很多文献都采用该方法测度一国出口产品质量。

最早使用单位价值法测度出口产品质量的文献是弗拉姆和赫尔普曼（Flam and Helpman，1987）。后来，很多学者纷纷使用该方法测度出口产品质量（Hummels and Skiba，2004；Schoot，2004；Hummels and Klenow，2005；Hallak，2006；Rodrik，2006；Xu and Lu，2009；Bastos and Silva，2010；Baldwin and Harrigan，2011；Manova and Zhang，2012）。此外，国内学者如殷德生（2011）、李坤望和王有鑫（2013）、汪建新（2014）及景光正、李平（2016）也均使用单位价值法测度出口产品质量。

但单位价值法也存在明显的不足。这主要表现在如下几个方面：第一，该方法忽视了企业异质性差异（如生产率差异）所带来的产品质量的差异，并且将不同企业之间的产品价格差异完全等同于产品质量差异。显然，企业产品价格的差异可以体现在很多方面，包括成本、生产率、质量、品牌、供求等诸多因素。产品质量只是影响产品价格的一大因素，因此，质量好的产品价格也未必高；或者价格高的产品其质量未必好。第二，该方法忽视了如果要素市场存在价格扭曲的情形，即生产要素价格扭曲的存在会使得部分生产要素的使用成本被低估，这时如果用产品价格来衡量最终产品质量时，它会低估一国出口产品质量。

2. 特定产品特征法

该方法主要测度特定产品的质量水平，在测度时，结合该特定产品的具体特征来构造反映其产品质量的指标。如戈德伯格和韦尔博旺（Goldberg and Verboven，2001）、奥尔等（Auer et al.，2014）为了测度不同品牌轿车的质量差异，引入了轿车引擎马力来反映不同类型轿车的质量水平。克罗泽等（Crozet et al.，2012）将香槟手册上对不同品牌香槟的评级作为衡量香槟质量的主要指标，陈和朱文娜（Chen and Juvenal，2016）则将权威专家对葡萄酒质量的打分来作为衡量葡萄酒质量的指标。

该方法的优点在于，它能针对特定产品的核心特征，通过构建指标来最大限度地反映该特定产品的核心质量特征。该方法也存在明显的不足：它对衡量特定产品的核心质量指标的数据要求很苛刻，需要包含每种特定产品详尽的反映其核心特征的具体数据。因此，如果不能得到相关的详细的数据，该方法将难以被使用或推广（余淼杰、张睿，2017）。

3. 产品需求信息反推法[①]

基于单位价值法测度产品质量的不足，哈拉克和斯科特（Hallak and Schott，2011），米特（Amit，2011）等文献打破产品单位价值量等价于其质量的假设，利用事后推理的思路测算了产品质量，虽然与单位价值法的技术细节存在很大差异，但逻辑基本一致，即价格相同的情况下，市场绩效越好，产品质量越高，这样就可以利用市场销售量、市场占有率、价格数据反推产品质量。但这种测算是基于行业或产品数据进行的，严格来讲并不属于企业异质性范畴。

该方法的测度步骤如下。

假设某代表性消费者对某一产品的效用函数为：$U = [\sum_{imt}(\lambda_{imt}q_{imt})^{\frac{\sigma-1}{\sigma}}]^{\frac{\sigma}{\sigma-1}}$。其中，q 和 λ 分别代表产品的出口数量和产品质量；σ 表示产品的替代弹性（σ>1）；i 表示出口企业，m 表示出口目的地，t 表示年份。此效用函数对应的综合价格指数为[②]：$P_t = \sum_{imt} p_{imt}^{1-\sigma}\lambda_{imt}^{\sigma-1}$。其中，p 代表企业出口产品价格。此时，该产品消费量为：$q_{imt} = p_{imt}^{-\sigma}\lambda_{imt}^{\alpha-1}\frac{E_t}{P_t}$。其中 E_t 为消费者在 t 年份在该产品上的支出额。根据此式可知，在支出额固定的前提下，消费者对产品的消费量取决于产品的价格与质量。对产品消费量表达式左右两边取自然对数，整理后得到关于某一产品出口数量的计量方程式：

$$\ln q_{ifmt} = (\sigma-1)\ln P_{ifmt} - \sigma\ln p_{ifmt} + (\sigma-1)\ln\lambda_{ifmt} \tag{2-9}$$

其中，i、f、m、t 分别表示出口企业、出口产品种类、出口目的地和年份。(2-9) 式的残差项 $\varepsilon_{it} = (\sigma-1)\ln\lambda_{it}$ 包含出口产品质量。

定义 HS8 分位出口产品质量为：

$$ql_{ifmt} = \ln\hat{\lambda}_{ifmt} = \frac{\hat{\varepsilon}_{ifmt}}{\sigma-1} = \frac{\ln q_{ifmt} - \ln\hat{q}_{ifmt}}{\sigma-1} \tag{2-10}$$

上式可以测度在 HS8 分位上企业 i 在 t 年份出口产品 f 到 m 国（地区）出口产品质量。如要获取企业总的出口产品质量，只需要将各 HS8 分

---

① 部分学者也称之为“价格修正法”。

② 该价格指数反映的是样本期内所有企业出口产品的综合价格，对每个企业来说，这可被视为常数。

位产品质量加总到企业层面即可。我们采用标准化指数对（2－10）式进行处理，得到标准化产品质量指数：

$$quality_{ifmt} = \frac{ql_{ifml} - minql_{ifmt}}{maxql_{ifmt} - minql_{ifmt}} \tag{2-11}$$

其中，max、min分别代表某HS8分位出口产品质量的最大值、最小值 $maxql_{it} - minql_{it}$。代表产品的质量阶梯长度。此外，张杰（2015）借鉴吉优等（Guillou et al.，2013）的测度思路，并基于中国企业出口产品质量的基本情景对上述方法进行了适度的改进。

需要指出的是，本方法也存在明显的不足，因为它假定产品质量与产品价格为两个不相关的变量。而实际上，产品质量往往可以通过产品价格高低来体现，两者存在较强的相关性，这就容易造成产品质量估测的内生性问题。针对这个问题，奈弗（Nevo，2001）采用企业在进口国之外的其他市场出口产品平均价格作为该企业在进口国市场出口产品价格的工具变量来解决内生性问题。

根据上述测度步骤我们发现，通过处理产品价格与其质量之间的内生性问题之后，该方法有效克服了单位价值法的不足，因此它对产品质量的测度精确度比单位价值法要精确一些。此外，该方法能够有效测度企业层面的出口产品质量。于是，后续的部分学者开始使用此方法来测度出口产品质量（Gervais，2009；Mark，2012；Khandelwal et al.，2013；施炳展，2013；Fan et al.，2015；许家云等，2015）

产品需求信息反推法也存在一些不足。这主要体现在以下几点：

第一，它仅考虑了产品需求层面因素，将质量视作外生变量，忽略企业可能会内生决定质量这一事实。

第二，在具体的测度方法上，由于数据可得性的限制，该方法通常利用出口离岸价代表出口目的地消费者所面对的价格，在从量贸易成本（per-unit trade cost）广泛存在的情况下，这一做法很可能会导致对产品出口价格这一关键变量出现测量误差。

第三，在实证估计中，该方法利用国家－年份固定效应去除难以观测的宏观价格和收入因素，这会导致所得的产品质量测算值跨时跨国不可比，从而为描述总体出口质量变化带来困难（余淼杰、张睿，2017）。

4. 迭代逼近法（也称为嵌套 Logit 方法）

坎德瓦尔（Khandelwal，2010）基于嵌套 Logit 分析框架运用迭代逼近的分析方法测度了出口产品质量。其基本测算思路是：设某出口产品的市场份额是其出口价格、消费者偏好度以及产品质量等因素的函数，即：share = share(price，preference，quality，etc)；在有效控制了产品价格、消费者偏好及其他因素后，剩余的便是产品质量对市场份额的影响①。该方法测度总体思路与产品需求信息反推法基本一致，但两者具体测度步骤存在差异（王涛生，2013）。

坎德瓦尔（2010）的迭代逼近法的具体估测步骤如下。

假定一国某出口产品 c 给一个代表性消费者 i 带来的效用为：

$$u_{ic} = -\alpha \cdot p_c + \beta \cdot x_c + v_c + \xi_c \tag{2-12}$$

（2-12）式中，p_c 指产品 c 的出口价格；x_c 是指产品 c 能被消费者直接观测到的性能指标（如外观设计、产品说明书、包含成分等）；v_c 是产品 c 不可观测的主要品质属性；ξ_c 指产品 c 的其他属性。

此时，产品 c 的市场份额②为：

$$s_c = \frac{\exp(-\alpha \cdot p_c + \beta \cdot x_c + v_c)}{\sum_c \exp(-\alpha \cdot p_c + \beta \cdot x_c + v_c)} \tag{2-13}$$

为了简化推导过程，本章对其他同类出口产品 c′进行标准化处理，设其他同类产品给消费者 i 带来的效用为零（基准产品），即 $u_{ic'}=0$。则基准产品 c′的市场份额为：

$$s_{c'} = \frac{1}{\sum_c \exp(-\alpha \cdot p_c + \beta \cdot x_c + v_c)} \tag{2-14}$$

对（2-13）式、（2-14）式分别取自然对数然后作差，简单整理后可得：

$$\ln s_c - \ln s_{c'} = -\alpha \cdot p_c + \beta \cdot x_c + v_c \tag{2-15}$$

（2-15）式表明，两种具有一定替代程度的同类产品的市场份额之差仅由其效用水平的大小决定。显然，这个结论缺乏解释力。因为水平差异化程度较高的同类产品（也即替代程度较大的同类产品）的大

① 这个思路与运用索洛剩余法计算技术进步对一国经济增长的贡献类似，扣除劳动力、资本的贡献之后，剩余的就是技术进步对经济增长的贡献。

② 本章此处参考了贝利（Berry，1994）的推导结论。

量存在会改变这种局面①。针对这种情况，本章在上述模型基础上，引入嵌套结构，修正的效用函数②为：

$$u_{ic} = -\alpha \cdot p_c + \beta \cdot x_c + v_c + \eta_g + (1-\sigma)\xi_c \qquad (2-16)$$

式（2-16）中，η_g 指 g 组内产品的共同的效用水平；σ 指组内产品的相互替代程度。

而第 g 组内产品 c 的市场份额为：

$$s_{cg} = \frac{\exp[(-\alpha \cdot p_c + \beta \cdot x_c + v_c)/(1-\sigma)]}{\sum_c \exp[(-\alpha \cdot p_c + \beta \cdot x_c + v_c)/(1-\sigma)]} \qquad (2-17)$$

而第 g 组产品在整个市场上的市场份额③为：

$$s_g = \frac{(z_g)^{1-\sigma}}{\sum_g (z_g)^{1-\sigma}} \qquad (2-18)$$

其中，$z_g = \sum_c \exp[(-\alpha \cdot p_c + \beta \cdot x_c + v_c)/(1-\sigma)]$。

于是，产品 c 在整个市场上的份额为：

$$s_c = s_{cg} \cdot s_g = \frac{\exp[(-\alpha \cdot p_c + \beta \cdot x_c + v_c)/(1-\sigma)]}{\sum_g (z_g)^{1-\sigma}} \cdot (z_g)^{-\sigma} \qquad (2-19)$$

类似地，可得到基准产品 c′在整个市场上的份额为：

$$s_{c'} = \frac{1}{s_g \cdot \sum_g (z_g)^{1-\sigma}} \qquad (2-20)$$

分别对式（2-19）、式（2-20）取自然对数并作差，适当整理后可得：

$$\ln s_c - \ln s_{c'} = (-\alpha \cdot p_c + \beta \cdot x_c + v_c + \eta_g)/(1-\sigma) \qquad (2-21)$$

根据式（2-21）可知，产品 c 的相对市场份额（$\ln s_c - \ln s_{c'}$）与产品的进口价格（p_c）、质量因素（x_c、v_c）、组内水平差异特征（η_g）及产品间的替代程度（σ）等有密切的关系。

据此，本章构建的出口产品质量测度的计量模型为：

$$\ln s_c - \ln s_{c'} = \lambda_{1,c} + \lambda_{2,t} - \alpha \cdot p_c + \delta \ln s_{cg} + \gamma \ln gdp_t + \xi_{i,c} \qquad (2-22)$$

式（2-22）中，$\lambda_{1,c}$是指产品 c 自身固有的特征（与时间无关）；$\lambda_{2,t}$是指与时间有关联的产品特征，即产品 c 的动态属性；本章用产品 c

① 本章此处借鉴了施炳展等（2013）的观点。

② 本章此处按产品替代程度的高低进行分组，相互替代程度较高的产品分在一组。

③ 受篇幅所限，此处的推导过程略去，有兴趣者可向笔者索取。

的组内市场份额（lns_{cg}）及人均国民收入（$lngdp_t$）衡量产品 c 的水平差异化特征[①]；$\xi_{i,c}$表示随机误差项，用来代表与进口产品 c 的质量有关联但难以衡量、容易被忽略的部分。需要指出的是，计量模型（2-22）中，产品进口价格 p_c 与其组内市场份额 lns_{cg}均可能与随机误差项 $\xi_{i,c}$存在较强的内生关联，需要通过寻找工具变量消除变量的内生性问题。

针对上述内生性问题，坎德瓦尔（2010）尝试用进口产品单位运输成本代替进口价格，用产品 c 的种类数占组内总的产品种类数比例来替代产品 c 的组内市场份额。

哈拉克和斯科特（2011）、米特（2011）、章璐（2010）、熊杰（2011）及王涛生等（2013）均使用该方法测度出口产品质量。

该方法思路比较严谨，具有一定的科学性。但其测度思路比较复杂，可操作性不是很强。测算时需要大量的跨国数据，这些数据的可获取性难度较大。此外，该方法主要用来测度行业层面出口产品质量，无法测度企业层面出口产品质量。

5. 供给需求信息加总测算法

供给、需求信息加总测算法是芬斯特拉和罗马利斯（Feenstra and Romalis，2014）提出的测度方法，该方法的优势是它同时考虑了产品供给和需求两方面的因素，将企业出口产品质量决策内生化，因而提供了测算出口产品质量的一种较新的分析框架。

供给需求信息加总法的优点比较明显，即它全面考虑了产品的需求和供给两个方面对于质量的影响，使得对于质量的测算更加贴近实际。但该方法也存在一些不足，其主要缺点有两个：第一，该方法仅适用于宏观层面的数据，因此它得到的是国家-产品层面的进出口产品质量，但该方法并不能测度微观层面的出口产品质量；此外，该方法测度比较复杂，可操作性不强（余淼杰、张睿，2017）。

由于芬斯特拉和罗马利斯（2014）测度方法存在不足，余淼杰和张睿（2017）基于其基本理论框架，构造了可应用于微观数据的产品

---

① 在价格既定情况下，用产品 c 的组内市场份额 lns_{cg}可以反映消费者对其的偏好程度；一般而言，一国的人均收入水平（$lngdp_t$）越高，国内消费者的水平异质性需求程度会越高（Grossman，G. and Helpman，E.，1989）。鉴于此，本章用 $lngdp_t$ 衡量国内消费者的异质性需求程度。

质量测度的新的方法。下面我们重点介绍余淼杰和张睿（2017）对芬斯特拉和罗马利斯（2014）测度方法的改进。

余淼杰和张睿（2017）使用供给需求信息加总方法测度步骤如下。

在产品需求方面，消费者的效用不仅依赖于所消费产品的数量，还依赖于所消费产品的质量。对于 j 国的消费者，在每个产品类别 g 中［余淼杰和张睿（2017）以海关税则编码 6 位作为分类码为依据定义产品类别］存在连续的差异化产品品种 ω，消费者的偏好如下所示的支出函数：

$$E_{jg} = U_{jg} \cdot P_{jg} = U_{jg}\left[\int_{\omega}\left(\frac{p_{\omega j}}{z_{\omega j}^{\alpha_{jg}}}\right)^{(1-\sigma_g)} d\omega\right]^{\frac{1}{1-\sigma_g}} \tag{2-23}$$

其中，消费者效用 $U_{jg}>0$，$\alpha_{jg}=1+\gamma_g \ln(U_{jg})$。$p_{\omega j}$和 $z_{\omega j}$分别为在 j 国销售的产品品种 ω 的到岸价格和质量。参数 α_{jg}反映了 j 国消费者对于产品类别 g 的“质量偏好程度”。σ_g 为在同一产品类别 g 中不同品种之间的替代弹性。由于 α_{jg}的值依赖于效用，因此该支出函数所对应的效用函数是非同位的。此时，需求函数可表示为：

$$q_{\omega j} = \frac{\partial E_{jg}}{\partial p_{\omega j}} = \frac{\partial E_{jg}}{\partial \overline{p_{\omega j}}} \cdot \frac{1}{(z_{\omega j})^{\alpha_{jg}}} = E_{jg} \cdot P_{jg}^{\sigma_g-1} \cdot \overline{p_{\omega j}}^{-\sigma_g} \cdot z_{\omega j}^{\alpha_{jg}(\sigma_g-1)} \tag{2-24}$$

上式中，$\overline{p_{\omega j}} \equiv p_{\omega j}/(z_{\omega j})^{\alpha_{jg}}$表示产品的“经质量调整后的价格”，容易看出，这一指标为产品价格与其质量之比，因此“经质量调整后的价格”的下降可理解为企业产品的“性价比”的上升。

在产品供给层面，作者考虑产品供给层面从而得以内生化产品质量。在垄断竞争市场结构下，企业能够同时决定其生产的差异化产品品种的质量和价格。对于在 j 国销售产品类别 g 的企业 i 来说，p_{ijg}^{*}为产品的离岸出口价格，z_{ijg}为产品的质量。于是，企业 i 的利润最大化问题可以表示为：

$$\max_{p_{ijg}^{*};\ z_{ijg}}\left[\left(p_{ijg}^{*}-c_i(z_{ijg},\ \omega)\right)\right] \cdot \frac{\tau_{ijg} q_{ijg}}{tar_{jg}} \tag{2-25}$$

其中，$c_i(z_{ijg},\ \omega)$ 表示依赖于产品质量 z_{ijg}和投入品成本水平 ω 的单位生产成本，q_{ijg}表示企业 i 销往 j 国的产品类别 g 的数量，tar_{jg}为 j 国对产品类别 g 所征收的进口关税。一般情形下，企业出口会面临两种贸易成本：从价（ad valorem）成本 τ_{ijg}和从量（per-unit）成本 T_{ijg}，而离岸出口价格 p_{ijg}^{*}和到岸出口价 p_{ijg}之间的关系可以表示为：

$$p_{ijg} = (p_{ijg}^{*} + T_{ijg})\tau_{ijg} \tag{2-26}$$

这一到岸价格 p_{ijg} 为 j 国消费者所面临的价格。参照芬斯特拉和罗马利斯（2014）的做法，余淼杰和张睿（2017）假定单位生产成本的函数形式为 $c_i(z_{ijg}, \omega) = \omega(z_{ijg})^{\frac{1/\theta_g}{\varphi_i}}$，企业在提高产品质量时会面临边际成本递增，而 $0 < \theta_g < 1$ 则为在产品类别 g 中衡量这一成本递增效应大小的参数。φ_i 为企业 i 的生产率。由企业优化问题的一阶条件可得到（2－27）式：

$$\frac{\omega(z_{ijg})^{\frac{1}{\theta_g}}}{\varphi_i\theta_g} = \left[p_{ijg}^{*} - \frac{\omega(z_{ijg})^{\frac{1}{\theta_g}}}{\varphi_i}\right]\cdot[\alpha_{jg}(\sigma_g - 1)] \qquad (2-27)$$

对上式等号两边分别取对数并整理可得：$\ln(z_{ijg}) = \theta_g\left[\ln\left(\kappa_{1jg}p_{ijg}^{*} - \ln\left(\frac{\omega}{\varphi_i}\right)\right)\right]$。其中，$\kappa_{1jg} = \alpha_{jg}\theta_g(\sigma_g - 1)/[1 + \alpha_{jg}\theta_g(\sigma_g - 1)]$。对于不同的年份 t，我们可以将产品质量表达成为（2－28）式所示：

$$\ln(z_{ijgt}) = \theta_g[\ln(\kappa_{1jg}) + \ln(p_{ijgt}^{*}) + \ln(\varphi_{it}) - \ln(\omega_t)] \qquad (2-28)$$

余淼杰和张睿（2017）就利用（2－28）式测度企业层面出口产品质量。根据（2－28）式可以得到如下结论：第一，企业生产率会影响产品质量，企业生产率越高，其产品的质量往往也越高；第二，产品的质量与其出口价格正相关，据此可知，采用单位价值法测度产品质量有一定的合理性；第三，产品生产投入成本越高，则产品质量会越低。这是因为当投入品成本水平越高时，若企业质量水平不变，则提高质量的边际成本增加，而提高质量的边际收益不变。为了确保利润最大化，企业需要通过降低质量来降低该边际成本，保持边际成本等于边际收益。

2.2.2 中国出口产品质量决定因素研究综述

随着出口产品质量测度技术的不断改进以及微观数据可获取性的增加，越来越多的学者开始探讨出口产品质量升级的决定因素。迄今为止，已有文献关于出口产品质量升级决定因素的研究视角已经比较宽泛。下面我们侧重从贸易自由化、市场进入、生产率、所有制、企业持续出口时间、政策、工资上涨及进口中间品等视角对已有相关文献进行系统综述并进行必要的评论。

1. 贸易自由化的视角

根据世界贸易组织的基本原则可知，各成员方的进口关税是逐年下降的，这意味着国际贸易是不断走向自由化的。基于此，部分学者考察了贸易自由化对出口产品质量的影响。如巴斯和斯托奥斯卡恩（Bas and Strauss - Kahn，2012）、汪建新等（2015）及苏理梅等（2016）均考察了贸易自由化对我国出口产品质量的影响。上述学者均认为，一国进口关税的下降会通过高附加值中间品的大量引进以及竞争环境的加强等渠道显著提升我国出口产品质量。刘怡、耿纯（2016）则从企业出口退税的角度分析了出口产品质量的变动，他们利用2002～2007年中国工业企业数据库与海关数据库的合并数据进行实证考察，研究发现：无论是从企业层面还是从产品层面看，出口退税会通过加强竞争、降低成本、加强研发等渠道提升我国出口产品质量；我国企业出口退税率每提高1%，企业出口产品质量会提高约3.69%。赵春明、张群（2016）通过将进口关税引入产品质量生产函数，并加入目的国特征因素，建立了一个局部均衡的产品质量模型，通过理论分析得出的基本结论为：进口关税的下降会通过增加高质量中间品而提高出口产品质量；随后的实证分析结果表明，进口关税显著地提高了我国出口产品质量；研究还发现，对质量偏好更强烈、出口距离更远的目标市场尤其如此。

2. 市场进入的视角

李坤望等（2014）从市场准入的视角探讨了我国出口产品质量演化的微观机制，认为市场主体结构的变化会影响我国出口产品质量的变化。基于此假说，笔者利用2000～2006年HS8分位高度细化的贸易数据进行了经验考察，研究发现，入世后大量低品质出口关系的进入是导致该时期我国出口产品质量出现下滑的重要原因。

3. 生产率的视角

部分学者考察了企业生产率与产品质量的关系，并且大都得出了生产率会促进产品质量升级的结论。如樊海潮、郭光远（2015）基于约翰逊（Johnson，2012）的基本分析框架，探讨了产品出口价格、质量和生产率的关系，笔者指出出口价格存在质量效应和生产率效应，且产品质量与生产率正相关；但在有效控制产品质量后，产品价格会与生产率负相关。实证层面，笔者利用中国高度细化的海关数据库与工业企业数据库的微观合并数据检验了上述关于三者的基本假说。研究结果表明，出口产品确实存在显著的质量效应和生产率效应；研究还发现，在质量波动幅度较大的行业，产品价格与其质量、生产率的正相关关系更加显著。施炳展、邵文波（2014）也考察了企业效率对产品质量的影响，笔者分别考察了企业生产率和研发效率对产品质量的影响，研究发现，企业生产效率和研发效率的提高均会显著促进我国出口产品质量升级。此外，罗丽英、齐月（2016）则运用2000～2013年行业层面的数据，分别从技术研发效率、技术转化效率和综合技术创新效率的视角考察了技术创新效率对我国出口产品质量升级的影响，在产品质量测度层面，笔者通过对H－S模型的修正测度了我国行业层面出口产品质量，研究结果表明：综合技术创新效率的提高显著促进了我国出口产品质量升级，技术研发效率只有在高技术行业才能显著提升出口产品质量，而技术转化效率对产品质量影响最大的行业是中等技术行业。

4. 企业所有制的视角

张杰等（2014）基于企业所有制差异的视角探讨了我国出口产品质量的变化趋势，笔者得出的基本结论为：私营性质的企业出口产品质量在样本期呈U型变化趋势，而其他所有制企业的出口产品质量则呈上升趋势；进一步的研究发现，大量产品质量较低的私营企业频繁的市场进入与退出是导致样本期内我国出口产品质量出现U型变化趋势的主要原因，从而得出了与李坤望等（2014）类似的研究结论。

5. 企业持续出口时间的视角

陈勇兵等（2012）基于2000～2005年中国海关数据库与工业企业数据库的匹配数据，考察了中国企业的出口持续时间对产品质量的影响，研究发现，我国企业持续时间均值不到2年，中位值为3年，且存在明显的负时间依存性；笔者进一步采用离散时间生存分析模型考察了出口持续时间的决定因素，研究表明，传统引力模型变量对持续时间的影响与其对贸易流量的影响类似，企业层面的特征会对持续时间产生显著影响；同时，企业出口持续时间存在显著的区域和所有制差异。陈晓华、沈成燕（2015）也从出口持续时间的视角考察了我国出口产品质量变化趋势，认为出口持续时间过长导致产生的“质量革新惰性”是我国企业出口产品质量近年来下滑的主要原因，而发达经济体持续出口时间对出口产品质量存在显著的正效应。

6. 政府政策的视角

部分学者从政府干预的视角考察了我国出口产品质量升级的决定因素。如张杰等（2015）和施炳展、邵文波（2014）分别探讨了政府补贴对出口产品质量的影响，但张杰等（2015）认为政府补贴会通过抑制企业研发积极性而降低了产品质量，施炳展、邵文波（2014）则认为补贴通过扩大研发投入的增加提升了产品质量；笔者对此给出的解释为，这可能与行业特性及企业发展战略有关：部分行业长期缺乏研发投入和必要的研发基础，政府补贴会通过提高产品价格竞争力来抑制企业的研发积极性，而有的行业具有较好的研发基础和创新能力，政府的补贴可能会解决其研发投入资本不足的问题，因此政府补贴会显著地提升此类型的产品质量。

7. 工资（收入）上涨的视角

随着近年来我国劳动力工资的快速上涨，部分学者开始探讨工资上涨或最低工资标准对出口产品质量的影响。如许明（2016）侧重研究了劳动报酬提高对企业出口产品质量的影响，笔者运用2000～2006年工业企业数据库与海关数据库的合并数据，在Melitz－Polance分解的基础上，探讨了员工超额劳动报酬对出口产品质量升级的影响，研究发现：提高劳动报酬会显著提升我国出口产品质量，劳动报酬每提高1%，出口产品质量会提升0.341%～0.474%；劳动报酬的提高对企业产品质量升级的影响与企业所有制有关，只有在民营企业才会实现上述促进作用，而在国有企业上述作用并不显著；劳动报酬提高会通过企业自身成长效应和要素配置改善效应提高出口产品质量。而张明志、铁瑛（2016）则将产品质量异质性、效率工资同时纳入异质企业模型分析框架，考察了企业工资上涨对出口产品质量升级的影响，研究发现：工资上涨对产品质量的影响受到生产率的制约，只有在工资上涨能够显著提高企业生产率时，出口产品质量才会显著提升；在控制内生性之后，发现工资上涨会抑制产品质量升级。

8. 进口中间品的视角

李秀芳、施炳展（2016）从进口中间品多元化的视角，分析了我国出口产品质量升级的决定因素。在理论层面，笔者认为进口中间品多元化能够通过边际成本、固定成本等渠道影响产品质量。在实证层面，笔者运用工业企业数据库与海关数据的相关合并数据进行了考察，研究发现，进口中间品多元化对我国出口产品质量升级的影响受到企业所有制、进口中间品来源地及年份的影响。上述影响只有在外资企业，来自经合组织（OECD）的中间品以及2000~2003年时进口中间品多元化才会显著促进我国出口产品质量升级。刘海洋等（2017）也考察了进口中间品对中国出口产品质量的影响，理论分析指出，进口中间品能实现技术溢出效应和资源配置效应，因而可能会提升出口产品质量；在实证层面，笔者使用2000~2006年中国工业企业数据库和海关进出口贸易的相关匹配数据进行研究，结果表明：进口中间品能显著提升中国企业出口产品质量，在剔除加工贸易后结果更加显著；研究还发现，进口中间品强度对产品质量升级呈递减趋势；高技术产品对出口产品质量的刺激会更加明显；来自高收入国家、高技术国家的中间品对产品质量的刺激效果非常有限；此外，笔者还从动态角度进行了考察，发现进口持续期对出口产品质量影响存在U型关系，即在短期内，中间品进口对产品质量升级促进作用并不明显，但在中长期，随着中间品进口的持续增加，中国出口产品质量获得了显著的提升。

9. 内外资技术差距的视角

王明益（2013）分别从理论和实证两个层面考察了内外资技术差距对我国出口产品质量的影响，笔者基于中国七个制造业行业的相关数据进行研究发现，技术差距会显著影响我国出口产品质量，过大或过小的技术差距均会显著抑制我国出口产品质量升级，而只有相对适中的技术差距才能显著促进我国出口产品质量升级。

10. 要素市场扭曲的视角

要素市场扭曲是我国改革开放过程中伴随产生的重要经济特征和典型事实，基于此背景，王明益（2016）通过对各生产要素价格扭曲的测算和典型性事实的描述，探讨了要素价格扭曲对我国出口产品质量升级的影响。具体地，笔者分别从劳动力、资本及中间品的视角探讨了要素价格扭曲对产品质量的作用机制，得出了理论假说；在实证层面，笔者运用2000~2007年中国工业企业数据库和海关数据库的合并数据进行了经验检验，研究表明：劳动力价格扭曲对我国出口产品质量升级存在显著的U型影响趋势；资本价格扭曲对出口产品质量的影响取决于扭曲所引起的“规模”效应和“要素错配”效应的综合作用：如果扭曲带来企业规模，则它与要素错配效应会显著抑制产品质量升级；如果资本价格扭曲产生了企业规模经济，则企业出口产品质量升级与否取决于规模经济效应和要素错配效应的力量对比，如果规模经济效应大于要素错配效应，则产生产品质量升级现象，如果产生了规模不经济问题，则它与要素错配的双重作用会显著地降低产品质量。

11. 对外直接投资的视角

近年来，我国境外直接投资速度的加快引起了学者们的广泛关注，部分学者探讨了对外直接投资对我国出口产品质量升级的影响。如杜威剑、李梦洁（2015）运用2001~2006年海关数据库与中国工业企业数据库的匹配数据，考察了对外直接投资对我国企业出口产品质量的影响，作者使用倾向得分匹配方法（PSM方法）进行实证检验，研究表明：企业对外直接投资显著促进了我国出口产品质量的提升；但企业境外投资的动机对出口产品质量存在显著的差异性。景光正、李平（2016）侧重考察了对外直接投资动机对我国出口产品质量的影响，研究发现：对外直接投资对我国出口产品质量的净效应为正，对外直接投资会通过技术反馈效应、市场深化效应及资源配置效应对出口产品质量升级产生显著的促进作用，上述结论在控制内生性问题之后依然稳健。张凌霄、王明益（2016）则通过对企业对外直接投资动机进行分类，首先从理论层面进行分析，认为不同的境外投资动机对产品质量会产生不同的效应，随后的实证研究结果表明，在不区分企业投资动机的情形下，总体看企业对外直接投资动机并没有对我国出口产品质量产生显著性影响；但按企业投资动机进行的分组结果却表明，技术寻求型对外直接投资会显著促进我国出口产品质量升级，市场及效率寻求型对外直接投资均不会显著促进我国出口产品质量升级，而资源寻求型对外直接投资则会显著抑制我国出口产品质量；研究还发现，任何一种动机的对外直接投资，再加上它与研发或人力资本的交互项之后，都会显著促进我国出口产品质量升级。李玉梅（2016）则从对外直接投资区位选择的视角考察了我国出口产品质量升级的变迁路径，论文阐述了区位选择对产品质量的作用渠道和影响机制，其基本观点是：对外直接投资的区位选择体现了其对外投资动机，而不同的投资动机又会分别通过“逆向溢出”效应作用于企业的技术水平、产品附加值和企业规模等，从而对企业出口产品质量产生异质性影响；在实证层面，论文基于对外直接投资统计公报、联合国贸发会议及世界投资报告等相关合并数据进行了考察，结果发现，到发达经济体进行对外直接投资的动机是为了获取当地的战略资产，并且这种投资会通过逆向技术溢出效应显著促进了我国出口产品质量升级，并且这种影响具有显著的滞后性；到不发达地区（如东盟和非洲）的对外直接投资不利于我国出口产品质量升级，因为到这些地区对外投资的动机是资源获取型为主。

除了上述研究视角外，还有部分学者从民族多样性、环境规制、金融发展等视角分析我国出口产品质量升级的决定因素。如朗等（Luong et al.，2013）尝试从民族多样性的角度分析出口产品质量，笔者运用发达经济体及发展中经济体的数据进行了实证分析，其研究结论是，一个国家民族多样性（如移民国家）的加强显著增强了一国出口产品质量水平，而如果一个国家缺乏民族多样性，则它会抑制本国出口产品质量的长期持续升级。彭冬冬等（2016）利用工业企业数据库和海关数据库的合并数据探讨了环境规制对出口产品质量的影响，研究发现：总体看，环境规制对我国出口产品质量升级影响呈倒“U”型，环境规制对产品质量的影响存在显著的行业差异，在污染密集型行业，环境规制对出口产品质量影响呈倒“U”型，而在清洁行业，环境规制对出口产品质量影响呈 U 型。研究还发现，环境规制对出口产品质量的影响还存在显著的企业所有制差异。蒲阿丽、林冰（2016）侧重从金融发展水平的视角分析了出口产品质量的决定因素，研究发现：金融发展对制造业出口产品质量具有显著的促进作用，同时它也会显著提升制造业技术创新能力，但技术创新水平对金融发展提升出口产品质量存在一定的阻碍作用。

2.3 本章小结

本章第 1 节对要素价格扭曲的成因、测度方法和经济效应进行了系统描述。其中，在要素价格扭曲的成因上，我们分别从政府干预、市场分割及工会影响力三个角度分析了要素价格扭曲的主要成因。而关于要素价格扭曲的测度方法，我们分别介绍了生产函数法、利润函数法、成本函数法、可计算一般均衡法及可替代弹性等方法，并分别对每种测度方法的优缺点进行了评价。应该说，每种方法都有其合理之处和使用的约束条件，但从使用普遍程度来看，生产函数法还是使用最普遍的一种方法。我们在后文的要素价格扭曲的测度时，也会使用生产函数法进行测度。在要素价格扭曲的经济效应层面，已有文献分别从要素价格扭曲的出口效应、要素配置效应、生产率效应、收入分配效应、产业（经济）结构效应及研发效应等进行了考察，并得出了一些有价值的研究结论，当然部分结论仍存在争议。“新常态”背景下，我国出口产品质量升级问题是众多出口企业亟须解决的一大问题，同时，各要素价格扭曲也是我国经济发展过程中的典型特征事实，但到目前为止，很少有学者把要素价格扭曲与我国出口产品质量联系起来进行研究。

在2.2节，我们首先介绍了已有关于出口产品质量的几种常见测度方法。容易看出，关于出口产品质量的测度经历了由粗糙到细化的一个过程，目前的测度方法大都集中在企业和产品层面。其中，基于产品需求信息反推法和基于供给需求信息加总法是相对比较科学和先进的测度方法。我们在后文中尝试使用这两种方法来测度我国出口产品质量。我们首先使用需求信息反推法测度，然后在稳健性分析时再尝试借鉴余淼杰和张睿（2017）的供给需求信息加总法来测度我国制造业出口产品质量。

第3章　要素价格扭曲对产品质量的影响：理论分析

在本章，我们将系统论证劳动力、资本、能源及中间品价格扭曲对产品质量的作用机制、影响渠道和约束条件。本章共分为3节，在3.1节，我们将使用定性分析方法分别探讨劳动力、资本、能源及中间品价格扭曲对产品质量的作用机制；在3.2节，我们将运用数理分析方法，系统推导论证劳动力、资本、能源及中间品价格扭曲对产品质量的影响机制、作用方向和约束条件，并比较要素价格存在扭曲时与要素正常价格对产品质量的作用差异。最后的3.3节为本章小结。

3.1　要素价格扭曲对产品质量的影响机制

由于劳动力、资本、能源和中间投入品在产品生产过程中的作用并不完全相同，因此它们对产品质量的贡献渠道可能会存在异质性。鉴于此，本节将分别探讨劳动力、资本、能源及中间品价格扭曲对产品质量的作用机制。

3.1.1　劳动力价格扭曲的产品质量效应

劳动力是几乎所有产品生产过程中必须投入的要素，劳动力的劳动在产品生产过程中发挥了不可替代的作用，它是产品生产过程中所投入的唯一活要素，因此，它对产品质量的影响也是非常关键的。

在探讨劳动力价格扭曲对产品质量的影响效应之前，我们需要首先界定一下劳动力价格扭曲的含义。本书所指的“劳动力价格扭曲”，是指劳动力使用价格（工资）与其边际产出的偏离（Seddon and Wacziarg，2002）。如果劳动力使用价格高于其边际产出，就认为存在劳动力价格“正向扭曲”；如果劳动力价格低于其边际产出，则我们就认为存在劳动力价格“负向扭曲”。考虑到中国劳动力价格扭曲普遍是以价格负向扭曲而存在的，因此，本书只研究劳动力价格负向扭曲①。

劳动力价格扭曲对产品质量的影响是多渠道的，它可以从生产成本、生产率、研发、企业生产规模、要素配置效率及经验累积等渠道对产品质量产生影响。

1. 劳动力价格扭曲的生产成本效应

劳动力价格扭曲对企业来说，最直接的影响就是生产成本会下降，对劳动密集型生产企业来说尤其如此。劳动力价格扭曲如果能够带来企业产品生产成本的显著下降，它肯定会使得企业具有明显的价格优势。在巨大的价格优势情形下，企业产品竞争力会得到明显的提升，这时企业往往不会过度关注产品质量升级问题，或者说此时企业产品质量很可能会下降。产品质量下降的程度很可能会与产品要素密集型密切相关：如果最终产品属于劳动密集型，则劳动力价格扭曲会导致产品质量发生明显的下降；如果最终产品属于资本或技术密集型，则劳动力价格扭曲对产品质量的冲击可能会轻一些。

2. 劳动力价格扭曲的生产率效应

劳动力作为一种活的生产要素，其价格扭曲会对产品生产率产生直接的影响。劳动力价格扭曲对生产率的影响渠道是：如果劳动力市场突然发生了某种外生性的价格扭曲②，这对企业家来说会降低企业生产成本（尤其是劳动密集型行业的生产成本），因此劳动力价格扭曲会刺激企业招募大量的劳动力③。由于这些非熟练劳动力没有生产经验和基本的生产技能，因此在大量非熟练劳动力引进初期，企业生产率会明显下降。

---

① 在后文中，我们所指的劳动力价格扭曲仅指劳动力价格负向扭曲。

② 比如本国政府的某种政策性冲击导致本国劳动力市场发生了劳动力价格负向扭曲。

③ 基于我国劳动力市场的基本状况，我们可以假定企业大量引进的劳动力主要是非熟练劳动力，当然也可能会包括少部分熟练劳动力。

但每个企业在引进劳动力后都会进行基本的上岗技能培训，因此，引进劳动力的生产技能会随着时间的推移逐渐得到提升。当这些非熟练劳动力逐渐掌握了部分生产技能后，产品的生产率会跟着提升。而生产率的这种非线性的变化对产品质量会造成一些影响：在非熟练劳动力引进初期，企业生产率下降时，产品质量也会跟着下降；当非熟练劳动力逐渐掌握部分生产技能时，生产率会得到提升，此时产品质量也可能会得到一定程度的提升。

根据上述分析可知，劳动力价格扭曲会通过影响企业全要素生产率对最终产品质量产生作用力。

3. 劳动力价格扭曲的研发效应

企业的研发行为是由研发人员在一定的环境下开展的，研发人员的研发水平直接决定着本企业的研发实力。一方面，当劳动力价格发生负向扭曲后，研发人员的工资也会产生缩水现象，这显然会打击研发人员的研发积极性，可能会使得部分研发人员辞职或使得研发人员的工作热情减退，从而会抑制企业研发水平的提升；另一方面，劳动力价格扭曲又会刺激企业增加研发人员的投入，使得研发规模扩大，从而有助于研发水平的提升。而企业研发水平的变化会对产品质量产生直接的影响。

根据上述分析，我们可以发现，劳动力价格扭曲的研发效应最终结果并不是很明确，它取决于劳动力价格扭曲导致的研发抑制效应和研发规模扩大带来的研发提升效应的综合作用，如果前者影响程度大于后者，产品质量会下降；如果前者影响程度小于后者，产品质量会得到提升。

4. 劳动力价格扭曲的经验累积效应

产品的生产离不开劳动力的经验累积，熟练劳动力对产品质量的提升作用会明显好于非熟练劳动力。而劳动力价格扭曲肯定会对产品生产所投入劳动力的平均熟练程度产生影响，从而会影响到产品质量。

如果劳动力价格扭曲能够刺激企业大量引进劳动力，在这些劳动力被引进初期，由于缺乏对产品的了解和必要的生产经验，产品质量会下降。随着引进时间的延长，劳动力对产品生产流程和相关技术、生产技能会越来越熟悉，即他们具备了一定的生产经验累积时，产品质量会得到一定程度的提升。

总体来看，劳动力价格扭曲的经验累积效应与生产率效应影响方式相似，即它们对产品质量的影响都是“先下降后上升”的非线性影响。

5. 劳动力价格扭曲的要素配置效应

劳动力价格扭曲会降低劳动力的使用成本，这可能会改变各要素的生产投入比例，即企业可能会增大劳动力投入比例而减少其他要素的投入比例，从而降低总的生产成本。那么，要素投入比例的变化对要素配置效率会产生怎样的影响呢？这需要看在劳动力价格扭曲之前各要素配置状况：如果劳动力价格扭曲之前，各要素配置是合理的（即存在帕累托最优状态），则劳动力价格扭曲会恶化要素配置效率；如果劳动力价格扭曲之前，各要素配置是不合理的（即存在帕累托改进状态），则劳动力价格扭曲可能会优化各要素配置效率。

6. 劳动力价格扭曲的规模效应

根据上面分析可知，劳动力价格扭曲会刺激部分企业（尤其是劳动密集型生产企业）招募大量非熟练劳动力，从而扩大了企业规模。而企业规模的扩大可能会产生两种结果：规模经济和规模不经济。

如果劳动力价格扭曲产生了规模经济，则规模经济的存在可能会使企业加强对产品的管理（包括产品质量管理），从而有助于产品质量升级。此外，如果企业实现了规模经济，则它所带来的成本节约可能会使企业加大对产品的研发投入，从而提升产品质量。

如果劳动力价格扭曲导致产生了规模不经济，规模不经济会使得企业运营成本大幅提升，企业利润空间变小，它可能没有财力加大产品的研发投入，从而会抑制产品质量升级。

综合上述几个方面，我们认为，劳动力价格扭曲对产品质量的影响可以综合体现促进和抑制两个方面：扭曲所引起的经验累积效应、规模效应等可以促进产品质量提升；而扭曲所引起的成本下降效应、要素配置效应、研发效应及生产率效应等则会抑制产品质量升级。因此，劳动力价格扭曲对产品质量的最终影响取决于上述两方面因素的综合作用，如果促进因素作用程度大于抑制因素的作用程度，则产品质量会升级，反之产品质量会下降。

3.1.2 资本价格扭曲的产品质量效应

资本价格扭曲对产品质量的影响与劳动力价格扭曲的影响有所不同，前者的影响主要体现在要素配置效应和规模效应两个方面。

1. 要素配置效应

资本价格扭曲[①]会引起各生产要素配置比例的改变（假定其他要素没有发生价格扭曲）。具体地，当资本价格发生价格扭曲后，资本要素使用成本会下降（对资本密集型产品尤其如此）会刺激企业加大资本要素的投入而可能并没有增加其他要素同比例的投入，这使得资本要素的投入比例会提高，而其他要素的投入比例会下降，从而引起各要素投入比例的改变，而要素投入比例的改变会影响要素的配置效率。从理论层面看，资本价格扭曲对要素配置效率的影响可能体现在两个方面：一方面，如果资本价格扭曲前各要素配置并不合理（如资本投入比例相对不足），则资本价格扭曲所引起的资本投入的增加会优化资本要素与其他要素的配置比例，从而改善了要素配置效率，而要素配置效率的改善有助于产品质量的提高。另一方面，如果资本价格扭曲前各要素的配置是合理的（如实现了帕累托最优配置），则资本价格扭曲引起的要素投入比例的改变则会破坏原有的各要素的配置比例，从而引起要素配置效率的下降，最终不利于产品质量升级。

因此，我们认为，资本价格扭曲的要素配置效应与扭曲前各要素的配置情况紧密相关。

2. 规模效应/成本效应

与劳动力价格扭曲类似，资本价格扭曲也会引起规模效应，即资本价格负向扭曲使得资本要素的使用成本下降，这会刺激企业投入更多的资本要素，从而引起企业规模的扩大。而企业规模的不断扩大则会引起规模效应：规模经济效应和规模不经济效应。

如果企业规模的扩大并没有引起企业运营、管理等层面成本的大幅

① 结合中国资本市场扭曲的实际情况，本研究所指的资本价格扭曲仅指资本价格负向扭曲。

上升，而带来了企业生产平均成本的不断下降，则资本价格扭曲就引起了规模经济效应。规模经济效应的实现对企业提升产品质量是有帮助的，因为成本的下降使得企业有财力加大对产品的研发力度、质量升级力度和质量监管水平。需要指出的是，规模经济的实现也并不必然带来产品质量的升级。因为在某些时候，产品成本的下降所带来的价格优势可能会抑制企业的研发积极性，使得它们并没有压力进行产品质量升级。因此，我们认为，资本价格扭曲如果能够产生规模经济效应，它最终对产品质量的影响还与企业的产品发展战略有关。如改革开放以来，特别是在20世纪90年代中期的人民币汇率改革以后，中国出口产品的价格优势非常明显，于是大多企业凭借其显著的价格优势抢占了大量的国际市场份额，但产品质量并未出现同步的提升（张杰等，2013；李坤望、蒋为，2015）。

如果资本价格扭曲引起企业规模扩张带来了企业运营成本、管理成本等的明显上涨，并且产品的平均成本并未出现显著的下降，则我们说它给企业带来了规模不经济。规模不经济的出现使得企业更没有财力去加强研发和产品质量的升级，并且很可能让企业陷入运转困难的尴尬局面。因此，我们认为，资本价格扭曲引起的企业规模不经济会对产品质量升级产生抑制作用。

3.1.3 进口中间品价格扭曲的产品质量效应

随着国际分工的逐步深化和垂直专业化分工的不断向前演进，发达国家（地区）把比较优势大都放在技术含量更高的中间品研发和制造层面，从而侧重提供高附加值的中间投入品。而我国制造业企业大量进口中间品也是近年来我国对外贸易的典型特征之一（陈勇兵等，2012；钟建军，2017）。根据UN COMTRADE数据库可知，自2000~2016年，我国中间品进口占每年制造业进口总额的比重分别为：75.83%、73.15%、72.60%、72.17%、72.94%、74.70%、74.44%、75.21%、75.35%、75.97%、75.23%、74.09%、73.40%、72.74%、72.97%、75.67%、75.02%，而这17年我国进口中间品占比均值为74.03%。这表明，近年来，中间品进口已经成为我国进口产品的最重要组成部分。而进口中间品的价格扭曲又是典型特征事实，因此对进口中间品价格扭曲的研究势必会对我国出口产品质量升级具有重要的理论参考价值和实践指导意义。

进口中间品与劳动、资本等生产要素类似，都属于最终产品生产过程中投入的重要投入要素。同时，进口中间品又有自己的特点，即它往往具有较高的技术含量或附加值，而一般的生产要素往往没有包含较高的附加值，这很可能会导致进口中间品价格扭曲方向与一般生产要素不一致。由于发达国家具备更先进的技术或更强的研发升级能力，因此它们在高附加值产品的研发和制造上往往具备技术垄断优势。而提供这些包含较高技术含量的中间投入品的发达经济体为了保持其对中间品生产的技术垄断优势（旨在赚取超额垄断利润），它们在出口该类产品时，往往会实施成本“过度加成”战略，即发达国家的中间品出口价格会显著高于其对应的边际产出值，从而造成了中间品贸易过程中也会出现“价格正向扭曲”现象。理论上，如果某一种中间品附加值越高（或包含越先进的技术），发达国家（地区）对它实施成本“过度加成”的意愿就会越强烈，从而赚取更多的超额垄断利润。按照上述逻辑，我们可以这么认为，在一般情况下，进口中间品附加值越高（或包含越先进的技术），其价格正向扭曲度往往越大[①]。如果我们进口了较多这些附加值很高的中间品，则它可以通过“学习”效应、“技术溢出”效应及竞争效应等渠道促进我国出口产品质量升级。换言之，在正常情况下，进口中间品价格正向扭曲度越大，那么，它对产品质量升级的帮助会越大，即中间品的价格正向扭曲容易刺激最终产品的质量升级效应。

根据垄断竞争条件下产品价格与成本的关系表达式 $p = MC\dfrac{1}{1-1/\sigma}$，我们也可以得出上述结论。如果某种进口中间品附加值越高（或包含更先进的技术），那么它的可替代程度会越低（此时 σ 会越小），于是成本加成率 $\dfrac{1}{1-1/\sigma}$ 会越大，即此时该进口中间品的成本加成能力会越强，即价格 p 对边际成本 MC 的正向偏离程度会越大，从而其价格正向扭曲度会越大。

① 当然，我们在这里并没有考虑中间品进口国针对中间品的进口贸易政策。如果进口国通过高关税等措施严格限制中间品的输入，这可能也会引起中间品进口价格很高（即产生价格正向扭曲）。但这种情形下中间品价格扭曲度可能就与其附加值水平并不成比例。

另外，进口中间品价格正向扭曲会使企业进口中间品的成本上涨，如果企业的资金实力有限，那么进口中间品的价格扭曲可能会抑制企业对进口中间品的进口。因此，从这个角度来看，进口中间品价格扭曲可能并不利于产品质量升级。这可能与进口中间品价格正向扭曲程度、企业所有制结构或自身的经济实力有关。如果中间品进口企业是国有企业，由于国有企业往往实力雄厚，此时进口中间品价格扭曲可能不会显著影响其对进口中间品的进口（包括进口数量和进口规模）。如果中间品进口企业是规模较小的民营企业，由于其资金实力有限，所以如果进口中间品价格扭曲度较大，则它会显著影响该类企业对中间品进口的数量和规模，从而不利于其产品质量升级；如果进口中间品价格扭曲度相对较轻，则进口中间品价格扭曲对民营企业进口中间品的抑制程度可能会较轻，因此它仍会进口一定数量和种类的中间品，从而可能会有助于产品质量升级。

根据上述分析可知，虽然进口中间品也存在价格扭曲现象，但它属于价格正向扭曲。而进口中间品价格正向扭曲对产品质量的影响会受到正反两方面的综合影响：如果基于“学习”效应、“技术溢出”效应及竞争效应等使得进口中间品价格正向扭曲对产品质量升级的刺激程度大于扭曲带来的“成本效应”（即扭曲会增加企业的进口成本），此时产品质量会得到提升；如果基于“学习”效应、“技术溢出”效应及竞争效应等使得进口中间品价格正向扭曲对产品质量升级的刺激程度小于扭曲带来的“成本效应”（即扭曲会增加企业的进口成本），此时产品质量可能会下降。

3.1.4 能源要素价格扭曲的产品质量效应

能源要素（包括煤、石油、电等能源）的价格扭曲会对企业的生产产生直接影响，它对产品质量的影响相对比较简单，主要体现在成本效应和规模效应上。

一般而言，能源要素价格扭曲对非能源密集型企业生产影响较小①，而对能源密集投入型企业的生产影响比较明显。对于能源投入

① 对非要素投入密集型企业而言，能源只是企业正常经营过程中的一种必需的投入要素，但一般企业对能源要素的需求是相对稳定的，即一般企业不会因为能源要素价格的调整而随意改变对它的政策需求量。

密集型生产企业而言，能源要素价格的扭曲会直接影响到企业的成本和规模[①]。

能源要素发生价格扭曲后，它会显著降低能源投入密集型企业的生产成本，在市场经济环境下，生产成本的下降会带来产品价格的下降。因此，企业如果想实现利润的增加，一般会考虑扩大生产规模，增加产出。在一般情况下，它会带来企业利润的增加。而利润的增加会使得企业有财力加强对产品的研发和质量升级力度，同时也有能力对产品进行更为严格的质量监督管理。因此，从纯理论的角度看，能源要素价格扭曲可能会带来产品质量的提升。但需要指出的是，上述分析只是一般性的理论分析，并没有考虑企业所有制结构等因素的影响。如果我们结合中国的实际情况，我们会发现，我国大多能源密集型企业都是国有企业，民营企业相对较少。而国有企业或多或少会受到政府的一些控制，如财政补贴或政策优惠等待遇。在这种情形下，企业规模扩张后，其市场垄断力会得到进一步加强。这时，企业可能并没有动力进行产品质量升级，而宁愿维持现状。因此，我们认为，在后文的经验分析时，有必要基于企业所有制结构差异进行区分。

3.2 要素价格扭曲的产品质量效应：数理分析

在本节，我们尝试通过构建一个简单的数理分析框架，论证各要素价格扭曲的经济效应及经济均衡状态下它对产品质量的影响方向和制约条件。我们首先讨论在没有发生要素价格扭曲时的市场均衡情况；其次纳入扭曲因素，分别分析各要素价格扭曲的质量效应。需要指出的是，我们在分析每种要素价格扭曲效应时，均假定其他要素市场保持不变，即我们在构建理论模型时不讨论各要素价格扭曲的相互影响[②]。

我们假定各要素市场（包括劳动力、资本、中间品及能源要素市场）均是完全竞争的，每种要素均供给充足。同时，假定产品市场处于垄断竞争市场结构。对于某一连续型产品 $\omega(\omega \in [0, 1])$，每个企业会

① 这里的能源价格扭曲也仅指其价格负向扭曲。

② 各要素价格扭曲的交互影响相当复杂，受作者水平所限，我们在构建理论模型时并不讨论这种情形。

选择使用劳动力、资本、中间品投入品或能源等要素来组织生产。

3.2.1 消费者效用函数和需求函数

设消费者效用函数满足 CES 函数形式，代表性消费者对产品 ω 的效用为 U，则消费者效用函数可表示为：

$$U(\omega) = \left[\int_0^1 (q(\omega) \cdot x(\omega))^{\frac{\sigma}{\sigma-1}} d\omega\right]^{\frac{\sigma}{\sigma-1}} (\sigma > 1) \quad (3-1)$$

（3－1）式中，q(ω) 表示产品 ω 的质量，x(ω) 表示消费者对产品 ω 的需求量，σ 为产品的替代弹性。

设代表性消费者的收入为 I①，则消费者关于产品 ω 的预算约束方程可表示为：

$$\int_0^1 p(\omega) \cdot x(\omega) d\omega = I \quad (3-2)$$

根据（3－1）式、（3－2）式构造拉格朗日函数，可求得代表性消费者对产品 ω 的需求函数：

$$x(\omega) = k_0 \cdot w \cdot P^{\sigma-1}(\omega) p^{-\sigma}(\omega) \quad (3-3)$$

其中，$P = [\int_0^1 (p(\omega)^{1-\sigma} q(\omega)^{\sigma-1}) d\omega]^{\frac{1}{1-\sigma}}$ 指经质量调整的行业价格指数，该指数不受每个企业的影响，因此我们认为该指数是恒定不变的。

3.2.2 产品生产函数

设最终产品 ω 的生产函数满足柯布—道格拉斯生产函数（即 C－D 生产函数）形式，于是关于产品 ω 的生产函数可以表示为：

$$Y(\omega) = AL(\omega)^{\alpha} K(\omega)^{\beta} M(\omega)^{\gamma} E(\omega)^{\phi} \quad (3-4)$$

其中，L、K、M 和 E 分别指在产品 ω 的生产过程中劳动力、资本、中间产品及能源要素的投入量，α、β、γ 和 ϕ 分别表示上述各要素的投入份额。

---

① 考虑到劳动力价格扭曲会影响到消费者的收入水平，所以在这儿消费者的收入并不是常数，设 $I = k_0 w$。

1. 劳动力市场

（1）劳动力价格扭曲前的情形。为了侧重考察劳动力价格扭曲对产品质量升级的影响，我们假定产品生产只投入劳动力要素。设每种产品生产需要投入 l 个劳动力，企业生产率为 φ，则 $\varphi=1/l$，即生产率是单位产品劳动力投入量的反函数。设产品 ω 的生产需投入两种成本：

第一种成本是生产成本（包括固定投入成本和劳动力成本两部分），设生产成本为 C(w，x)，则生产成本函数可以表示为：

$$C(w, x)=F_L+wlx=F_L+wx/\varphi \tag{3-5}$$

其中，F 指生产过程中所投入的固定成本（也称为“沉没成本”）。

第二种成本为产品质量升级成本，设为 C(q)，它是产品质量的函数。质量越优的产品其质量升级成本越高，产品质量升级成本函数可以表示为①：

$$C(q)=f_L+\frac{1}{2}l^r q^\alpha \tag{3-6}$$

（3-6）式中，$\alpha(\alpha>0)$ 指产品质量升级指数，用来衡量产品质量升级的难易程度，它与企业研发水平、劳动者技能、劳动的熟练程度等因素有关。f_L 指产品研发所投入的初始固定成本，l^r 表示产品质量升级所需要的研发人员投入。

把（3-5）式、（3-6）式相加可得产品 ω 的总成本函数为：

$$C(\varphi, x, q)=C(\varphi, x)+C(q)=wx/\varphi+\frac{1}{2}l^r q^\alpha+F_L+f_L \tag{3-7}$$

在垄断竞争市场上，产品的定价一般采取边际成本加成定价形式，于是产品 ω 的最优定价可以表示为：

$$p_L(\omega)=\frac{\sigma}{\sigma-1}w \tag{3-8}$$

而厂商关于产品 ω 的利润函数可以表示为：

$$\pi(x, q)=p\cdot x-C(x)-C(q) \tag{3-9}$$

将（3-3）式、（3-7）式、（3-8）式代入（3-9）式，可得产品 ω 利润关于质量、工资等的函数关系式：

---

① 本文参照樊海潮等（Haichao Fan et al.，2014）构建关于产品质量升级的成本函数。需要指出的是，劳动力价格发生负向扭曲后，我们假定产品生产技术水平不变，因此单位产品投入劳动力数量 l 不变。

$$\pi(q, x, \varphi, w) = \frac{P^{\sigma-1}q^{\sigma-1}(\sigma-1)^{\sigma-1}\sigma}{w^{\sigma-2}} - wx/\varphi - \frac{1}{2}l^{r}q^{\sigma} - F_L - f_L \tag{3-10}$$

对（3－10）式取产品质量q的一阶导数令其等于零，可得产品市场均衡时产品质量关于劳动力价格等的函数表达式：

$$q(\varphi, w, \alpha, \sigma) = \left[\frac{2P^{\sigma-1}\cdot(\sigma-1)^{\sigma}\cdot\sigma\cdot\varphi\cdot w^{2-\sigma}}{\alpha}\right]^{\frac{1}{1+\alpha-\sigma}} \tag{3-11}$$

根据（3－11）式容易看出，产品质量水平q会受到产品替代弹性σ、劳动力价格w及企业生产率φ等诸多因素的共同影响。其中，在其他条件不变情况下，在产品的替代弹性$\sigma<2$且$1+\alpha-\sigma>0$或$\sigma>2$且$1+\alpha-\sigma<0$时，产品质量随着劳动力价格的提高而升级；在产品的替代弹性$\sigma<2$且$1+\alpha-\sigma<0$或$\sigma>2$且$1+\alpha-\sigma>0$时，产品质量随着劳动力价格的提高而下降。此外，根据（3－11）式还可以发现，在满足$1+\alpha-\sigma>0$条件下，产品质量与产品生产率同向变动。

（2）劳动力市场扭曲后的情形。假设由于某外生因素导致劳动力要素市场发生扭曲①，设各要素的价格扭曲度为τ。为了便于比较，我们把扭曲后各变量均用下标d表示。如扭曲后的工资可表示为w_d，$w_d=(1-\tau_L)w$②。其中，w表示竞争条件下劳动力的价格，τ_L为劳动力价格的扭曲度。

劳动力价格负向扭曲会引起产品在边际成本、生产率、研发投入以及价格、需求、利润等方面的一系列变化，最终对产品质量产生影响。

（3）劳动力市场扭曲后的产品质量函数。劳动力市场发生扭曲后，根据加成定价原则可知产品价格也会发生变化，此时产品的价格变为③：

$$p_d(\omega) = \frac{\sigma}{\sigma-1}w_d \tag{3-12}$$

劳动力价格的扭曲及产品价格的变化均会引起消费者对产品的需求

---

① 我们假定该扭曲是外生于企业的，如体制、政治等因素导致。

② 我们参照希尔和克莱纳（Hsieh & Klenow，2009）的做法，本章以从价税的形式体现要素价格扭曲。同时，我们结合中国劳动力市场价格扭曲的基本特征，认为我国劳动力市场只发生价格负向扭曲。

③ 各变量的下标d指劳动力市场扭曲后的情形。

产生影响，此时消费者需求函数变为[①]：

$$x_d(\omega) = w_d P_d(\omega) p_d(\omega) q_d(\omega) \tag{3-13}$$

劳动力价格发生负向扭曲后，我们假定单位产品生产所投入的劳动力数量并没有改变，但产品生产的边际成本会下降，这会刺激企业扩大生产规模；生产规模的扩大会导致企业引进大量非熟练劳动力[②]，这使得产品生产的劳动生产率下降（由 φ 变为 φ_d）。

此时产品的生产成本函数变为：

$$C_d(w_d,\ \varphi_d,\ x_d) = F_d + w_d x_d/\varphi \tag{3-14}$$

另外，边际成本的下降会刺激厂商在产品质量升级环节投入更多的劳动力从事产品的研发升级（$l_d^r > l^r$），研发团队的壮大有助于产品质量升级。此时产品质量升级成本函数变为：

$$C_d(q_d) = f_d + \frac{1}{2} l_d^r q_d^{\alpha} \tag{3-15}$$

于是，劳动力市场扭曲后产品的总成本函数为：

$$\begin{aligned} C_d(q,\ w_d,\ \varphi_d,\ x_d) &= C_d(w_d,\ \varphi_d,\ x_d) + C_d(q_d) \\ &= w_d x_d/\varphi + \frac{1}{2} l_d^r q_d^{\sigma} + F + f \end{aligned} \tag{3-16}$$

综合（3－12）式、（3－13）式、（3－16）式可得劳动力市场扭曲后产品的利润函数变为：

$$\begin{aligned} \pi_d(q_d,\ \varphi_d,\ w_d,\ x_d) = {} & \left(\frac{\sigma-1}{\sigma}\right)^{\sigma} \cdot w_d^{1-\sigma} \cdot P_d^{\sigma-1} \cdot q_d^{\sigma-1} \cdot \left(\frac{\sigma}{\sigma-1} w_d - w_d/\varphi\right) \\ & - \frac{1}{2} l_d^r \cdot q_d^{\alpha} - F_d - f_d \end{aligned} \tag{3-17}$$

对利润函数取一阶导数并令其等于零，适当整理可得：

$$\begin{aligned} \frac{\partial \pi_d}{\partial qd} = {} & \left(\frac{\sigma-1^{\sigma}}{\sigma}\right) \cdot P_d^{\sigma-1} \cdot w_d^{2-\sigma} \cdot \left(\frac{\sigma}{\sigma-1} - \frac{1}{\varphi}\right) \\ & \cdot (\sigma-1) \cdot q_d^{\sigma-2} - \frac{1}{2} l_d^r \cdot \alpha \cdot q_d^{\sigma-1} \end{aligned} \tag{3-18}$$

根据（3－18）式可得劳动力市场扭曲情形下市场均衡时产品质量的函数表达式：

---

① 劳动力价格扭曲后，产品需求函数的推导思路与扭曲前一致。

② 根据本章假定，产品生产只投入劳动力要素，于是在劳动力进入工厂劳动初期，由于缺乏生产经验和一些劳动技能（即非熟练劳动力），这必然会导致企业生产率在短期会下降。

$$q_d=\left\{\frac{2\left(\frac{\sigma}{\sigma-1}\right)^{\sigma}\cdot(\sigma-1)\cdot P_d^{\sigma-1}\cdot w_d^{2-\sigma}\cdot\left(\frac{\sigma}{\sigma-1}-\frac{1}{\varphi}\right)}{l_d^r\cdot\alpha}\right\}^{\frac{1}{1+\alpha-\sigma}}$$

(3－19)

（4）劳动力价格扭曲对产品质量的影响方向和作用条件。为了考察劳动力价格扭曲对产品质量升级的影响方向，我们对（3－19）式取劳动力价格扭曲的一阶导数，整理后可得：

$$\frac{\partial q_d}{\partial\tau_L}=-\frac{2-\sigma}{1-(\sigma-\alpha)}\frac{1}{1-\tau_L}q_d \quad (3-20)$$

根据（3－20）式容易发现，产品的替代弹性与产品质量升级指数两个因素共同影响劳动力价格扭曲对产品质量的影响方向：

当 $\sigma>2$，$\alpha<\sigma-1$ 或 $\sigma<2$，$\alpha>\sigma-1$ 时，$\frac{\partial q_d}{\partial\tau_L}<0$

当 $\sigma>2$，$\alpha>\sigma-1$ 或 $\sigma<2$，$\alpha>\sigma-1$ 时，$\frac{\partial q_d}{\partial\tau_L}>0$ (3－21)

进一步地，我们对产品质量函数取关于劳动力价格扭曲的二阶导数（即对（3－20）式再取劳动力价格扭曲 τ_L 的一阶导数），可得到下式：

$$\frac{\partial^2 q_d}{\partial\tau_L^2}=\frac{2-\sigma}{1-(\sigma-\alpha)}\frac{1}{(1-\tau_L)^2}q_d \quad (3-22)$$

根据（3－21）式及（3－22）式，我们提出第一个理论假说：

假说一：劳动力价格扭曲对产品质量升级存在非线性影响。

根据（3－21）式可以看出，产品质量升级与否与产品替代弹性 σ 与产品质量升级指数 α 有关。在产品的替代弹 σ 较大时，质量升级指数 α 越小劳动力价格扭曲越不利于产品质量升级，质量升级指数 α 越大劳动力价格扭曲越有利于产品质量升级；而在产品的替代弹性 σ 较小时，劳动力价格扭曲 τ_L 对产品质量影响恰好相反①。而根据（3－5）式可知，产品质量升级指数 α 与研发水平、人力资本及劳动者技能密切相关：研发水平越低，人力资本质量越差并且劳动者技能越不熟练，则产品质量升级指数越小，产品质量升级难度越大；研发水平越高，人力资

① 随着产品水平差异化程度的增强，各类产品的替代弹性越来越大（Broda et al.，2006；施炳展，2010；都阳，2013）。鉴于此，我们为了与实际一致，本章只讨论替代弹性较大的情形。

本质量越好并且劳动者技能越熟练，则产品质量升级指数越大，产品质量升级就会越容易发生。

据此我们得出第二个假说：

假说二：在产品的替代弹性较大时，劳动力价格扭曲对产品质量影响会受到研发水平、人力资本质量以及劳动者技能等因素的影响：当研发水平、人力资本质量及劳动者技能低于某一临界值时，劳动力价格扭曲会阻碍产品质量升级；当研发水平、人力资本质量及劳动者技能高于某一临界值时，劳动力价格扭曲会促进产品质量升级。

2. 资本市场

（1）资本市场扭曲前的情形。在讨论资本价格扭曲前，我们需要假定产品 ω 的生产需要投入劳动力和资本两类要素，其要素价格分别为 w 和 r。为了侧重探讨资本要素价格扭曲对产品质量的影响并使问题分析更加简单化，我们假定资本市场扭曲与劳动力市场扭曲不会产生交互作用。

资本市场发生扭曲前，在垄断竞争市场结构下，产品 ω 的价格可表示为：

$$p(\omega)=\frac{\sigma}{\sigma-1}(\alpha w+\beta r) \tag{3-23}$$

其中，α、β 分别表示劳动力和资本的投入份额，表示垄断竞争条件下产品的价格。

在只有劳动力和资本两种要素投入前提下，产品的需求函数可以表示为：

$$x(\omega)=(\alpha w+\beta r)P^{\sigma-1}p^{-\sigma}(\omega)q^{\sigma-1}(\omega) \tag{3-24}$$

产品的生产成本函数可以表示为：

$$C(L, K)=F+wL+rK \tag{3-25}$$

企业为了提升其产品的市场竞争力，需要对其产品质量进行升级。设其质量升级成本函数为 C(q)，借鉴樊海潮等（2014）的做法，不妨设质量升级成本函数为：

$$C(q)=\mu+kq^{\delta} \tag{3-26}$$

其中，μ 表示产品质量升级所投入的研发固定成本，k 为质量升级系数，δ 表示在投入劳动力和资本两种要素情形下产品的质量升级指数。

基于（3-25）式和（3-26）式，我们可以得到产品 ω 的总投入成本（设为 $C(L, K, q)$）：

$$C(L, K, q)=(F+\mu)+(wL+rK)+kq^{\delta} \tag{3-27}$$

于是，企业的利润函数就可以表示为：

$$\begin{aligned}\pi=\pi(L, K, q)&=p\cdot x-C(L, K, q)\\&=p\cdot x-(wl+rk)x-kq^{\delta}-(F+f)\end{aligned} \tag{3-28}$$

（2）资本价格扭曲后的情形。资本要素市场发生扭曲后，产品的价格变为：

$$p_d(\omega)=\frac{\sigma}{\sigma-1}(\alpha'w+\beta'r_d) \tag{3-29}$$

资本要素价格的负向扭曲会刺激企业扩大生产规模，同时它可能会改变产品生产过程中劳动力和资本要素的投入比例，因此产品的生产函数会发生改变（即此时 σ、β 会变成 σ'、β'）。由于资本价格发生了负向扭曲，因此它可能会刺激企业投入更多的资本要素，而劳动力要素投入相对比例可能会下降。所以 $\sigma'<\sigma$，$\beta'>\beta$。

资本要素价格扭曲会影响到消费者的需求行为，这是因为：一方面，当资本要素价格发生扭曲后，它会影响到产品价格发生变化（从 $p(w)$ 到 $p_d(w)$）；另一方面，资本要素的价格扭曲会通过改变利息率来影响消费者的收入水平。这样，当消费者的收入水平和产品价格均发生变化后，消费者的产品需求函数也会发生变化：

$$x_d(\omega)=(\alpha'w+\beta'r_d)P_d^{\sigma-1}p_d^{-\sigma}(\omega)q_d^{\sigma-1}(\omega) \tag{3-30}$$

此外，由于资本价格负向扭曲改变了劳动力和资本要素的投入比例，所以产品生产的边际成本也会发生变化[①]。而产品边际成本的下降会刺激企业扩大生产规模。

此时产品的生产成本函数变为：

$$C_d=F_d+wL_d+r_dK_d \tag{3-31}$$

（3-31）式中，F_d 指的是资本价格扭曲后企业投入的固定成本（即“沉没成本”），L_d 指的是资本价格扭曲后劳动力要素总的投入量，并且有 $L_d=x_d\cdot l'$。K_d 指资本价格扭曲后资本要素总的投入量，$K_d=k'\cdot x_d$（k'指资本价格扭曲后单位产品生产所投入的资本数量）。

① 即每多生产一单位的产品，所投入的资本和劳动力投入成本会发生变化：资本价格扭曲前，多生产一单位产品的生产，需要投入的要素成本为 $wl+rk$；而扭曲后需要投入的要素成本变为 $wl'+r_dk'$。

于是，（3－31）式可以表示为：

$$C_d = F_d + (wl'r_d k')x_d \tag{3-32}$$

此时，产品 ω 的利润函数也会发生变化，它可以表示为：

$$\pi(p_d, x_d) = p_d \cdot x_d - (wl' + r_d k')x_d - F_d \tag{3-33}$$

于是，资本价格扭曲后产品质量升级成本函数也会发生变化，它可以表示为：

$$C_d(q_d) = f_d + k'_d q_d^{\delta} \tag{3-34}$$

其中，f_d 是资本扭曲后产品质量升级投入的固定成本；k'_d 指的是资本要素价格扭曲后产品 ω 质量升级所投入的资本量；δ 为质量升级系数①，用以衡量产品质量升级的难易程度，质量越优的产品质量升级难度越大。

于是，纳入质量升级成本后，产品的利润函数变为：

$$\pi(p_d,\ x_d) = p_d \cdot x_d - (wl' + r_d k')x_{dk} - k_{dk}q_{dk}^{\delta} - (F_{dk} + f_{dk}) \tag{3-35}$$

（3－35）式有两个结果：利润大于零和利润小于零。一种情况是，如果资本价格扭曲后企业利润为负值则它会退出市场。另外一种情况是，资本价格扭曲后企业仍有利润（即（3－33）式大于零），于是，它会继续组织生产②。如果资本价格扭曲能够使得企业的利润有所增加，则此时企业很可能会扩大研发规模、增加研发投入，这使得企业质量升级概率会提高（即它会影响到产品质量升级指数 δ）。

将（3－29）式、（3－30）式、（3－32）式及（3－34）式代入（3－35）式，并对产品质量取一阶导数并令其等于零，适当整理可得资本要素价格扭曲后关于产品质量的函数表达式：

$$q^{\delta-\sigma+1} = \frac{1}{k\delta}(\alpha w + \beta r_d)^{1-\sigma}P^{\sigma-1}\left(\frac{\sigma-1}{\sigma}\right)^{\sigma}[(\alpha w + \beta r_d)\sigma - (wl + r_d k)(\sigma-1)] \tag{3-36}$$

（3）资本价格扭曲对产品质量的作用方向和约束条件。基于上面的理论假设可知，扭曲后的资本价格 $r_d = r(1-\tau_K)$（$\tau_K > 0$ 为资本价格扭曲度）。将此式代入到（3－36）式中，适当整理并对资本价格扭曲（τ_K）求导，可得：

① 为简化后文推导过程，此处我们假定 $\delta > \sigma - 1$。

② 资本价格扭曲引起生产成本下降和企业规模扩张，这种情况下企业利润很可能会增加。

$$\frac{\partial q_{dk}}{\partial \tau_K}=\frac{1}{\sigma-\delta-1}q^{-1}P^{\sigma-1}\left(\frac{\sigma-1}{\sigma}\right)^{\sigma}\cdot r\cdot\{(1-\sigma)(\alpha w+\beta r_d)^{-\sigma}\cdot\beta \cdot[(\alpha w+\beta r_d)\sigma-(wl+r_d k)(\sigma-1)] -(\alpha w+\beta r_d)^{1-\sigma}\cdot[\sigma\beta-k(\sigma-1)]\} \quad (3-37)$$

根据上面的假定，容易看出：（3－37）式中$\frac{\partial q_{dk}}{\partial \tau_K}$的正负号受$\sigma-\delta-1$和该式中大括号里面符号的共同影响，即在产品富有替代弹性时[①]（即满足$\sigma>\delta+1$）：

当$\frac{\sigma-1}{\sigma}k<\beta<1$、且$r_d<\frac{(\sigma-1)\beta w[\alpha\sigma-l(\sigma-1)]-[k(\sigma-1)-\sigma\beta]\alpha w}{[k(\sigma-1)-\sigma\beta]\beta+(\sigma-1)^2\beta k-(\sigma-1)\beta^2\sigma}$

时，$\frac{\partial q_{dk}}{\partial \tau_K}<0$ （3－38）

当$0<\beta<\frac{\sigma-1}{\sigma}k$、且$r_d<\frac{(\sigma-1)\beta w[\alpha\sigma-l(\sigma-1)]-[k(\sigma-1)-\sigma\beta]\alpha w}{[k(\sigma-1)-\sigma\beta]\beta+(\sigma-1)^2\beta k-(\sigma-1)\beta^2\sigma}$

时，$\frac{\partial q_{dk}}{\partial \tau_d}>0$ （3－39）

（3－38）式和（3－39）式表明，资本价格扭曲对产品质量的影响受到资本投入份额（β）、产品替代弹性（σ）和资本价格（r_d）等的多重制约：当在资本投入份额高于某一临界值$\left(\beta>\frac{\sigma-1}{\sigma}k\right)$、产品替代弹性较大（$\sigma>\delta+1$）且资本价格低于某一临界值时$\left(r_d<\frac{(\sigma-1)\beta w[\alpha\sigma-l(\sigma-1)]-[k(\sigma-1)-\sigma\beta]\alpha w}{[k(\sigma-1)-\delta\beta]\beta+(\sigma-1)^2\beta k-(\sigma-1)\beta^2\sigma}\right)$，资本价格扭曲会抑制产品质量升级；当在资本投入份额低于某一临界值$\left(0<\beta<\frac{\sigma-1}{\sigma}k\right)$、产品替代弹性较大（$\sigma>\delta+1$）且扭曲后的资本价格高于某一临界值时$\left(r_d>\frac{(\sigma-1)\beta w[\alpha\sigma-l(\sigma-1)]-[k(\sigma-1)-\sigma\beta]\alpha w}{[k(\sigma-1)-\sigma\beta]\beta+(\sigma-1)^2\beta k-(\sigma-1)\beta^2\sigma}\right)$，资本价格扭曲会促进产品质量升级。

据此，我们得出第三个理论假说：

假说三：资本价格扭曲对产品质量影响方向取决于资本投入份额（β）、产品替代弹性（σ）和资本价格（r_d）的共同影响：在产品替代

① 产品富有替代弹性也是一个比较实际的假设。

弹性较大的前提下，如果资本投入份额比较适中（即它没超过某一临界值）且资本使用报酬（即利率）相对较高的情形下，资本价格扭曲能够促进产品质量升级；在资本投入份额过高且资本使用报酬较低的情形下，资本价格扭曲会抑制产品质量升级。

对于理论假说三，我们给出的经济学解释为：资本价格扭曲会通过影响资本和其他要素的配置比例和改变资本的使用报酬最终影响产品质量水平。

我们首先解释（3－38）式的经济学含义。一方面，如果资本价格负向扭曲较重以至于企业使用资本成本很低$\left(\text{即满足 } r_d < \frac{(\sigma-1)\beta w[\alpha\sigma - l(\sigma-1)] - [k(\sigma- -1) - \sigma\beta]\alpha w}{[k(\sigma-1) - \sigma\beta]\beta + (\sigma-1)^2\beta k - (\sigma-1)\beta^2\sigma}\right)$，则它会明显降低企业的成本，在巨大的成本优势驱使下，企业可能只顾生产规模的扩张，不会有动力加强产品研发、进行质量升级及加强质量监管；另一方面，如果企业资本投入份额过高$\left(\text{即 } \beta > \frac{\sigma-1}{\sigma}k\right)$，这可能使得企业资本投入过剩，而其他要素（如劳动力）投入份额过低，使得各要素配置没有达到一个合理的水平，这时各要素很难发挥其在生产过程中的作用，这也会使得产品质量下降。

我们再来解释（3－39）式的经济学含义。一方面，如果资本价格负向扭曲较轻，以至于资本使用成本仍较高$\left(\text{即满足 } r_d > \frac{(\sigma-1)\beta w[\sigma\alpha - l(\sigma-1)] - [k(\sigma-1) - \sigma\beta]\alpha w}{[k(\sigma-1) - \sigma\beta]\beta + (\sigma-1)^2\beta k - (\sigma-1)\beta^2\sigma}\right)$，资本使用成本的压力会倒逼企业加强产品研发、加强质量管理并且有动力持续进行产品质量升级；另一方面，如果资本投入份额相对合理$\left(\text{即 } 0 < \beta < \frac{\sigma-1}{\sigma}k\right)$，以至于它达到了要素合理配置所应有的水平，这时各要素配置处于合理状态，各要素就可以较充分地发挥其在产品生产过程中不可替代的作用，因此容易促进产品质量升级。

3. 中间品市场

（1）中间品市场扭曲前的情形。在分析中间品市场扭曲前，我们需要假定在产品生产过程中需要投入劳动力、资本和中间投入品三类生产要素。设单位产品投入的劳动力、资本和中间投入品的数量分别为 l、 k、m，而中间品的价格表示为 p_M。

于是，在有劳动力、资本和中间品三种要素投入的前提下，垄断竞争市场上产品的价格可以表示为：

$$p(\omega)=\frac{\sigma}{\sigma-1}(\alpha w+\beta r+\gamma p_M) \tag{3-40}$$

而消费者需求函数与两要素情形下也有所区别，它可以表示为：

$$x(\omega)=(\alpha w+\beta r+\gamma p_M)P^{\sigma-1}p^{-\sigma}(\omega)q^{\sigma-1}(w) \tag{3-41}$$

产品的生产成本函数可以表示为：

$$C(L,\ K,\ M)=F+wL+rK+p_M M \tag{3-42}$$

设产品的质量升级成本函数为 $C(q)$，不妨设产品的质量升级成本函数为：

$$C(q)=\eta+\chi q^{\vartheta} \tag{3-43}$$

其中，η 表示产品质量升级所投入的研发固定成本，χ 为质量升级系数，ϑ 表示在投入劳动力、资本和中间品三种要素情形下产品的质量升级指数。

基于（3-42）式和（3-43）式，我们可以得到产品 ω 的总投入成本（设为 $C(L,\ K,\ q)$）：

$$C(L,\ K,\ q)=(F+\eta)+(wL+rK+p_M M)+\chi q^{\vartheta} \tag{3-44}$$

于是，企业的利润函数就可以表示为：

$$\begin{aligned}\pi&=\pi(L,\ K,\ q)=p\cdot x-C(L,\ K,\ q)\\&=p\cdot x-(wl+rk+p_M M)x-\chi q^{\delta}-(F+f)\end{aligned} \tag{3-45}$$

（2）中间品市场扭曲后的情形。中间投入品市场发生价格扭曲后，设其价格变为 p_{dM}，且有 $p_{dM}=p_M(1-\tau_M)(\tau_M>0)$。根据垄断竞争条件下成本加成的基本原则可知，产品价格会发生变化。设此时产品的价格变为 $p_d(\omega)$，则有：

$$p_d(\omega)=\frac{\sigma}{\sigma-1}(\alpha w+\beta r+\gamma p_d M) \tag{3-46}$$

而产品价格的变化会对消费者对产品的需求产生影响，此时消费者需求函数变为：

$$x_d(\omega)=(\alpha w+\beta r+\gamma p_{dM})P_{dk}^{\sigma-1}(\omega)q_{dk}^{\sigma-1}(\omega) \tag{3-47}$$

在中间投入品存在价格扭曲时，产品的生产函数可以表示为：

$$Y_d=AL_d^{\alpha}K_d^{\beta}M_d^{\gamma} \tag{3-48}$$

其中，L_d、K_d、M_d 分别指在中间品存在价格扭曲时产品 ω 生产过程中劳动力、资本及中间投入品的投入量，α、β、γ 分别表示扭曲情形下劳动力、资本和中间投入品的投入份额。

对（3-48）式分别取各要素投入量的一阶导数，并结合前面假设可得各要素的边际产出：

$$MP_L = \alpha Y/L = w(1-\tau_L) \qquad MP_K = \beta Y/K = r(1-\tau_K)$$
$$MP_M = \gamma Y/M = p_M(1-\tau_M) \tag{3-49}$$

此时各要素的投入量分别为：

$$l_d = \frac{\alpha Y}{w(1-\tau_L)} \quad k_d = \frac{\beta Y}{r(1-\tau_K)} \quad m_d = \frac{\gamma Y}{p_M(1-\tau_M)} \tag{3-50}$$

各要素投入比例会影响各配置效率，从而会对产品质量产生影响。因此，我们可以认为产品质量是要素投入比例的函数①。据此我们构建产品质量升级成本函数为②：

$$C_d(q) = F + \frac{1}{2}\frac{(M/L)^{\theta}}{(M/L)^{v}} \cdot q^{\mu} = F + \frac{1}{2}\left(\frac{\gamma}{\alpha}\right)^{\theta} \cdot \left(\frac{\beta}{\alpha}\right)^{v}$$
$$\cdot (1-\tau_L)^{\theta - v} \cdot \frac{(1-\tau_K)^{v}}{(1-\tau_M)^{\theta}} \cdot q^{\mu}(\eta > \theta) \tag{3-51}$$

设中间品价格扭曲后产品的生产成本函数为 $C_d(L, K, M)$，则它可以表示为：

$$C_d(L, K, M) = wl_d x_{dp_M} + rk_d x_{dp_M} + p_{dM} m_d x_{dp_M} \tag{3-52}$$

而在中间品价格存在扭曲后，存在三要素投入的最终产品 ω 的价格可表示为：

$$p_d(\omega) = \frac{\sigma}{\sigma - 1}(w\alpha_d + r\beta_d + p_{dM}\gamma_d) \tag{3-53}$$

此时，最终产品 ω 的利润函数变为：

$$\pi_d(\omega) = p_d(\omega) \cdot x_d(\omega) - C(L_d, K_d, M_d) - C_d(q) \tag{3-54}$$

综合（3-46）式、（3-47）式、（3-50）式、（3-51）式、（3-52）式及（3-53）式，并对产品利润函数产品质量取一阶导数可得：

---

① 要素投入比例决定了产品的生产函数形式和生产技术水平，合理的要素投入比例会提高资源配置效率，充分发挥各要素在产品质量升级中的作用。本章基于研究需要在樊海潮等（2014）的基础上对产品质量升级成本函数进行了适当改进。

② 具体推导过程请参见樊海潮等（2014）。

$$\frac{\partial \pi_d}{\partial q_d} = P_d^{\sigma-1} p^{1-\sigma}(\sigma-1) q^{\sigma-2} - \frac{1}{2} \frac{(M/L)^{\theta}}{(K/L)^{v}} \cdot \mu \cdot q_d^{\mu-1} \quad (3-55)$$

令（3－55）式等于零可得利润最大化条件下中间投入品存在价格扭曲时产品 ω 的质量函数表达式：

$$q_d(w, r, p_M, \tau) = \left\{ \Lambda \cdot (1-\tau_L)^{\eta-\theta} \cdot \frac{(1-\tau_M)^{\theta}}{(1-\tau_K)^{v}} \cdot [w(1-\tau_L)\alpha + r(1-\tau_K)\beta + p_M(1-\tau_M)\gamma]^{1-\sigma} \right\}^{\frac{1}{1+\mu-\sigma}} \quad (3-56)$$

其中，$\Lambda = \frac{2\sigma}{\mu} P^{\sigma-1}\left(\frac{\sigma-1}{\sigma}\right)^{\sigma}\left(\frac{\beta}{\alpha}\right)^{v}\left(\frac{\gamma}{\alpha}\right)^{-\theta}$为一正常数。

产品质量函数（如（3－56）式所示）对中间品价格扭曲度取一阶导数，可得：

$$\frac{\partial q_{dM}}{\partial \tau_M} = \Gamma_3 q^{\sigma-\mu} \cdot \left\{ \theta X^{-\theta-1}\left(\frac{1+\tau_M}{1+\tau_L}\right)^{2} - (\sigma-1) X^{-\sigma} \gamma p_M \left(\frac{\alpha}{\gamma}\right)^{\theta}\left(\frac{1+\tau_M}{1+\tau_L}\right)^{\theta} \right\} \quad (3-57)$$

其中，$\Gamma_3 = \frac{2}{\mu(1+\mu-\sigma)} P^{\sigma-1}\sigma\left(\frac{\sigma-1}{\sigma}\right)^{\sigma}\left(\frac{\beta}{\alpha}\right)\left(\frac{1+\tau_L}{1+\tau_K}\right)^{\eta} > 0$。对（3－57）式适当整理可得：

$$当\ \tau_M < \left[\frac{\theta}{(\sigma-1)\ X^{1+\theta-\sigma}\gamma p_M(\sigma/\gamma)^{\theta}}\right]^{\frac{1}{\theta-2}} \cdot (1+\tau_L) - 1\ 时，\ \frac{\partial q_d}{\partial \tau_M} > 0 \quad (3-58)$$

$$当\ \tau_M > \left[\frac{\theta}{(\sigma-1)\ X^{1+\theta-\sigma}\gamma p_M(\sigma/\gamma)^{\theta}}\right]^{\frac{1}{\theta-2}} \cdot (1+\tau_L) - 1\ 时，\ \frac{\partial q_d}{\partial \tau_M} < 0 \quad (3-59)$$

根据关于中间品价格扭曲的上述推导结论［（3－58）式和（3－59）式所示］可知，中间品价格扭曲程度对产品质量升级方向会产生异质性影响：当中间品价格扭曲度小于某一临界值时，中间品价格扭曲会促进产品质量升级；而当中间品价格扭曲度过大时，它会降低产品质量。

我们对上述推导结论给出如下经济学解释：中间品（尤其是进口中间品）大都包含一定的附加值，其价格扭曲在很大程度上恰好能够反映其附加值程度，即中间品一般存在价格正向扭曲，其正向扭曲度越大，说明其附加值越高（Brandt et al.，2014）①。因此，适度的中间品价格扭曲度会对产品质量产生正向影响。但如果中间品正向扭曲度过大（即其附加值太高），这时它与进口国的实际技术水平很可能会存在过于明显的技术差距，从而影响进口国企业对中间品技术的充分学习和吸收，从而会出现中间品附加值很高，但它对东道国企业的实际溢出效果却非常有限。（3－59）式所示的情形刚好说明，一方面，当中间品价格正向扭曲度超过某一临界值时，过大的技术差距反而阻碍了东道国企业对中间品技术的充分吸收，从而抑制了最终产品质量的升级；另一方面，如果进口中间品价格正向扭曲度过大，它会显著抑制企业对中间品的进口规模和数量，此时中间品进口可能产生的“技术溢出”效应、竞争效应等对产品质量升级的刺激作用可能会被扭曲带来的“成本上涨效应”所抵消，从而不利于产品质量升级。

据此，我们提出第四个理论假说：

假说四：进口中间品价格扭曲对产品质量会产生非线性影响，当进口中间品价格扭曲度比较适中时，它有助于产品质量的提升；而当中间品价格扭曲度过大时，它可能会限制产品质量升级。

需要说明的是，由于能源要素价格扭曲对产品质量升级影响比较简单，我们只在本章第一节进行了必要的定性分析，就不再进行数理分析。

3.2.3 要素价格扭曲与要素正常价格对产品质量的作用差异

这部分我们将比较要素价格扭曲和要素正常价格对产品质量的作用差异。为了能够进行比较，我们首先需要分别把要素正常价格情形下的产品质量函数表达式推导出来。

1. 劳动力价格扭曲与劳动力正常价格对产品质量的作用比较

我们需要得到在劳动力正常价格情形下产品质量的函数表达式。基于本章第二节的推导思路，容易得出在劳动力价格不存在扭曲时，产品质量的函数表达式为：

---

① 中间品制造国往往会通过中间品价格溢价行为或对中间品实施成本超额加成来保持其超额垄断利润（Brandt et al.，2014）。

$$q(\cdot)=\left\{\frac{2\left(\frac{\sigma}{\sigma-1}\right)^{\sigma}\cdot(\sigma-1)\cdot P^{\sigma-1}\cdot w^{2-\sigma}\cdot\left(\frac{\sigma}{\sigma-1}-\frac{1}{\varphi}\right)}{l^{r}\cdot\alpha}\right\}^{\frac{1}{1+\alpha-\sigma}}$$

(3－60)

而根据本章第二节的模型推导可知，劳动力价格扭曲后产品质量的函数表达式可以表示为：

$$q_d(\cdot)=\left\{\frac{2\left(\frac{\sigma}{\sigma-1}\right)^{\sigma}\cdot(\sigma-1)\cdot P_d^{\sigma-1}\cdot w_d\cdot\left(\frac{\sigma}{\sigma-1}-\frac{1}{\varphi_d}\right)}{l_d\cdot\alpha_d}\right\}^{\frac{1}{1+\alpha-\sigma}}$$

(3－61)

根据上述两种情形下产品质量的表达式，我们可以比较劳动力价格扭曲和劳动力正常价格对产品质量的作用差异。

我们用（3－60）式除以（3－61）式，可得：

$$\frac{q}{q_d}=\left(\left(\frac{P}{P_d}\right)^{\sigma-1}\cdot\left(\frac{w}{w_d}\right)^{2-\sigma}\cdot\left(\frac{l_d^{r}}{l^{r}}\right)\cdot\frac{\alpha_d}{\alpha}\cdot\frac{\frac{\sigma}{\sigma-1}-\frac{1}{\varphi}}{\frac{\sigma}{\sigma-1}-\frac{1}{\varphi_d}}\right)^{\frac{1}{1+\alpha-\sigma}} \qquad (3-62)$$

根据（3－62）式，我们发现，要素价格正常情形下的产品质量与要素价格存在扭曲情形下得出的产品质量大小与以下几个因素有关：扭曲前后的出口价格指数、扭曲前后的劳动力价格、扭曲前后单位产品的研发人员投入量、扭曲前后的劳动生产率以及产品的替代弹性。容易看出，劳动力价格扭曲后的出口价格指数、工资及生产率均小于扭曲前的水平，而扭曲后的单位产品研发投入人数、劳动力投入份额均会大于扭曲前的水平，即（3－62）式括号里面的部分大于一，这时两种情形下产品质量的大小就与（3－62）式的指数正负号直接相关。这时，如果 $1+\alpha-\sigma>0$，则 $q>q_d$；如果 $1+\alpha-\sigma<0$，则 $q<q_d$。换言之，如果产品的替代弹性不是很大（满足 $\sigma<1+\alpha$），则要素正常价格情形下对应的产品质量就好于要素存在价格扭曲情形下对应的产品质量，并且如果其他因素不变，则劳动力价格扭曲度越大，则扭曲后的产品质量下降程度会越大；反之，如果产品替代弹性过大（$\sigma\geqslant1+\alpha$），则难以保证要素正常价格情形下对应的产品质量会好于要素存在价格扭曲情形下对应的产品质量。

2. 资本价格扭曲与资本正常价格对产品质量的作用比较

根据本章第二节的理论模型推导可知，在资本价格正常情形下产品质量的函数表达式可以表示为[①]：

$$q^{\delta-\sigma+1}=\frac{1}{k\delta}(\alpha w+\beta r)^{1-\sigma}P^{\sigma-1}\left(\frac{\sigma-1}{\sigma}\right)^{\sigma}[(\alpha w+\beta r)\sigma-(wl+rk)(\sigma-1)] \tag{3-63}$$

而资本价格扭曲后产品质量的表达式为[②]：

$$q_e^{\sigma-\delta+1}=\frac{1}{k'\delta}(\alpha' w+\beta' r_d)^{1-\sigma}P^{\sigma-1}\left(\frac{\sigma-1}{\sigma}\right)^{\sigma}[(\alpha' w+\beta' r_d)\sigma-(wl+r_d k_d)(\sigma-1)] \tag{3-64}$$

上述两式相除，可得：

$$\left(\frac{q_d}{q}\right)^{\sigma-\delta-1}=\frac{k_d}{k}\left(\frac{\alpha w+\beta r}{a' w+\beta' r_d}\right)^{\sigma-1}\cdot\frac{(\alpha w+\beta r)\sigma-(wl+rk)(\sigma-1)}{(\alpha' w+\beta' r_d)\sigma-(wl+r_d k_d)(\sigma-1)} \tag{3-65}$$

根据（3-65）式可知，很难判断资本价格扭曲后的产品质量与资本价格正常情形下的产品质量孰高孰低，因为这两种情形下产品质量受到诸多因素的影响，如果要保证资本价格扭曲后的产品质量低于资本价格正常情形下的产品质量，则需要满足如下约束条件：

$$\sigma-\delta-1>0 \tag{3-65-1}$$

$$\left(\frac{\alpha w+\beta r}{a' w+\beta' r_d}\right)^{\sigma-1}\cdot\frac{(\alpha w+\beta r)\sigma-(wl+rk)(\sigma-1)}{(\alpha' w+\beta' r_d)\sigma-(wl+r_d k_d)(\sigma-1)}<k/k_d \tag{3-65-2}$$

（3-65-1）式比较容易满足，即只需要产品的替代弹性较大即可（$\sigma>1+\delta$）。而（3-65-2）式比较复杂，它需要满足的基本条件是：资本价格负向扭曲引起企业对资本的投入份额增长幅度大于资本投入量的增速（使得 $\beta' r_d/\beta r>r_d k_d/rk$）。我们认为这一点可能比较现实，因为资本价格扭曲会刺激企业改变各要素投入的份额，因此这较容易使得资本投入份额较明显的提高。

---

① 需要说明的是，我们在讨论劳动力价格扭曲时，假定生产过程中只投入劳动力要素，而在讨论资本价格扭曲的经济效应时，假定生产过程中投入劳动力和资本两个要素，因此，在资本价格正常情形下产品质量的函数表达式与只存在劳动力情形下的产品质量表达式并不相同。

② 为了简化讨论过程，我们假定资本价格扭曲前后产品价格指数是常量，即 P 保持不变。

3. 中间品价格扭曲与中间品正常价格对产品质量的作用比较

根据本章第二节的模型推导可知，利润最大化条件下中间投入品存在价格扭曲时产品 ω 的质量函数表达式可以表示为：

$$q_d(w,\ r,\ p_M,\ t)=\left\{\Lambda\cdot(1-\tau_L)^{\eta-\theta}\cdot\frac{(1-\tau_M)^{\theta}}{(1-\tau_K)^{v}}\cdot\left[w(1-\tau_L)\alpha+r(1-\tau_K)\beta+p_M(1-\tau_M)\gamma\right]^{1-\sigma}\right\}^{\frac{1}{1+\mu-\sigma}} \tag{3-66}$$

而在劳动力、资本及中间投入品价格正常情形下的产品质量函数为：

$$q(\cdot)=\left[\Lambda\cdot(w\alpha+r\beta+p_M\gamma)^{1-\sigma}\right]^{1/1+\mu-\sigma} \tag{3-67}$$

（3－66）式与（3－67）式相除可得：

$$\frac{q_d}{q}=\left[\frac{(1-\tau_L)^{\eta-\theta}(1-\tau_M)^{\theta}}{(1-\tau_K)^{v}}\cdot\left(\frac{w\alpha+r\beta+p_M\gamma}{w(1-\tau_L)\alpha+r(1-\tau_K)\beta+p_M(1-\tau_M)\gamma}\right)^{\sigma-1}\right]^{1/1+\mu-\sigma} \tag{3-68}$$

根据（3－66）式可知，$(1-\tau_L)^{\eta-\theta}(1-\tau_M)^{\theta}/(1-\tau_K)^{v}>0$，而显然，$\frac{w\alpha+r\beta+p_M\gamma}{w(1-\tau_L)\alpha+r(1-\tau_K)\beta+p_M(1-\tau_M)\gamma}>1$，所以，中间品价格扭曲后的产品质量高低就取决于各要素价格扭曲度，如果资本价格扭曲相对轻一点，中间品价格扭曲度相对重一点，则中间投入品价格扭曲后的产品质量很可能会好于扭曲前的产品质量。

3.3 本章小结

本章我们系统探讨了劳动力、资本、中间品和能源要素对产品质量的影响，首先在第1节对各要素对产品质量的影响渠道和作用机理进行了详细探讨，其次在第2节通过构建简单的数理模型，侧重论证对各要素（不包括能源要素）价格扭曲对产品质量升级的作用方向和制约条件。

通过本章的理论分析，我们得出的基本结论是，各生产要素对产品质量的影响机理存在差异性，因此有必要逐个分析其影响机理。

具体地，劳动力价格扭曲对产品质量的影响最为复杂，劳动力价格扭曲可以通过生产率效应、要素配置效应、经验累积效应、研发效应及规模效应等渠道影响产品质量。而数理推导结论表明，劳动力价格扭曲对产品质量的影响会受到企业研发水平、人力资本质量及劳动者技能等因素的影响：当研发水平、人力资本质量及劳动者技能较低时，扭曲会抑制产品质量升级；而当研发水平、人力资本质量及劳动者技能较高时，扭曲则会刺激产品质量升级。

资本价格扭曲对产品质量的影响主要通过要素配置效应和规模效应来体现。而数理分析结论表明，资本投入份额、产品替代弹性和资本价格会共同制约资本价格扭曲对产品质量升级的作用方向：当资本投入份额过高且资本要素价格相对较低的情形下，资本价格扭曲会抑制产品质量升级；而当资本投入份额相对适中、产品替代弹性较大且资本价格相对较高时，资本价格扭曲会促进产品质量升级。

中间投入品价格扭曲对产品质量的影响具有其独特性，其主要原因是，进口中间品价格往往存在正向扭曲，并且其正向扭曲度越大，其附加值往往越高。因此，中间投入品价格扭曲度越大，产品质量升级应该越明显。但扭曲对产品质量升级的促进作用具有上限，当中间品价格扭曲度超过一定的限度时，由于它包含了比较先进的技术或附加值，这容易导致中间品进口国技术与中间品不能匹配，即技术差距过大时，中间品进口往往会对产品质量升级存在反向推动作用。

此外，我们还基于理论模型推导结论，探讨了各要素价格扭曲和要素正常价格两种情形下产品质量可能的变化，并指出了要素价格扭曲情形下产品质量低于要素价格正常情形下产品质量的约束条件。

第4章　我国要素市场扭曲和出口产品质量的典型特征事实描述

本章侧重考察两个典型性特征事实，一个是对我国各要素市场扭曲基本现状、扭曲程度等进行特征性事实描述，另一个是对我国制造业出口产品质量的基本现状、发展趋势等进行系统性描述。本章既承接了本研究第3章的研究内容（即要素价格扭曲对出口产品质量的作用机制分析），同时它又对为后面的经验分析提供必要的统计资料基础。

4.1　我国要素市场扭曲的特征性事实描述

在本节，我们首先对我国各要素（包括劳动力、资本、能源、中间品等）价格扭曲程度进行测度，然后基于行业、所有制、地区及贸易方式等进行特征性事实描述。

4.1.1　要素价格扭曲的测度方法

目前学术界测度要素价格扭曲最常用的方法是生产函数法。我们也使用该方法测度我国各生产要素的价格扭曲程度。

我们借鉴谢和克莱纳（2009）的基本思路，生产函数法的基本步骤如下。

首先，假定产品生产函数符合柯布－道格拉斯生产函数形式（即C－D函数）：

$$Y = AL^{\alpha}K^{\beta}M^{\gamma}E^{\eta}\text{①} \quad (4-1)$$

其次，对上述生产函数分别取各要素投入量的一阶导数，得到各要素的边际产出：

$$MP_L = \alpha Y/L、MP_K = \beta Y/K、MP_M = \gamma Y/M \quad MP_E = \eta Y/E \quad (4-2)$$

其中，MP_L、MP_K、MP_M 及 MP_E 分别表示劳动力要素的边际产出、资本要素的边际产出、中间投入品②的边际产出及能源要素的边际产出。

然后，基于要素价格扭曲的基本定义（Hsieh and Klenow，2009），测算出各要素的价格扭曲指数：

$$\tau_L = \alpha Y/wL、\tau_L = \beta Y/rK、\tau_M = \gamma Y/p_M M、\tau_E = \eta Y/p_E E \quad (4-3)$$

如果要素价格扭曲值大于 1，说明各要素实际价格低于其边际产出值，即存在要素价格负向扭曲情形；如果要素价格扭曲值小于 1，说明各要素实际价格高于其边际产出值，即存在要素价格正向扭曲。

如果需要测度我国要素价格扭曲的总体状况，我们可以凭各要素投入份额作为权重进行加权（施炳展、冼国明，2012），从而得到我国总的要素价格扭曲度：

$$\tau = distL^{\frac{\alpha}{\alpha+\beta+\gamma+\eta}} \cdot distK^{\frac{\beta}{\alpha+\beta+\gamma+\eta}} \cdot distM^{\frac{\gamma}{\alpha+\beta+\gamma+\eta}} \cdot distE^{\frac{\alpha}{\alpha+\beta+\gamma+\eta}} \quad (4-4)$$

其中，上述测度方法所用到的数据如下：Y 为总产出，用工业增加值表示；K 为固定资产净值年均余额；L 为职工总数；w 为应付工资总额与职工总数的比值。利率数据我们参照施炳展、冼国明（2012）的做法，即对盛仕斌、徐海（1999）与谢和克莱纳（2009）的处理方法进行了折中处理。具体地，谢和克莱纳（2009）把利率设定为 0.1。我们认为这样处理不妥，因为结合我国的实际情况，我国银行对不同所有制企业提供歧视性利率。对此，盛仕斌和徐海（1999）采用利息支出与负债总额的比值进行计算。如果按照这一算法，数据缺失的样本为 526638 个，占总样本的 33%。并且从该方法的测度结果来看，我们发现大概 75% 的测算值低于 0.044，近 50% 的利率测算值低于 0.023，另有 25% 的测算值低于 0.01。但根据《中国统计年鉴》可知，在我们的样本期

① 需要说明的是，在谢和克莱纳（2009）的文献中，笔者只投入了劳动力和资本两种要素，并没有把中间投入品和能源要素纳入生产函数中，我们基于研究的需要对此生产函数进行了拓展，把中间品和能源要素也纳入生产函数中，从而使其更具一般性。

② 由于工业企业数据库没有对中间投入品进行分类，因此这里的中间品既包括国内中间品，也包括进口中间品。

内（1999～2007），中国金融机构法定贷款最低利率都在0.05以上，法定定期存款利率最低利率也大都在0.02以上。据此，我们认为盛仕斌和徐海（1999）的这种方法也并不适合中国的实际情况。我们不但需要结合银行给予不同所有制企业贷款利率的差别待遇，同时还需要保证最低利率不低于银行规定的最低值。

在利率测算时，我们借鉴施炳展、冼国明（2012）的基本思路，对利率做如下测算：首先，按照盛仕斌和徐海（1999）的做法，只要测算出的利率值大于0.05，我们就认为它是企业所用资本的实际报酬；如果测算出的利率值小于0.05或存在数据缺失现象，则我们就以各类所有制企业各年贷款的平均利率值来代替该企业利率。实际上，这是谢和克莱纳（2009）的做法。其次，为了消除物价波动的干扰，我们采用工业品出厂价格指数来对工业增加值数据进行平减，采用居民消费物价指数平减工资数据，采用固定资产投资价格指数来对资本数据进行平减。上述数据来自各年份的《中国统计年鉴》和《中国工业企业数据库》。

4.1.2　我国要素价格扭曲的总体状况

根据上述测度方法和相关数据，我们分别测算了样本期内我国各要素的价格扭曲状况和我国制造业总体的要素价格扭曲状况。

我们首先看一下我国要素价格扭曲总体状况（如图4－1所示）。根据本图我们容易看出：在样本期各年份我国要素价格均呈负向扭曲（价格扭曲度数值均大于1）；并且呈现比较明显的非线性波动：在2003年之前，我国总体要素价格负向扭曲趋势在逐渐加重，在2003年达到极大值；随后扭曲度有所减缓，但从2005年开始负向扭曲度又开始加重。

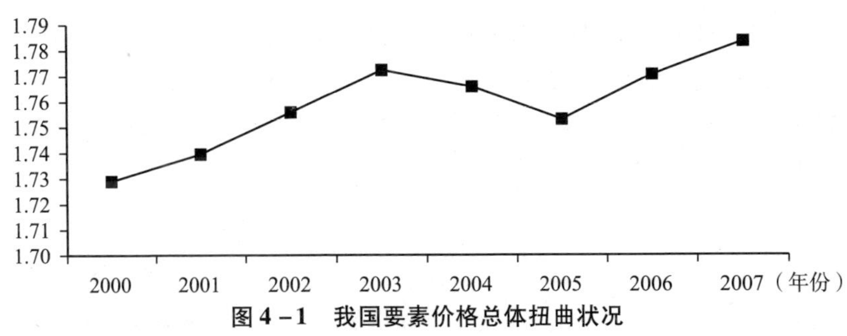

图4－1　我国要素价格总体扭曲状况

资料来源：笔者根据（4－4）式测算所得。

下面我们再来看一下各生产要素的价格扭曲状况（图4－2、图4－3、图4－4及图4－5分别是我国劳动力价格扭曲、资本价格扭曲、进口中间品价格扭曲及能源要素价格扭曲状况）。

图4－2描述了我国制造业劳动力价格扭曲基本状况，我们发现：总体看，我国劳动力价格扭曲趋势与我国要素价格总体扭曲趋势基本一致，即在样本期内均呈明显的负向扭曲，并且扭曲度在各年份具有明显的波动[①]。这表明，我国劳动力工资在各年份普遍存在被低估的情形。

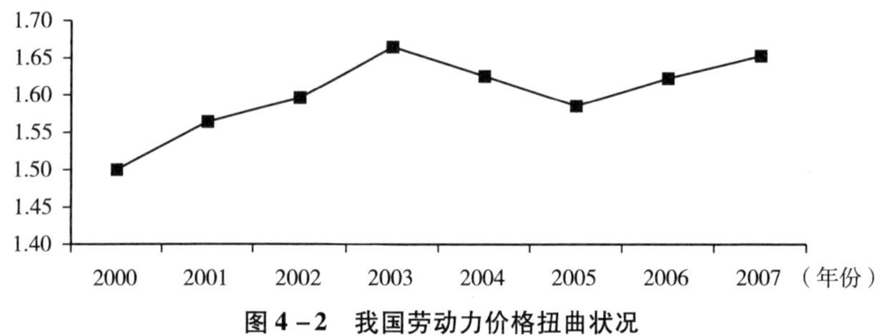

图4－2 我国劳动力价格扭曲状况

注：由于2004年缺失测度要素价格扭曲的部分数据，但为了体现要素价格扭曲的完整发展趋势，我们使用2003年和2005年的扭曲均值代替，图4－3、图4－4及图4－5类同。

资料来源：笔者根据生产函数法测度所得。

图4－3是我国资本要素价格扭曲基本发展态势。我们发现：第一，在各年份，我国资本要素价格扭曲度数值均显著大于1，这表明我国资本要素也存在显著的负向扭曲，且该扭曲度明显大于劳动力价格扭曲度；第二，从2002年开始，我国资本价格扭曲开始趋向于平稳态势，且负向扭曲度较高；但在2000年和2001年这两个年份，资本价格扭曲度明显较低。我们认为这可能与中国入世有关。自2001年12月11日开始，中国正式加入世界贸易组织。一个可能的原因是，为了更大规模地吸引外资，降低外资企业的融资成本，我国资本价格负向扭曲趋势开始加重。我们的这个测度结果与冼国明、程娅昊（2013）也基本一致。

① 我们的测度结果与冼国明、程娅昊（2013）基本一致，后者的测度结果表明，在2002年我国劳动力价格扭曲度达到顶峰，然后开始回落。

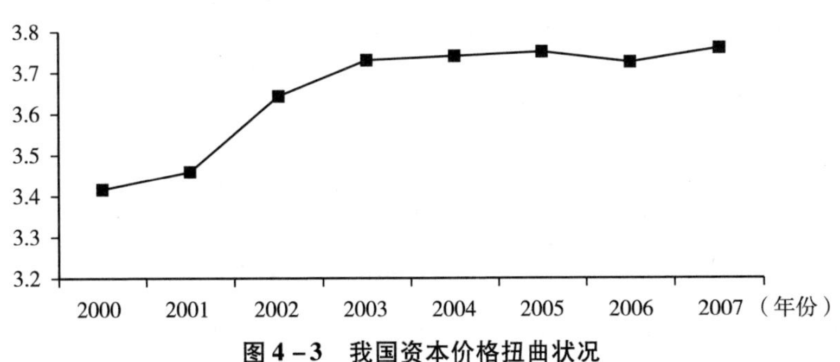

图4-3　我国资本价格扭曲状况

资料来源：笔者根据生产函数法测度所得。

图4-4是中间投入品价格扭曲状况。根据本图容易看出，各年份我国中间投入品的价格扭曲度数值均小于1。这表明，我国中间品存在价格正向扭曲。我们认为这可能是因为这些中间投入品中包含一部分进口中间品，由于附加值较高，所以进口中间品可能存在价格正向扭曲。此外，发达国家对中间投入品的技术垄断也可能会导致国际中间品贸易价格被高估，从而容易导致其价格产生正向扭曲（王明益，2016）。图4-4我们还容易看出，我国中间品价格扭曲度数值在逐年下降，这意味着中间投入品的价格正向扭曲程度在不断增大，在入世后前两年这种趋势尤其明显（表现在本图中2002年和2003年曲线效率绝对值明显较大）。

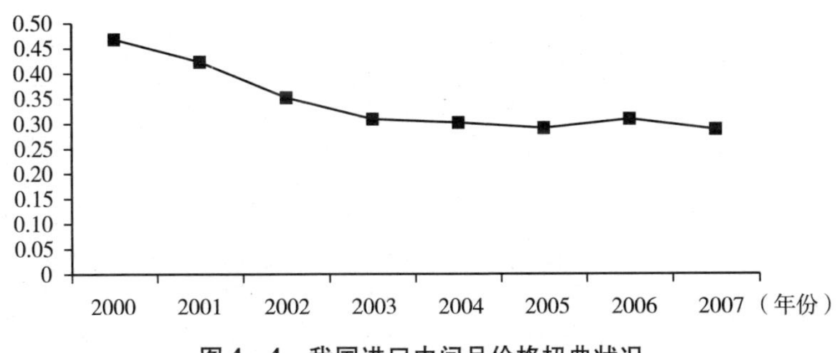

图4-4　我国进口中间品价格扭曲状况

资料来源：笔者根据生产函数法测度所得。

图4-5是我国能源要素价格扭曲度基本走势图。根据本图我们可以得出以下几个基本结论：第一，各年份我国能源要素价格扭曲度数值均大于1，这表明我国能源要素存在显著的价格负向扭曲；第二，我国

能源要素价格负向扭曲总体呈减轻趋势，尤其是从2001年之后扭曲度大幅度减轻，但在2005年之后又呈现程度较轻的反弹现象。

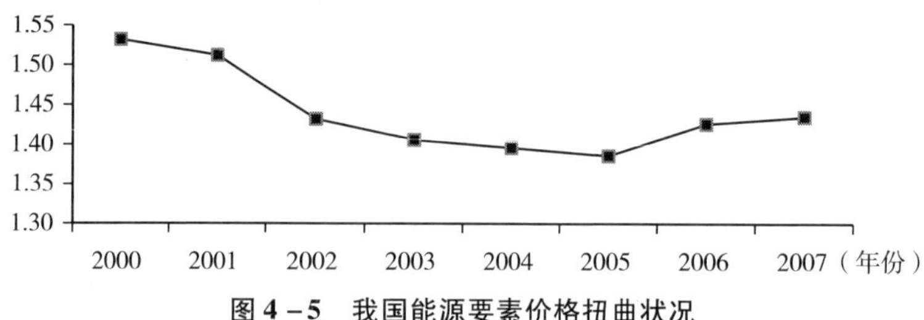

图4-5　我国能源要素价格扭曲状况

资料来源：笔者根据生产函数法测度所得。

4.1.3　我国各行业要素价格扭曲状况测度与事实

表4-1、表4-2、表4-3及表4-4分别报告了我国制造业各分行业的劳动力价格扭曲度、资本价格扭曲度、中间投入品价格扭曲度及能源要素价格扭曲度数值。

表4-1　劳动力价格扭曲指数

行业	1999年	2000年	2001年	2002年	2003年	2004年	2005年	2006年	2007年
农副食品加工业（13）	1.07	2.74	2.90	3.00	3.28	2.84	2.94	2.92	3.05
食品制造业（14）	1.98	2.06	2.11	2.07	2.12	1.88	2.12	2.22	2.31
饮料制造业（15）	2.35	2.17	2.82	2.90	2.79	2.78	3.17	3.46	3.55
烟草制品业（16）	4.52	5.47	3.55	3.84	3.45	2.43	0.62	0.61	0.63
纺织业（17）	1.24	1.25	1.31	1.34	1.38	1.35	1.34	1.33	1.31
纺织服装鞋帽制造业（18）	1.15	1.06	1.12	1.02	1.01	0.88	0.95	0.96	0.92
皮革、毛皮及其制品业（19）	1.45	1.36	1.47	1.36	1.41	1.19	1.17	1.28	1.14
木材加工制品业（20）	1.49	1.41	1.68	1.64	2.01	1.70	1.86	1.87	1.77
家具制造业（21）	1.20	1.22	1.32	1.35	1.34	1.23	1.25	1.23	1.26
造纸及纸制品业（22）	1.74	1.70	1.58	1.69	1.86	1.50	1.66	1.70	1.73

续表

行业	1999年	2000年	2001年	2002年	2003年	2004年	2005年	2006年	2007年
印刷业（23）	1.39	1.33	1.25	1.53	1.30	1.24	1.15	1.15	1.11
文教体育用品业（24）	1.04	1.00	1.03	0.96	1.05	0.90	1.08	1.05	0.97
石油加工及核燃料加工业（25）	3.09	2.01	2.19	2.28	2.17	3.44	1.97	1.91	1.90
化学原料制造业（26）	2.39	2.28	2.22	2.17	2.05	2.20	1.69	1.63	1.57
医药制造业（27）	1.99	2.00	2.16	2.18	2.09	1.98	2.24	2.47	2.33
化学纤维制造业（28）	1.87	1.90	1.92	1.68	2.08	2.15	2.46	2.39	2.29
橡胶制品业（29）	1.30	1.28	1.43	1.61	1.53	1.23	1.29	1.70	1.56
塑料制品业（30）	1.49	1.55	1.63	1.46	1.55	1.33	1.47	1.42	1.38
非金属矿物制品业（31）	3.02	3.15	3.17	3.20	3.17	1.37	2.75	2.54	2.38
黑色金属冶炼加工业（32）	2.28	2.25	2.04	1.99	1.68	3.10	1.17	1.18	1.08
有色金属冶炼业（33）	2.19	2.38	2.06	2.32	2.68	2.70	3.04	3.33	3.21
金属制品业（34）	1.51	1.55	1.54	1.46	1.59	1.27	1.46	1.49	1.38
通用设备制造业（35）	8.01	8.12	7.74	7.24	6.99	1.34	6.29	6.03	5.89
专业设备制造业（36）	1.33	1.36	1.28	1.45	1.53	1.41	1.40	1.43	1.46
交通运输设备制造业（37）	0.81	0.82	0.77	0.68	0.65	1.38	0.71	0.67	0.65
电气机械及器材制造业（39）	0.81	0.81	0.82	0.89	0.93	1.28	0.98	0.96	0.95
通信设备、计算机制造业（40）	0.23	0.23	0.24	0.24	0.25	1.37	0.31	0.34	0.39
仪器仪表机械制造业（41）	1.50	1.54	1.57	1.74	1.24	1.01	1.11	1.07	1.12
工艺品及其他制造业（42）	—	—	—	—	—	—	—	—	—
废弃资源回收加工业（43）	—	—	—	—	—	—	—	—	—

注：工艺品及其他制造业（42）与废弃资源回收加工业这两个行业的数据缺失，所以空缺；此外，工业企业数据库对部分行业个别年份的相关统计数据缺失或存在明显的统计错误，但其他年份数据正常，这种情况下，我们以相邻年份的劳动力价格扭曲度的算术平均值作为本年份的劳动力价格扭曲度。

资料来源：笔者测算所得。

表 4-2　　资本价格扭曲指数

行业	1999年	2000年	2001年	2002年	2003年	2004年	2005年	2006年	2007年
农副食品加工业（13）	3.36	3.40	3.48	3.64	3.76	3.77	3.84	3.79	3.85
食品制造业（14）	3.17	3.20	3.19	3.36	3.45	3.45	3.56	3.58	3.61
饮料制造业（15）	2.85	2.97	3.08	3.19	3.15	3.32	3.41	3.43	3.46
烟草制品业（16）	3.96	3.84	3.66	3.82	4.04	3.98	3.34	3.28	3.17
纺织业（17）	3.24	3.27	3.29	3.51	3.58	3.56	3.66	3.62	3.71
纺织服装鞋帽制造业（18）	3.85	3.86	3.92	4.01	4.08	4.03	4.10	4.04	3.92
皮革、毛皮及其制品业（19）	3.79	3.81	3.87	4.12	4.22	4.12	4.17	4.09	4.06
木材加工制品业（20）	3.49	3.23	3.40	3.56	2.01	3.73	3.75	3.92	3.91
家具制造业（21）	3.32	3.41	3.51	3.60	3.69	3.76	3.82	3.79	3.74
造纸及纸制品业（22）	3.12	3.18	3.09	3.28	3.29	3.38	3.41	3.46	3.51
印刷业（23）	3.02	3.07	3.00	3.18	3.14	3.20	3.12	3.11	3.05
文教体育用品业（24）	3.59	3.71	3.72	3.90	3.98	3.87	3.95	3.88	3.84
石油加工及核燃料加工业（25）	3.12	2.77	3.34	3.26	3.66	3.44	3.60	3.75	3.42
化学原料制造业（26）	3.21	3.24	3.31	3.47	3.56	3.52	3.65	3.66	3.68
医药制造业（27）	3.22	3.31	3.36	3.41	3.53	3.43	3.50	3.48	3.39
化学纤维制造业（28）	2.86	2.88	3.04	3.22	3.08	3.01	3.07	3.09	3.14
橡胶制品业（29）	3.21	3.24	3.28	3.45	3.64	3.50	3.58	3.64	3.52
塑料制品业（30）	3.19	3.23	3.25	3.47	3.52	3.39	3.52	3.51	4.47
非金属矿物制品业（31）	3.22	3.20	3.23	3.44	3.58	3.59	3.66	3.68	3.72
黑色金属冶炼加工业（32）	2.68	2.84	3.13	3.40	3.49	3.63	3.66	3.64	3.61
有色金属冶炼业（33）	3.22	3.17	3.13	3.31	3.52	3.60	3.66	3.72	3.70
金属制品业（34）	3.25	3.28	3.38	3.56	3.68	3.70	3.74	3.74	3.78
通用设备制造业（35）	3.27	3.30	3.35	3.56	3.68	3.64	3.67	3.65	3.62
专业设备制造业（36）	3.33	3.36	3.42	3.61	3.67	3.65	3.68	3.69	3.65
交通运输设备制造业（37）	3.15	3.10	3.27	3.48	3.62	3.54	3.58	3.58	3.62

续表

行业	1999年	2000年	2001年	2002年	2003年	2004年	2005年	2006年	2007年
电气机械及器材制造业(39)	3.17	3.24	3.22	3.30	3.82	3.73	3.83	3.82	3.85
通信设备、计算机制造业(40)	3.43	3.49	3.54	3.77	3.72	3.63	3.70	3.72	0.39
仪器仪表机械制造业（41）	3.53	3.49	3.47	3.67	3.82	3.74	3.80	3.78	3.75
工艺品及其他制造业（42）	—	—	—	—	—	—	—	—	—
废弃资源回收加工业（43）	—	—	—	—	—	—	—	—	—

注：工艺品及其他制造业（42）与废弃资源回收加工业这两个行业的数据缺失，所以空缺；此外，工业企业数据库对部分行业个别年份的相关统计数据缺失或存在明显的统计错误，但其他年份数据正常，这种情况下，我们以相邻年份的劳动力价格扭曲度的算术平均值作为本年份的劳动力价格扭曲度。

资料来源：笔者测算所得。

表4-3　　中间投入品价格扭曲指数

行业	1999年	2000年	2001年	2002年	2003年	2004年	2005年	2006年	2007年
农副食品加工业（13）	0.30	0.26	0.28	0.24	0.21	0.19	0.30	0.33	0.35
食品制造业（14）	0.17	0.15	0.19	0.16	0.12	0.12	0.13	0.14	0.16
饮料制造业（15）	0.86	0.88	1.02	1.09	1.23	0.83	0.65	0.56	0.66
烟草制品业（16）	—	—	—	—	—	—	—	—	—
纺织业（17）	0.24	0.27	0.29	0.27	0.25	0.31	0.39	0.47	0.41
纺织服装鞋帽制造业（18）	2.15	2.16	2.12	2.15	2.20	2.04	2.36	2.68	2.52
皮革、毛皮及其制品业(19)	0.39	0.33	0.37	0.36	0.31	0.32	0.39	0.43	0.45
木材加工制品业（20）	0.40	0.43	0.41	0.55	0.52	0.72	0.11	0.17	0.21
家具制造业（21）	0.79	0.82	0.66	0.60	0.72	0.91	0.84	0.89	0.74
造纸及纸制品业（22）	0.31	0.24	0.22	0.18	0.19	0.21	0.26	0.42	0.38
印刷业（23）	0.19	0.27	0.21	0.18	0.11	0.12	0.15	0.14	0.17

续表

行业	1999年	2000年	2001年	2002年	2003年	2004年	2005年	2006年	2007年
文教体育用品业（24）	0.39	0.32	0.32	0.41	0.31	0.32	0.37	0.38	0.34
石油加工及核燃料加工业（25）	0.31	0.32	0.31	0.28	0.26	0.24	0.25	0.21	0.22
化学原料制造业（26）	0.33	0.29	0.33	0.38	0.31	0.42	0.45	0.36	0.38
医药制造业（27）	0.32	0.31	0.26	0.21	0.17	0.13	0.15	0.18	0.19
化学纤维制造业（28）	0.26	0.28	0.24	0.29	0.34	0.32	0.37	0.39	0.32
橡胶制品业（29）	0.34	0.35	0.38	0.35	0.31	0.34	0.32	0.34	0.36
塑料制品业（30）	0.33	0.29	0.27	0.33	0.35	0.32	0.36	0.41	0.39
非金属矿物制品业（31）	0.31	0.22	0.26	0.24	0.15	0.15	0.17	0.18	0.22
黑色金属冶炼加工业（32）	0.48	0.44	0.43	0.40	0.41	0.45	0.46	0.41	0.51
有色金属冶炼业（33）	0.35	0.27	0.23	0.32	0.17	0.19	0.26	0.22	0.30
金属制品业（34）	0.35	0.38	0.39	0.46	0.48	0.50	0.54	0.54	0.44
通用设备制造业（35）	0.25	0.30	0.25	0.26	0.20	0.22	0.17	0.15	0.12
专业设备制造业（36）	0.63	0.59	0.62	0.61	0.68	0.69	0.64	0.62	0.65
交通运输设备制造业（37）	0.65	0.60	0.57	0.58	0.70	0.73	0.68	0.61	0.66
电气机械及器材制造业（39）	0.66	0.44	0.52	0.63	0.64	0.61	0.63	0.52	0.55
通信设备、计算机制造业（40）	0.43	0.39	0.34	0.31	0.22	0.24	0.27	0.19	0.31
仪器仪表机械制造业（41）	0.33	0.29	0.27	0.27	0.24	0.21	0.30	0.28	0.25
工艺品及其他制造业（42）	—	—	—	—	—	—	—	—	—
废弃资源回收加工业（43）	—	—	—	—	—	—	—	—	—

注：工艺品及其他制造业（42）与废弃资源回收加工业这两个行业的数据缺失，所以空缺；此外，工业企业数据库对部分行业个别年份的相关统计数据缺失或存在明显的统计错误，但其他年份数据正常，这种情况下，我们以相邻年份的资本价格扭曲度的算术平均值作为本年份的资本价格扭曲度。

资料来源：笔者测算所得。

表4－4　　能源价格扭曲指数

行业	1999年	2000年	2001年	2002年	2003年	2004年	2005年	2006年	2007年
农副食品加工业（13）	1. 31	1. 69	1. 69	2. 93	2. 67	1. 51	2. 97	1. 53	1. 97
食品制造业（14）	2. 65	1. 72	2. 53	2. 32	1. 67	1. 80	2. 21	2. 97	1. 53
饮料制造业（15）	1. 83	1. 71	2. 41	1. 82	2. 66	2. 28	2. 11	2. 45	1. 56
烟草制品业（16）	1. 87	1. 61	1. 71	1. 39	1. 82	1. 57	2. 06	1. 92	1. 95
纺织业（17）	2. 09	2. 42	2. 52	2. 49	1. 68	1. 92	1. 36	2. 44	1. 79
纺织服装鞋帽制造业（18）	2. 52	1. 62	2. 31	2. 48	1. 92	2. 27	1. 41	1. 50	2. 41
皮革、毛皮及其制品业（19）	2. 57	1. 77	1. 43	2. 75	1. 36	2. 74	2. 52	1. 45	2. 73
木材加工制品业（20）	2. 46	2. 47	1. 75	1. 44	2. 23	2. 23	2. 24	1. 48	2. 75
家具制造业（21）	1. 69	2. 26	1. 45	2. 99	2. 83	2. 74	1. 49	2. 62	2. 71
造纸及纸制品业（22）	1. 66	2. 17	1. 44	1. 96	1. 77	2. 04	1. 49	1. 82	2. 70
印刷业（23）	1. 91	1. 45	1. 85	1. 32	2. 37	1. 74	1. 99	2. 46	1. 57
文教体育用品业（24）	1. 32	2. 73	1. 76	2. 93	2. 85	1. 41	2. 76	2. 66	2. 27
石油加工及核燃料加工业（25）	2. 52	1. 50	1. 69	2. 32	1. 89	2. 91	2. 02	2. 81	2. 71
化学原料制造业（26）	2. 92	1. 88	2. 30	2. 62	1. 44	1. 56	2. 99	2. 16	2. 04
医药制造业（27）	1. 76	2. 06	2. 66	1. 68	2. 32	1. 48	1. 84	2. 35	1. 73
化学纤维制造业（28）	1. 65	2. 54	1. 85	1. 51	1. 94	2. 38	2. 48	2. 98	1. 75
橡胶制品业（29）	2. 51	1. 91	1. 94	2. 00	2. 06	1. 62	1. 99	1. 72	2. 45
塑料制品业（30）	2. 04	1. 53	2. 46	2. 83	2. 39	1. 73	2. 08	1. 89	1. 40
非金属矿物制品业（31）	1. 52	2. 55	2. 23	2. 54	2. 35	2. 89	2. 67	1. 71	2. 58
黑色金属冶炼加工业（32）	2. 22	1. 87	1. 38	2. 04	2. 96	1. 60	1. 56	2. 56	1. 58
有色金属冶炼业（33）	2. 57	2. 97	1. 60	2. 88	2. 06	1. 63	2. 54	1. 51	1. 72
金属制品业（34）	1. 67	1. 82	2. 99	2. 87	1. 83	2. 87	2. 33	1. 76	2. 79
通用设备制造业（35）	1. 77	2. 88	2. 03	2. 09	2. 75	1. 52	2. 96	1. 95	1. 86
专业设备制造业（36）	2. 42	2. 04	2. 93	1. 91	2. 44	1. 30	2. 07	2. 07	1. 85
交通运输设备制造业（37）	1. 54	2. 57	2. 91	2. 43	2. 53	2. 37	1. 80	2. 27	2. 32

续表

行业	1999年	2000年	2001年	2002年	2003年	2004年	2005年	2006年	2007年
电气机械及器材制造业（39）	1.47	1.52	2.06	2.44	2.27	1.72	1.58	1.90	2.43
通信设备、计算机制造业（40）	2.43	1.41	2.90	1.43	2.31	2.46	1.86	2.51	2.71
仪器仪表机械制造业（41）	1.47	1.32	1.74	2.97	1.54	2.81	2.37	2.21	2.19
工艺品及其他制造业（42）	—	—	—	—	—	—	—	—	—
废弃资源回收加工业（43）	—	—	—	—	—	—	—	—	—

注：工艺品及其他制造业（42）与废弃资源回收加工业这两个行业的数据缺失，所以空缺；此外，工业企业数据库对部分行业个别年份的相关统计数据缺失或存在明显的统计错误，但其他年份数据正常，这种情况下，我们以相邻年份的中间投入价格扭曲度的算术平均值作为本年份的中间投入品价格扭曲度。

资料来源：笔者测算所得。

根据表4-1关于制造业各行业的劳动力价格扭曲度的测度结果，我们得出如下基本结论：

第一，我国制造业绝大多数行业均存在劳动力价格负向扭曲，即存在劳动力工资被低估的情形。其中，烟草制品业、石油加工与核燃料加工业及通用设备制造业三个行业的劳动力价格负向扭曲度较大，其他大多行业的劳动力价格扭曲度相对较轻。

第二，大多行业的劳动力价格扭曲随时间虽有一定程度的变动，但在样本期内总体变动比较平稳。

第三，有极少数行业的劳动力价格扭曲度数值小于1，这说明这几个行业的劳动力价格发生了正向扭曲，即存在被高估情形。这几个行业分别是：电器机械及器材制造业和通信设备、计算机制造业。

根据表4-2关于制造业各行业的资本价格扭曲度的测度结果，我们得出如下基本结论：

第一，我国几乎所有的制造业分行业均存在显著的资本价格负向扭曲现象。根据扭曲度数值可以判断，我国资本价格扭曲度明显大于劳动力价格扭曲度。

第二，从时间维度看，在样本期内大多制造业行业的资本价格扭曲度数值在不断增大。这表明，我国各行业的资本价格负向扭曲程度总体呈不断加重趋势。

第三，从各行业来看，不同制造业行业的资本价格扭曲度也存在一定程度的差异，但差别不大。尤其是国家重点扶持的行业，其资本价格扭曲度可能比其他行业稍偏大，这也在一定程度上反映了我国的产业发展政策。

根据表4－3关于制造业各行业的中间投入品价格扭曲度的测度结果，我们得出如下基本结论：

第一，绝大多数行业的中间投入品价格扭曲度数值均小于1，这表明，我国各行业普遍存在中间投入品价格正向扭曲现象。只有纺织、服装、鞋、帽制造业（行业代码为18）在部分年份的中间投入品价格呈现显著的负向扭曲。

第二，大多行业扭曲度数值低于0.50，而另有少部分行业的中间投入品价格扭曲度大于介于0.5～1.0之间。这表明，我国制造业各分行业的中间投入品价格扭曲程度并不太一致。其中，中间投入品价格正向扭曲较为突出的行业包括：食品制造业、纺织业、造纸及纸制品业及印刷业等；而也有一些行业的中间投入品价格扭曲程度相对较轻，如饮料制造业、家具制造业、专业设备制造业、交通运输设备制造业及电器机械、器材制造业等。而其他行业的中间投入品价格扭曲度相对适中。

表4－4报告了我国制造业各行业的能源价格扭曲度的测度结果，根据本表我们可以得出如下基本结论：

第一，我国制造业各分行业的能源要素价格扭曲度数值均大于1，这表明我国制造业行业的能源要素价格普遍存在价格负向扭曲现象。

第二，我国各行业的能源价格扭曲度数值波动并不大，扭曲度数值基本控制在1.3～3之间，并且每个行业能源价格扭曲度在各年份相对比较平稳。

4.1.4 按所有制分组测度结果与事实描述

1. 我国各所有制企业劳动力价格扭曲测度结果与事实描述

图4－6报告了不同所有制企业的劳动力价格扭曲状况，根据本图

我们发现：第一，不管国有企业、民营企业还是外资企业，劳动力价格扭曲数值均大于1，这再次表明我国制造业普遍存在明显的劳动力价格负向扭曲。第二，不同所有制企业的劳动力价格扭曲程度存在一定的差异：国有企业劳动力价格负向扭曲度最轻（其数值在1~1.5之间），而民营企业和外资企业劳动力价格扭曲相对较重，且其扭曲度在2004年之前基本类似，在2004年之后民营企业的劳动力价格扭曲开始加重并超过外资企业扭曲度。

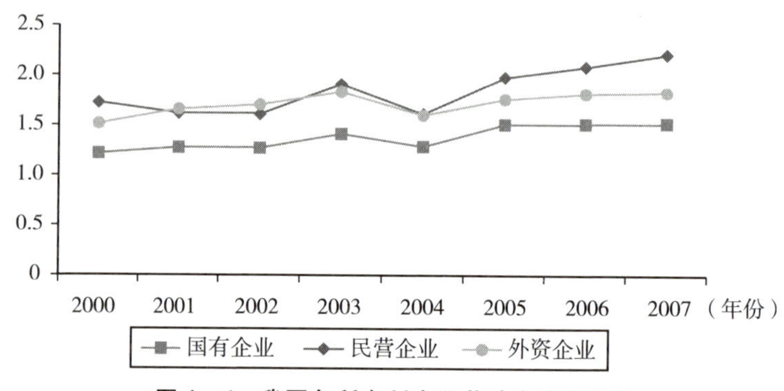

图4-6　我国各所有制企业劳动力价格扭曲

资料来源：笔者测算所得。

2. 我国各所有制企业资本价格扭曲测度结果与事实描述

图4-7报告了我国不同所有制企业的资本价格扭曲状况。根据本图我们发现：无论是国有企业、民营企业还是外资企业，资本要素价格扭曲度数值均明显大于1，并且其数值明显大于劳动力价格扭曲数值。这表明我国不同所有制企业的资本价格普遍存在负向扭曲且其扭曲程度要显著大于劳动力价格扭曲度。这一点测度结果我们与冼国明、程娅昊（2013）一致。

根据图4-7我们还发现，国有企业的资本价格扭曲度数值最大，外资企业次之，扭曲度最小的是民营企业。这个测度结果说明，国有企业的资本价格负向扭曲最严重，其次是外资企业，民营企业的资本价格负向扭曲度最轻。这表明，国有企业融资成本显著低于外资企业，而外资企业的融资成本又低于民营企业。我们认为，这个测度结果与中国的实际情况相吻合，因为国有企业长期得到金融部门的融资优惠和便利，所以其融资成本会比民营企业低很多。这个测度结果也间接证明了我国民营企业融资难的问题。

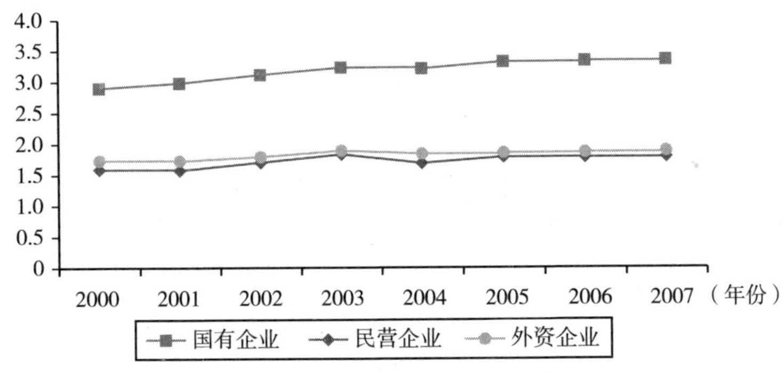

图 4-7　我国各所有制企业资本价格扭曲

资料来源：笔者测算所得。

3. 我国各所有制企业中间品价格扭曲测度结果与事实描述

图 4-8 报告了我国各所有制企业关于中间投入品的价格扭曲度状况。根据本图我们很容易发现，各所有制企业的中间投入品价格扭曲度数值均明显小于 1。这表明我国不同所有制企业的中间投入品价格均存在正向扭曲现象。此外，根据本图我们还容易看出，国有企业的中间投入品价格扭曲度数值最小，外资企业次之，扭曲度数值最大的是民营企业。这表明，我国国有企业中间投入品的价格正向扭曲程度最大，外资企业次之，民营企业中间投入品的价格正向扭曲度最轻。这表明，我国中间投入品的价格扭曲存在显著的所有制差异。对此，我们给出的解释是，中间投入品往往包含较高的附加值，其生产者可能会通过技术垄断从而收取较高的垄断价格。但国有企业大都实力雄厚并且能得到较便利的融资优惠，这可能使得它们在购买中间品时，并不太在意中间投入品的市场价格，因此它们很可能会以“高价”购买了一些高附加值的中间品。而民营企业大都实力较弱，融资相对困难，因此，它们一般不会购买价格过高的中间品，这使得它们所投入使用的中间品价格正向扭曲度可能更轻一些。而外资企业的情况恰好介于国有企业和民营企业之间，因此它们的中间投入品价格正向扭曲度也会介于国有企业和民营企业之间。

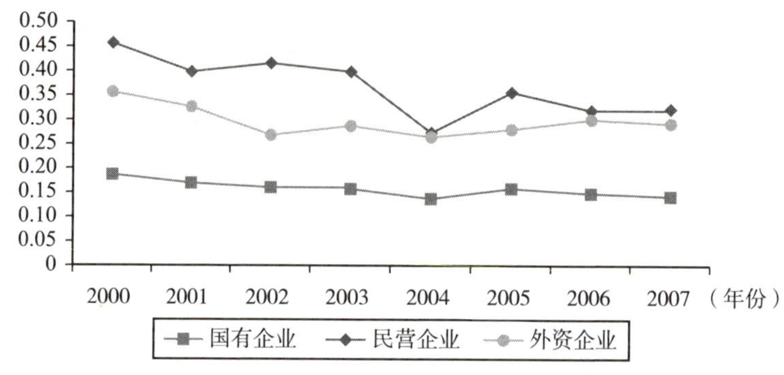

图 4-8　我国各所有制企业中间品价格扭曲

资料来源：笔者测算所得。

4. 我国各所有制企业能源价格扭曲测度结果与事实描述

图 4-9 报告了我国各所有制企业的能源要素价格扭曲度状况。我们发现，不管是国有企业、民营企业还是外资企业，其能源价格扭曲度数值在各年份均大于 1。这表明，我国能源要素价格存在负向扭曲具有普遍性，在各所有制企业均显著存在。此外，根据本图我们还发现，我国能源要素价格扭曲确实存在显著的所有制差异：国有企业的能源价格扭曲度数值最大，其次是外资企业，民营企业的能源价格负向扭曲度最小。这意味着，我国国有企业的能源价格负向扭曲度最严重（即能源价格被严重低估），外资企业的能源价格负向扭曲度也比较严重但其程度要明显轻于国有企业，而民营企业的能源要素价格负向扭曲度最轻，即民营企业的能源使用价格最高。

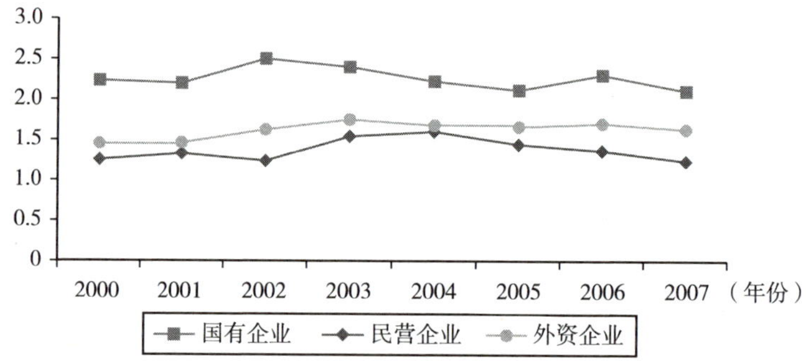

图 4-9　我国各所有制企业能源价格扭曲

资料来源：笔者测算所得。

4.1.5　按地区分组测度结果与特征事实描述

众所周知，我国东西部地区存在较明显的经济发展差距。显然，经济发展水平的差异会带来工资水平的差异。根据前面的描述可知，我国制造业确实存在比较明显的劳动力价格扭曲。那么，据此可知，我国东、西部不同地区的劳动力价格扭曲程度是否存在差异呢？除劳动力要素外，其他生产要素在我国不同地区是否也存在着价格扭曲层面的差异？

我们基于全国人大六届四次会议通过的“七五”计划对我国东中西部地区的划分标准，把我国划分为东部、中部和西部地区。其中，东部地区包括：北京、天津、河北、辽宁、上海、江苏、浙江、福建、山东、广东和海南11个省份；中部地区包括8个省级行政区，分别是山西、吉林、黑龙江、安徽、江西、河南、湖北、湖南；西部地区包括的省级行政区共12个，分别是四川、重庆、贵州、云南、西藏、陕西、甘肃、青海、宁夏、新疆、广西、内蒙古。

基于此，我们分别测算了我国东部、中部及西部地区的劳动力价格扭曲、资本价格扭曲、中间投入品价格扭曲及能源要素价格扭曲。

1. 我国各地区的劳动力价格扭曲

图4－10报告了我国东部、中部、西部地区的劳动力价格扭曲状况。我们发现，各地区的劳动力价格扭曲度数值均大于1，这表明我国不同地区均存在劳动力价格扭曲。但我们发现不同地区劳动力价格扭曲程度并不一致。根据本图容易看出，劳动力价格扭曲度最高的是中部地区，而东部地区和西部地区的劳动力价格扭曲度相对较轻，但东部地区和西部地区扭曲度在各年份并不一致：在2000～2002年，东部地区的劳动力价格扭曲度轻于西部地区，而从2003年开始，东部地区劳动力价格扭曲度明显高于西部地区。对此，我们认为可能的原因是：东部地区在2003年之后劳动生产率提升较快，而劳动力工资上涨速度比不上生产率提升快，因此导致东部地区这段时间表现出的劳动力价格负向扭曲更突出一些。而西部地区在2003年前后的劳动生产率可能变化不明显，所以该地区劳动力价格负向扭曲一直比较平稳。我们的测度结果与施炳展、冼国明（2012）基本一致，一个比较符合直觉的解释就是，东

部地区劳动力价格负向扭曲度增大有利于刺激我国东部地区出口的增加。

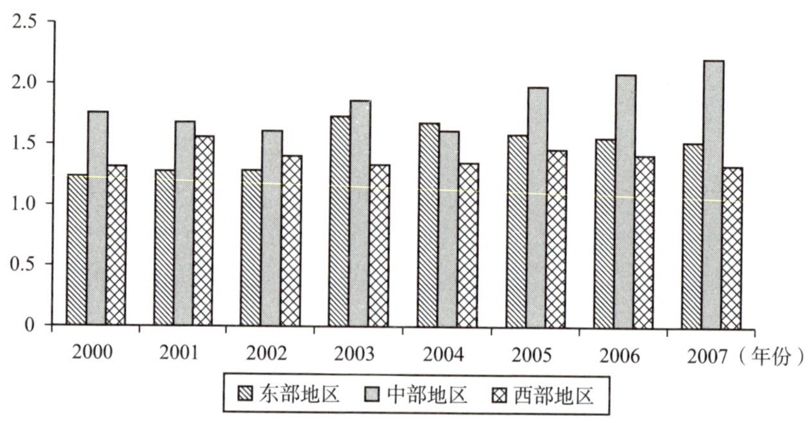

图4－10　我国各地区的劳动力价格扭曲

资料来源：笔者测算所得。

2. 我国各地区的资本价格扭曲

图4－11报告了我国东部、中部和西部地区的资本价格扭曲度状况。根据本图容易看出，我国东部地区的资本价格负向扭曲度是最高的，其次是西部地区，资本价格负向扭曲度最低的是中部地区。对此，我们认为这与我国对不同地区的经济发展规划有关：东部地区经济发达，尤其是对外贸易，需要通过资本使用成本的下降来刺激企业扩大投资从而带动出口及整个国民经济的快速增长；而西部地区经济落后，同时又面临西部大开发、解决本地区的温饱问题等一系列问题，这种背景下，通过资本要素价格的负向扭曲政策可以吸引企业到该地区扩大投资（尤其是基础设施投资），从而带动本地区经济发展。

3. 我国各地区的中间品价格扭曲

图4－12报告了我国东部、中部及西部地区的中间投入品价格扭曲状况。我们有两点重要发现：第一，我国各地区的中间投入品价格扭曲度数值均小于1，这表明我国各地区使用的中间投入品价格均存在正向扭曲。这是中间投入品要素与劳动力、资本等要素不太一致的地方。第二，我们发现我国各地区中间投入品价格扭曲度存在较明显的差异：东部地区中间投入品价格正向扭曲度最大（表现在该地区的中间品价格扭

曲度数值最小），西部地区中间投入品价格正向扭曲度最小（表现在该地区的中间品价格扭曲度数值最大），而中部地区的中间投入品价格正向扭曲度则介于东、西部之间。对此测度结果，我们认为可能的原因是：我国东部地区经济发达，对中间投入品（尤其是进口中间品）的需求很高，自入世以来进口中间品占我国制作业进口的比重一直在持续提升。而进口中间品由于包含较先进的技术，发达国家则通过对中间品生产技术的垄断优势对其出口实施较大程度的“成本加成”，这会使得中间品交易价格过高，从而导致产生了中间品价格“正向扭曲”现象。当然，这是我们提出的一个理论假说，还有待于后面实证环节的检验。

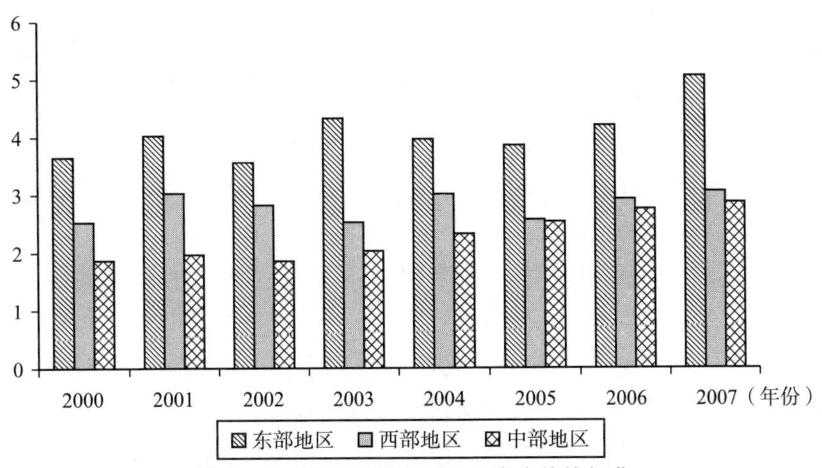

图 4－11　我国各所有制企业资本价格扭曲

资料来源：笔者测算所得。

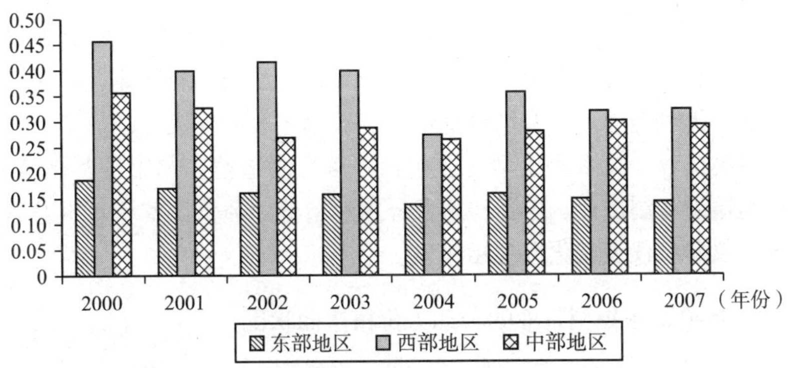

图 4－12　我国各所有制企业中间品价格扭曲

资料来源：笔者测算所得。

需要说明的是，我们在测度我国不同地区能源要素价格扭曲时，发现我国中西部地区能源要素价格扭曲所需的数据存在大量缺失现象。大量数据的缺失导致我们无法完整测度我国中、西部地区的能源要素价格扭曲，因此我们不再对我国各地区的能源要素价格扭曲进行测度和典型特征事实描述。

4.1.6 按行业要素密集度测度结果与特征事实描述

一般而言，出口产品按要素密集度划分，可以分为三类：劳动密集型出口产品、资本密集型出口产品及技术密集型出口产品。显然，不同要素密集型产品对不同要素的投入比例是存在显著差异的。那么，要素价格扭曲应该会通过要素投入比例产生影响进而对出口产品质量产生作用力。因此，我们认为，按我国出口产品要素密集度划分，测算各要素密集型产品的要素价格扭曲度是有意义的，这也会对后文的经验研究提供必要的资料和数据基础。

基于上述考虑，我们首先把我国出口产品按照要素投入密集度划分为三类。在划分方法上，我们借鉴王志华、董存田（2012）的方法，把我国 28 个制造业行业按要素密集度划分为劳动密集型、资本密集型和技术密集型三类。其中，劳动密集型行业包括：农副食品加工业、食品制造业、纺织业、纺织服装制造业、皮革毛皮羽毛及其制品业、木材加工及木竹藤棕草、家具制造业、印刷业和记录媒介的复制、文教体用品制造业、橡胶制品业、塑料制品业、非金属矿物制品业和金属制品业。资本密集型行业包括：饮料制造业、烟草制品业、造纸及纸制品业、石油加工与炼焦及核燃料、化学原料及化学制品制造业、化学纤维制造业、黑色金属冶炼及压延加工业、有色金属冶炼及压延加工业及通用设备制造业。技术密集型行业包括：医药制造业、专用设备制造业、交通运输设备制造业、电器机械及器材制造业、通信设备计算机及其他电子、仪器、仪表文化办公用机械。

1. 各要素密集型行业的劳动力价格扭曲状况

图 4－13 报告了我国劳动密集型、资本密集型及技术密集型行业的劳动力价格扭曲状况。我们得到如下发现：第一，不管是劳动密集型、

资本密集型还是技术密集型行业的劳动力价格扭曲数值均大于1，这表明各要素密集型行业的劳动力价格均呈负向扭曲状态。第二，我们发现，各要素密集型行业的劳动力价格扭曲程度并不一致：资本密集型行业的劳动力价格负向扭曲度最严重，其次是技术密集型行业，劳动力价格扭曲度最轻的行业是劳动密集型行业。这个测度结果与我们的预期不太一致。我们认为得出这个结果的原因可能与不同要素密集型行业中劳动力的边际产出有关：在劳动密集型行业，受生产率较低的影响，劳动力的边际产出可能无法与资本、技术密集型行业相比，这导致在劳动密集型行业劳动力工资上涨幅度与其边际产出的增长之间的差距并不大，因此相对其他两个行业而言，在劳动密集型行业劳动力价格扭曲并不严重；而资本密集型行业的生产率水平一般较高，这时劳动力的边际生产率可能增长较快，而劳动力工资增长相对较慢，于是造成劳动力价格负向扭曲比较严重的情形；对于技术密集型行业而言，受我国总体的技术水平并不高的影响，这可能导致在样本期内我国技术密集型行业的劳动生产率增长速度并不快，于是它与劳动力工资的上涨速度差别并不大，因此，在技术密集型行业劳动力价格扭曲反而不如资本密集型行业那么严重。

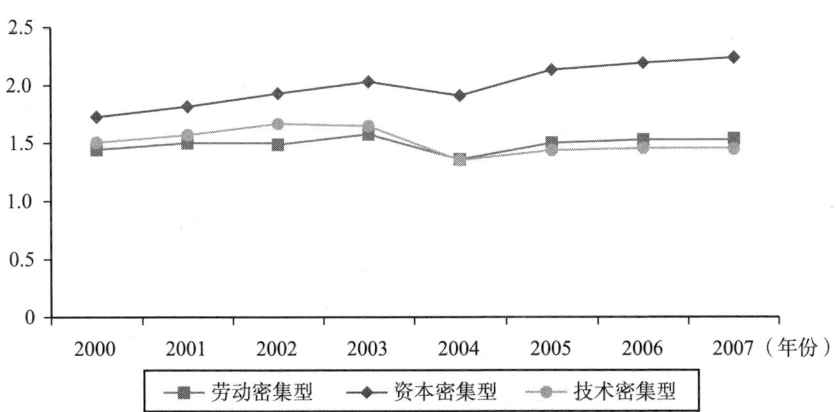

图4-13 我国各要素密集型行业的劳动力价格扭曲

资料来源：笔者测算所得。

2. 各要素密集型行业的资本价格扭曲状况

图4-14报告了我国劳动密集型、资本密集型及技术密集型行业的

资本价格扭曲状况。我们得到如下发现：第一，各要素密集型行业的资本价格扭曲度都很大（介于3.2～3.8之间），说明我国资本价格扭曲在各要素密集型行业具有普遍存在性。第二，我国发现资本价格扭曲存在一定程度的行业差异性：根据本图容易看出，劳动密集型行业的资本价格扭曲程度最重，其次是技术密集型行业，资本密集型行业的资本价格扭曲度最轻。这个测度结果与我们的预期也存在一些差异。对此，我们认为可能的原因是：在劳动密集型行业，资本的边际产出率可能较高，而资本要素的报酬率却一直在低位徘徊，这导致资本的报酬（利率）与其边际产出之间的差距较大，即容易形成较大程度的资本价格负向扭曲；而在资本密集型行业，虽然资本要素的投入比例最高，但由于资本要素的边际报酬是递减的，所以这会导致资本的边际生产率与其使用报酬的差距并不很大，从而使得在该行业的资本价格扭曲相对较轻；而技术密集型行业的情形可能恰好处于劳动密集型行业和资本密集型行业之间。

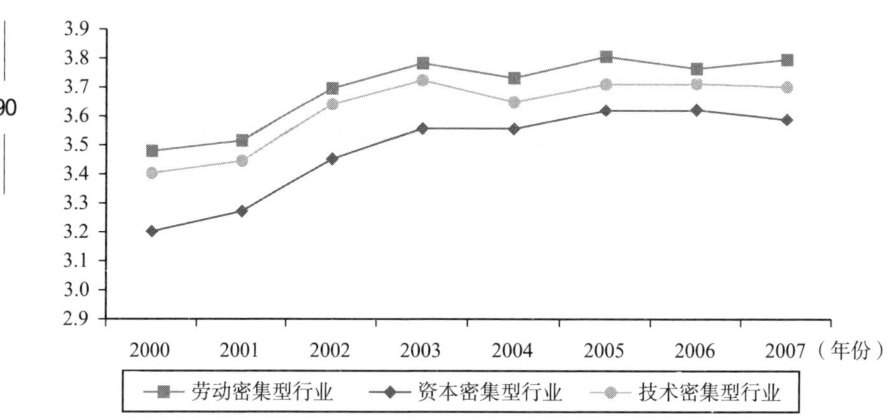

图4－14　我国各要素密集型行业的资本价格扭曲

资料来源：笔者测算所得。

3. 各要素密集型行业的中间品价格扭曲状况

图4－15报告了我国劳动密集型、资本密集型及技术密集型行业的中间投入品价格扭曲状况。我们得到的重要发现是，虽然在各要素密集型行业，中间投入品价格均呈正向扭曲状态（表现为在各要素密集型行业中，中间投入品价格扭曲度数值均小于1），但是中间投入品的价格

扭曲存在显著的行业差异：具体地，在劳动密集型行业，中间投入品的价格扭曲度最轻（数值均值大概在0.5左右）；而在资本、技术密集型行业，中间投入品的价格扭曲程度远大于劳动密集型行业（在资本和技术密集型行业，中间投入品的价格扭曲度数值均小于0.1），并且技术密集型行业中间品价格扭曲度比资本密集型行业还要大一些（图4－15中，技术密集型行业中间投入品价格扭曲度曲线在资本密集型行业中间投入品价格扭曲度的下面）。简而言之，我国各大行业中，中间投入品的价格扭曲度由大到小的排序应该是：技术密集型排第一位，资本密集型行业排第二位，劳动密集型行业排第三位。

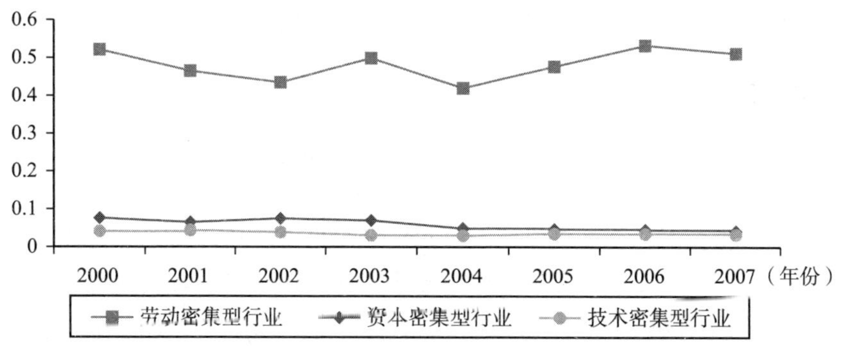

图4－15 我国各要素密集型行业的中间投入品价格扭曲

资料来源：笔者测算所得。

对此测度结果，我们认为可能的原因是：进口中间品大多属于附加值较高的产品，这类产品只有发达国家凭借其掌握的较先进的科学技术才能生产出来，于是发达国家会利用技术垄断优势“抬高”中间品出口价格，而且附加值越高的中间品价格被“抬高”的程度越重。换言之，附加值越高的进口中间品其价格正向扭曲的程度会越重。而我国技术密集型行业对进口中间品的需求是最高的，该行业对中间品的大量进口，必然导致该行业的进口中间品价格扭曲程度最严重。资本密集型行业对进口中间品也构成了大量的需求，但它对资本的需求更大一些，因此资本密集型行业中间品价格扭曲度会稍轻于技术密集型行业。而劳动密集型行业需要投入最多的是劳动力，对中间品的进口需求明显低于资本、技术密集型行业，这导致劳动密集型行业的中间品价格扭曲程度是最轻的。

4. 各要素密集型行业的能源价格扭曲状况

图4－16报告了我国劳动密集型、资本密集型及技术密集型行业的中间投入品价格扭曲状况。根据本图我们得到如下几点基本测度结果：第一，在样本期内，我国各要素密集型行业的能源要素价格均呈负向扭曲态势，即各大行业的能源要素价格存在被“低估”的情形；第二，我国制造业各大行业的能源要素价格负向扭曲度存在一定的差异性。具体地，资本密集型行业的能源要素价格负向扭曲度最高，其次是劳动密集型行业，技术密集型行业的能源要素价格扭曲度最轻。我们认为，这个测度结果符合我国各大行业发展的基本特点：大多重工业（包括钢铁制造业、采矿业、金属冶炼、化学化工等诸多行业）都属于资本密集型行业，这些行业发展需要大量的能源（包括煤炭、石油、天然气等），国家为了发展这些产业，于是给这些行业提供了比较优惠的能源要素价格，使得能源价格被低估，即造成比较严重的能源价格“负向扭曲”；部分劳动密集型行业也需要投入一些能源要素，作为我国传统优势行业，国家也会对该行业提供比较优惠的能源价格，从而使得该行业的能源价格也被“低估”，但由于该行业对能源的需求比不上资本密集型行业，因此，劳动密集型行业的能源价格负向扭曲度比资本密集型行业要轻一些；技术密集型行业投入的关键要素是技术，它对能源要素的需求相对较少，因此这类行业的能源要素价格比较贴近正常的市场价格，所以其要素价格扭曲度是最轻的。

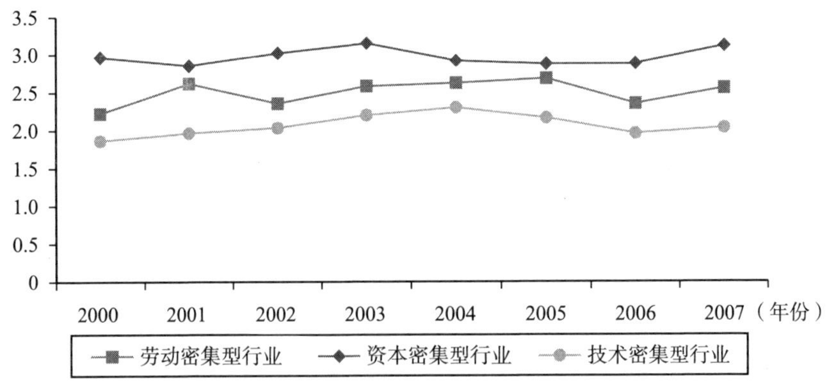

图4－16　我国各要素密集型行业的能源价格扭曲

资料来源：笔者测算所得。

4.2　我国出口产品质量测度

4.2.1　出口产品质量测度方法

本研究第 2 章已经对出口产品质量的主要测度方法进行过系统介绍和评价，基于本项目的研究需要和各方法的利弊权衡，我们打算使用余淼杰和张睿（2017）的供给需求信息加总法来测度我国出口产品质量。

使用供给需求信息加总法测度出口产品质量的基本步骤分为两步，具体步骤如下。

1. 需求方面

与芬斯特拉和罗马利斯（2014）一致，我们也假定消费者的效用不仅依赖于所消费产品的数量，还依赖于所消费产品的质量水平。对于 j 国代表性消费者而言，在每个产品类别 g 中（余淼杰和张睿（2017）以海关税则编码 6 位作为分类码为依据定义产品类别），存在着连续的差异化产品品种 ω，且消费者的偏好满足如下所示的支出函数：

$$E_{jg} = U_{jg} \cdot P_{jg} = U_{jg}\left[\int_{\omega}\left(\frac{p_{\omega j}}{z_{\omega_j}^{\alpha_{jg}}}\right)^{(1-\sigma_g)} d\omega\right]^{\frac{1}{1-\sigma_g}} \qquad (4-5)$$

其中，消费者效用 $U_{jg} > 0$，$\alpha_{jg} = 1 + \gamma_g \ln(U_{jg})$。$p_{\omega j}$和 $z_{\omega j}$分别为在 j 国销售的产品品种 ω 的到岸价格和产品质量。参数 α_{jg}反映了 j 国消费者对于产品类别 g 的“质量偏好程度”。σ_g 为在同一产品类别 g 中不同品种之间的替代弹性。由于 α_{jg}的取值依赖于效用，因此该支出函数所对应的效用函数是非同位的。此时，需求函数可表示为：

$$q_{\omega j} = \frac{\partial E_{jg}}{\partial p_{\omega j}} = \frac{\partial E_{jg}}{\partial \overline{p_{\omega j}}} \cdot \frac{1}{(z_{\omega j})^{\alpha_{jg}}} = E_{jg} \cdot P_{jg}^{\sigma_g - 1} \cdot p_{\omega j}^{-\sigma_g} \cdot z_{\omega j}^{\alpha_{jg}(\sigma_g - 1)} \qquad (4-6)$$

其中，$p_{\overline{\omega j}} \equiv p_{\omega j}/(z_{\omega j})^{\alpha_{jg}}$表示产品的“经质量调整后的价格”，容易看出，这一指标为产品价格与其质量之比，因此“经质量调整后的价格”的下降可理解为企业产品的“性价比”的上升。

2. 供给层面

在垄断竞争市场结构下，企业能够同时决定其生产的差异化产品品种的质量和价格。对于在 j 国销售产品类别 g 的企业 i 来说，p_{ijg}^*为产品的离岸出口价格，z_{ijg}为产品的质量。于是，企业 i 的利润最大化函数可以表示为：

$$Max_{p_{ijg}^*;\ z_{ijg}}[(p_{ijg}^* - c_i(z_{ijg},\omega))]\cdot\frac{\tau_{ijg}q_{ijg}}{tar_{jg}} \tag{4-7}$$

其中，$c_i(z_{ijg},\omega)$ 表示依赖于产品质量 z_{ijg}和投入品成本水平 ω 的单位生产成本，q_{ijg}表示企业 i 销往 j 国的产品类别 g 的数量，tar_{jg}为 j 国对产品类别 g 所征收的进口关税。一般情形下，企业出口会面临两种贸易成本：从价（ad valorem）成本 τ_{ijg}和从量（per - unit）成本 T_{ijg}，而离岸出口价格 p_{ijg}^*和到岸出口价 p_{ijg}之间的关系可以表示为：

$$p_{ijg} = (p_{ijg}^* + T_{ijg})\tau_{ijg} \tag{4-8}$$

这一到岸价格 p_{ijg}为 j 国消费者所面临的价格。在这里，我们与芬斯特拉和罗马利斯（2014）和余淼杰和张睿（2017）的做法一致，假定单位生产成本的函数形式为 $c_i(z_{ijg},\omega) = \omega(z_{ijg})^{\frac{1}{\theta_g}}/\varphi_i$，企业在提高产品质量时会面临边际成本递增，而 $0<\theta_g<1$ 则为在产品类别 g 中衡量这一成本递增效应大小的参数。φ_i 为企业 i 的生产率。由企业优化问题的一阶条件可得到（4－9）式：

$$\frac{\omega(z_{ijg})^{\frac{1}{\theta_g}}}{\varphi_i\theta_g} = \left[p_{ijg}^* - \frac{\omega(z_{ijg})^{\frac{1}{\theta_g}}}{\varphi_i}\right]\cdot[\alpha_{jg}(\sigma_g - 1)] \tag{4-9}$$

对（4－9）式等号两边分别取对数并整理可得：$\ln(z_{ijg}) = \theta_g\left[\ln\left(\kappa_{1jg}p_{ijg}^* - \ln\left(\frac{\omega}{\varphi_i}\right)\right)\right]$。其中，$\kappa_{1jg} = \alpha_{jg}\theta_g(\sigma_g - 1)/[1 + \alpha_{jg}\theta_g(\sigma_g - 1)]$。对于不同的年份 t，我们可以将产品质量表达成为（4－10）式所示：

$$\ln(z_{ijgt}) = \theta_g[\ln(\kappa_{1jg}) + \ln(p_{ijgt}^*) + \ln(\varphi_{it}) - \ln(\omega_t)] \tag{4-10}$$

利用（4－10）式就可以估测我国出口产品质量。

4.2.2 中国出口产品质量测度数据说明

1. 出口离岸价格

出口离岸价格数据来自海关进出口贸易数据库。需要说明的是，在本项目实证研究所用数据所处的年份，中国加工贸易出口额占中国货物总出口额的比重很高，但加工贸易几乎完全使用进口中间品及部分进口资本品来组织生产或装配业务，这两类产品的成本水平 w_i 与国内投入品差别很大（余淼杰、张睿，2017），并且数据难以得到。针对这种情况，我们与余淼杰和张睿（2017）的做法一致，仅保留一般贸易方式下的出口数据进行分析。

我们关于出口离岸价格的测算方法与芬斯特拉和罗马利斯（2014）一致，即用某类产品的出口总金额与出口总数量的比值来测度出口离岸价格。

2. 生产率

关于（4－10）式中的 φ（生产率），我们使用奥雷和佩克斯（Olley and Pakes，1996）（简称 OP 方法）提出的半参数方法来测度全要素生产率，以克服传统索洛残差法所产生的瞬时偏差和选择性偏误。考虑到简称 OP 方法测度步骤比较繁琐且它不是本项目研究的主要内容，所以我们不再对其测度过程进行详细描述，具体测度过程请参见奥雷和佩克斯（1996）。

3. 投入品成本

根据（4－10）式可知，测度出口产品质量需要投入品成本 w_t，并且投入品成本与产品质量呈反向变动关系。关于投入品成本，芬斯特拉和罗马利斯（2014）假定只有劳动力一种投入品，这显然不符合我国出口产品生产基本事实。基于此，我们借鉴余淼杰和张睿（2017）的做法，假定产品生产过程中需要投入劳动力、资本和中间品。此时，投入品成本 w_t 可以表示为上述三种生产要素投入成本的函数，即：

$$\ln w_t = \alpha' \ln w_t^L + \beta' \ln w_t^K + \gamma' \ln w_t^M \tag{4-11}$$

其中，α′、β′、γ′分别表示在投入品成本构成中，劳动力成本、资本使用成本及中间品成本的投入份额。需要指出的是，由于所有行业中中间投入的产出同时又是其他行业的中间品投入，所以在均衡时 $w_t^M=1$。这样，(4－11) 式就可以表示为：

$$\ln w_t=\alpha'\ln w_t^L+\beta'\ln w_t^K \tag{4-12}$$

其中，关于劳动力投入成本 w_t^L 的测算，我们先对每个出口企业每年应付工资总额与应付福利总额求和，然后进行价格平减，再除以该企业年均就业人数来表示。资本投入成本的测算，我们先对每个出口企业每年的折旧总额进行平减，然后再除以该企业的资本存量，即可得到每个企业的资本使用成本。

α'、β'数值的测度，我们与余淼杰和张睿（2017）一致，假定生产函数满足柯布—道格拉斯生产函数形式，则 α'、β'的数值可以表示为：

$$\alpha'=\frac{\alpha}{\alpha+\beta+\gamma},\ \beta'=\frac{\beta}{\alpha+\beta+\gamma}$$

4. 结构性参数

我们利用芬斯特拉和罗马利斯（2014）所估计出的每个国家每种 SITC 第二版 4 位码产品层面上的结构性参数 α_{jg}、θ_g 及 σ_g 的数值，并根据（4－10）式估算我国出口产品质量。与余淼杰和张睿（2017）一致，我们将 HS6 位产品码与 SITC 第二版 4 位码匹配，从而得到了每个 HS6－国家层面的 α_{jg}、θ_g 及 σ_g 的参数值。但由于少部分 HS6 位码所对应的 SITC4 位码层面的参数值缺失，我们将这些 HS6 位码所对应的 SITC3 位码内的平均 α_{jg}、θ_g 及 σ_g 的参数值作为其对应的参数值，从而最大限度地保证样本的完整性。

4.3 中国出口产品质量特征事实描述

基于本章第 2 节关于中国出口产品质量的测度方法，我们多角度测度了我国制造业出口产品质量。

4.3.1 中国出口产品质量总体状况

图 4－17 报告了中国出口产品质量的总体发展趋势。我们发现，在

样本期内，中国出口产品质量呈现出明显的非线性变化趋势：在2000年，我国制造业出口产品质量相对较低，在随后的两年内提升比较明显；但从2002年又开始下降，2003年之后又开始提升，但从2004年之后的三年内相对比较平稳，但呈现轻微的下降趋势。总体看，自中国入世之后，我国出口产品质量变化趋势相对平稳。

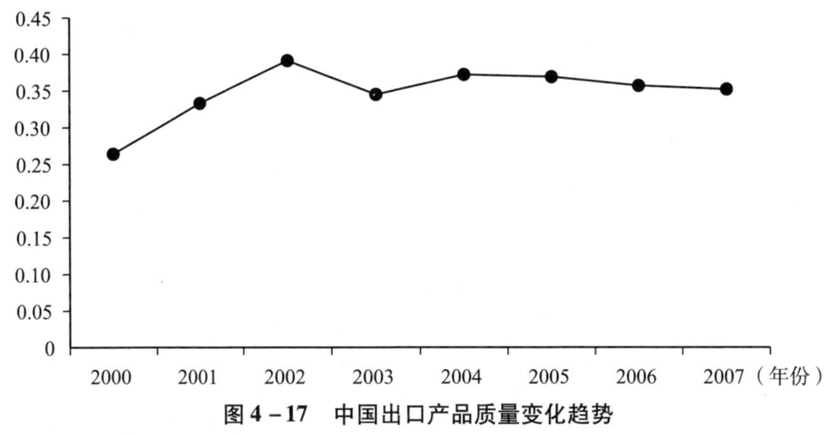

图4－17　中国出口产品质量变化趋势

资料来源：笔者测算所得。

4.3.2　我国制造业分行业的出口产品质量

表4－5报告了按照国民经济行业分类标准测度的我国制造业28个分行业的出口产品质量①。总体来看，根据各行业各年份的出口产品质量指数数值容易发现，我国大多制造业行业的出口产品质量并不高，大部分行业的出口产品质量指数在0.2～0.4之间，有少部分行业个别年份的出口产品质量指数小于0.2（如农副食品加工业（代码为13）2000年的出口产品质量），同时也有少部分行业的出口产品质量指数相对较高，达到0.4以上的水平（这些行业包括：汽车制造业，代码为36；计算机、通信和其他电子设备制造业，代码为39；仪器仪表制造业，代码为40；其他制造业，代码为41）②。这表明，我国大多制造业行业的出口产品质量水平都处于一个相对较低的水平上，只有少数行业的产

① 其中，烟草制品业（行业代码为16）2004年、2005年的数据缺失。

② 我们采用2017年最新的中国国民经济行业分类标准（GB/T 4754－2017）。

品质量水平相对较高。此外，根据本表我们还可以发现，大多行业的出口产品质量都存在升降交替的现象，尤其是在2003年这一年份，大多行业的出口产品质量均比2002年出现明显的下降，随后又开始缓慢增长，即我国大多行业的出口产品质量变化趋势基本趋同。我们认为这可能与政策冲击（比如要素市场扭曲或其他因素）有关。

表4－5　　　　　我国制造业各分行业出口产品质量

行业代码	2000年	2001年	2002年	2003年	2004年	2005年	2006年	2007年
13	0.1917	0.2509	0.3247	0.2744	0.3022	0.2962	0.2821	0.2789
14	0.2281	0.2972	0.3553	0.3050	0.3372	0.3330	0.3142	0.3076
15	0.2595	0.3131	0.3681	0.3177	0.3200	0.3236	0.3107	0.3073
16	0.1005	0.3887	0.2536	0.3231	空缺	空缺	0.2587	0.2433
17	0.2446	0.3268	0.3933	0.3422	0.3682	0.3561	0.3346	0.3305
18	0.2520	0.3455	0.3894	0.3311	0.3560	0.3556	0.3666	0.3672
19	0.2775	0.3526	0.3760	0.3218	0.3585	0.3627	0.3703	0.3684
20	0.2156	0.2833	0.3542	0.3024	0.3100	0.3308	0.3086	0.3117
21	0.2685	0.3390	0.3898	0.3597	0.3751	0.3708	0.3549	0.3650
22	0.2799	0.3409	0.3920	0.3452	0.3537	0.3544	0.3376	0.3287
23	0.2813	0.3430	0.3948	0.3417	0.3837	0.3707	0.3523	0.3512
24	0.2428	0.3025	0.3663	0.3199	0.3520	0.3418	0.3408	0.3392
25	0.2262	0.2892	0.3557	0.2900	0.3245	0.3091	0.2927	0.2045
26	0.2437	0.3143	0.3706	0.3212	0.3469	0.3401	0.3233	0.3372
27	0.3163	0.3983	0.4630	0.4063	0.4275	0.4198	0.4023	0.3989
28	0.2449	0.3303	0.3662	0.3241	0.3734	0.3561	0.3246	0.3337
29	0.2625	0.3188	0.3820	0.3237	0.3453	0.3401	0.3323	0.3378
30	0.2542	0.3218	0.3766	0.3384	0.3622	0.3538	0.3463	0.3412
31	0.2443	0.3043	0.3642	0.3139	0.3394	0.3402	0.3210	0.3369
32	0.2472	0.3374	0.3831	0.3361	0.3562	0.3553	0.3204	0.3194
33	0.2394	0.3033	0.3839	0.3306	0.3585	0.3462	0.3232	0.3376

续表

行业代码	2000 年	2001 年	2002 年	2003 年	2004 年	2005 年	2006 年	2007 年
34	0. 2387	0. 3124	0. 3715	0. 3228	0. 3441	0. 3360	0. 3224	0. 3317
35	0. 2772	0. 3369	0. 3952	0. 3595	0. 3740	0. 3698	0. 3535	0. 3561
36	0. 3301	0. 3993	0. 4812	0. 4338	0. 4378	0. 4396	0. 4288	0. 4309
37	0. 2895	0. 3524	0. 3993	0. 3509	0. 3733	0. 3772	0. 3608	0. 3683
39	0. 3574	0. 4363	0. 4861	0. 3625	0. 3828	0. 3770	0. 3667	0. 3571
40	0. 2830	0. 3611	0. 3999	0. 3834	0. 4088	0. 4080	0. 4016	0. 3998
41	0. 2864	0. 3623	0. 4270	0. 3681	0. 4123	0. 4012	0. 4064	0. 4001

资料来源：笔者测算所得。

4.3.3　不同所有制结构下的出口产品质量

为了考察不同所有制形式下我国出口产品质量的差异，我们按照所有制把我国出口企业分为三类：国有企业、民营企业和外资企业，然后分别测度了各种所有制形式下的出口产品质量。图 4 – 18 报告了测度结果。

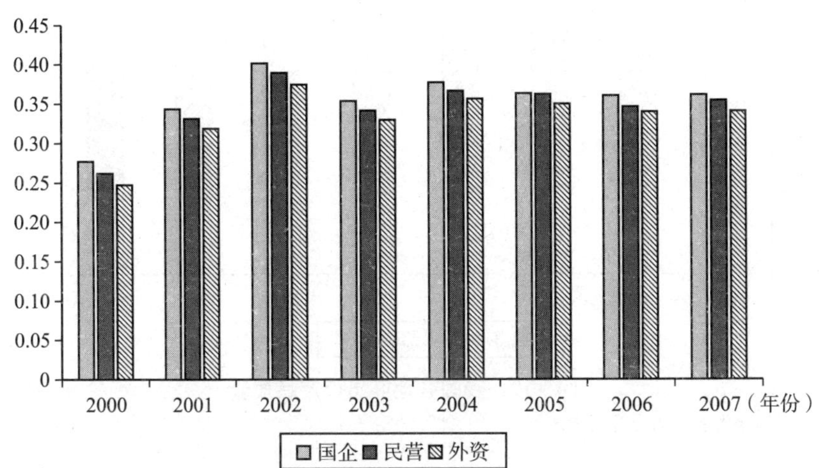

图 4 – 18　不同所有制下我国出口产品质量

资料来源：笔者测算所得。

根据本图我们得到如下几点重要发现：第一，各所有制企业中，国有企业出口产品质量最高，其次是民营企业，外资企业出口产品质量最低；但各所有制企业出口产品质量指数差别较小。第二，不管什么所有制企业的出口产品质量，其发展趋势都一致：2000～2002 年，均呈提升态势；从 2002 年以后，均进入比较平稳的发展态势。

4.3.4 我国各地区出口产品质量

我国各地区经济发展不平衡，为了考察我国各地区出口产品质量的差异，我们分别测度了我国东部、中部及西部地区的出口产品质量。图 4－19 报告了我国各地区的出口产品质量。我们得到如下几点发现：第一，总体来看，我国各地区（东部、中部及西部地区）的出口产品质量差距并不很明显，其中，东部地区与中部地区的出口产品质量水平基本相当，西部地区的出口产品质量比东部和中部地区稍微低一点。第二，各地区出口产品质量的变化趋势基本一致：2000～2002 年，各地区的出口产品质量均呈缓慢提升态势，但 2003 年均出现明显的下降；2004 年之后进入一个相对平稳的发展阶段。

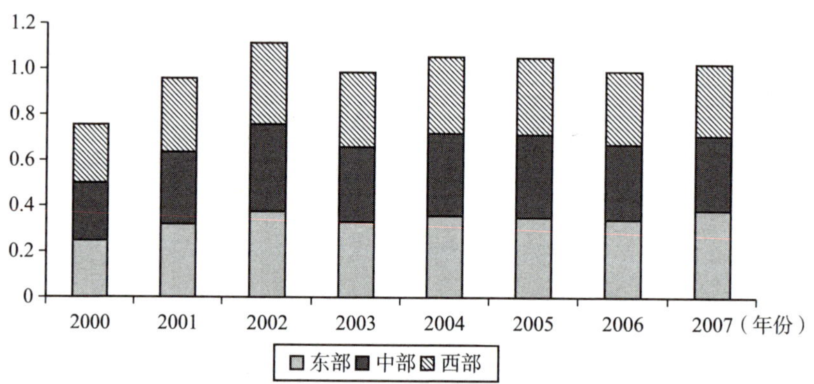

图 4－19　我国各地区出口产品质量

资料来源：笔者测算所得。

4.3.5 我国各要素密集型行业出口产品质量

从要素投入密集度的角度看，我国出口产品可以大概分为劳动密集型、资本密集型产品及技术密集型产品三类①。其中，劳动密集型行业包括：农副食品加工业、食品制造业、纺织业、纺织服装制造业、皮革毛皮羽毛及其制品业、木材加工及木竹藤棕草、家具制造业、印刷业和记录媒介的复制、文教体用品制造业、橡胶制品业、塑料制品业、非金属矿物制品业和金属制品业。资本密集型行业包括：饮料制造业、烟草制品业、造纸及纸制品业、石油加工与炼焦及核燃料、化学原料及化学制品制造业、化学纤维制造业、黑色金属冶炼及压延加工业、有色金属冶炼及压延加工业及通用设备制造业。技术密集型行业包括：医药制造业、专用设备制造业、交通运输设备制造业、电器机械及器材制造业、通信设备计算机及其他电子、仪器、仪表文化办公用机械。

图4-20报告了各要素密集型行业的出口产品质量。根据本图，我们得到如下几点重要发现：第一，在各年份，出口产品质量最高的是技术密集型行业，其次是资本密集型行业，出口产品质量最低的是劳动密集型行业。其中，技术密集型出口产品质量明显高于资本密集型行业和劳动密集型行业，而资本密集型行业的出口产品质量与劳动密集型行业的出口产品质量差距很小。第二，各要素密集型行业出口产品质量变化趋势相同，即2000~2002年，各要素密集型行业的出口产品质量均呈缓慢提升态势，但2003年均出现明显的下降；2004年之后进入一个轻微下降但相对平稳的发展阶段。我们发现不管采用什么样的分类测度方法，均符合这个变化趋势。

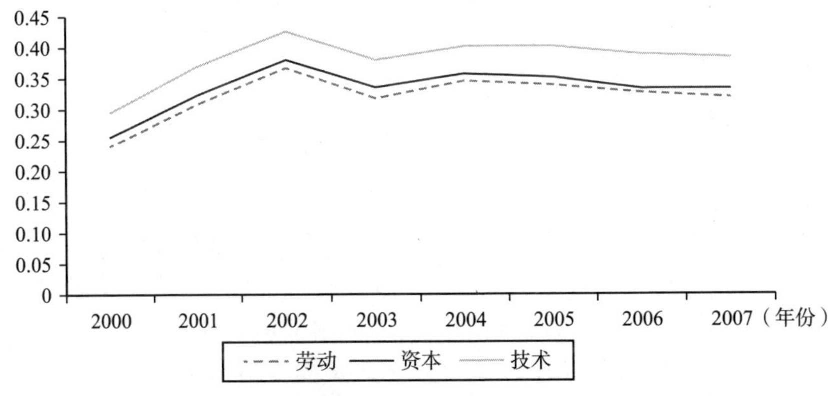

图4-20 我国各要素密集型行业出口产品质量

资料来源：笔者测算所得。

① 关于各要素密集型划分的标准，我们借鉴了王志华、董存田（2012）的做法。

4.3.6 不同贸易方式下我国出口产品质量

不同时期，我国出口贸易所采用的贸易方式所占比重发生了一定的变化。长期以来，加工贸易一直是我国的主要贸易方式之一。近年来，一般贸易方式发展迅速，并且自2009年开始它所占份额已经超过了加工贸易①。

基于此，我们把我国出口贸易按贸易方式划分为三大类：一般贸易、加工贸易及混合贸易。图4－21报告了不同贸易方式下，我国出口产品质量的发展变化趋势。

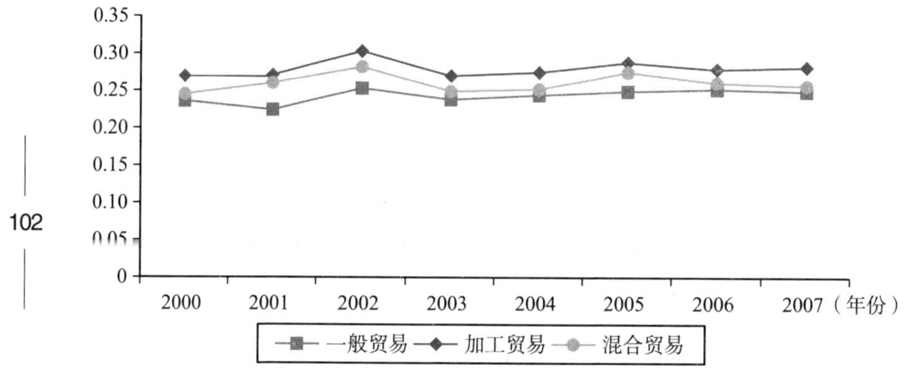

图4－21　各种贸易方式下我国出口产品质量

资料来源：笔者测算所得。

根据本图我们得到如下几点重要发现：第一，在各年份，加工贸易方式下的出口产品质量指数均是最高的，其次是混合贸易，一般贸易方式下的出口产品质量最低。我们认为，这与加工贸易的特点有关：我国加工贸易中间投入品几乎全部来自海外，并且部分资本品也依赖进口（余淼杰、张睿，2017）。而进口中间品的附加值加高，质量水平明显高于国内中间投入品。因此，我们认为这个测度结果还是比较合理的。第二，各贸易方式下出口产品质量变化趋势基本相同：2000～2002年，各种贸易方式下的出口产品质量均呈缓慢提升态势，且在2002年达到

① 基于《中国统计年鉴》数据可得到这个结论。

极大值；2003 年各贸易方式下的出口产品质量均出现明显的下降；2004 年之后进入一个轻微下降但相对平稳的发展阶段，其中，一般贸易方式下的出口产品质量变化最为平稳，而混合贸易与加工贸易均有一定程度的起伏。

4.4 要素价格扭曲与我国出口产品质量相关性分析

本章前3 节分别对我国各要素价格扭曲及出口产品质量的相关特征性事实进行了系统描述。在本节，我们将对要素价格扭曲与我国出口产品质量进行统计相关性分析，从而为后面的经验研究做好必要的统计基础。

4.4.1 各指标相关度检验

表4-6 报告了各要素价格扭曲与我国出口产品质量的相关度系数，容易看出，各解释变量相关度系数均较低，并且均在警戒线以下。因此，它们可以同时放在同一计量模型下进行实证检验。我们还发现：劳动力价格扭曲、资本价格扭曲及能源要素价格扭曲均与出口产品质量呈现出负相关性，而中间投入品则与出口产品质量正相关，相关系数为0.0471。我们认为，这个测度结果与本书第3 章关于要素价格扭曲对出口产品质量的理论分析结论保持一致。

表4-6 要素价格扭曲与我国出口产品质量相关度测度结果

	quality	distl	distk	distm	diste
quality	1.0000				
distl	-0.0356	1.0000			
distk	-0.0043	0.2748	1.0000		
distm	0.0471	-0.0873	-0.1145	1.0000	
diste	-0.0259	0.1128	0.0914	-0.2203	1.0000

注：本表中的 quality、distl、distk、distm、diste 分别表示我国出口产品质量指数、劳动力价格扭曲度、资本价格扭曲度、中间投入品价格扭曲度及能源价格扭曲度。

4.4.2 要素价格扭曲与出口产品质量散点图

1. 劳动力价格扭曲与出口产品质量

图4－22报告了劳动力价格扭曲与我国出口产品质量散点图。根据本图容易看出，劳动力价格扭曲与我国出口产品质量呈比较明显的反向变动关系，即劳动力价格扭曲总体看会抑制我国出口产品质量升级，该统计结果与本书第3章理论分析结论一致。

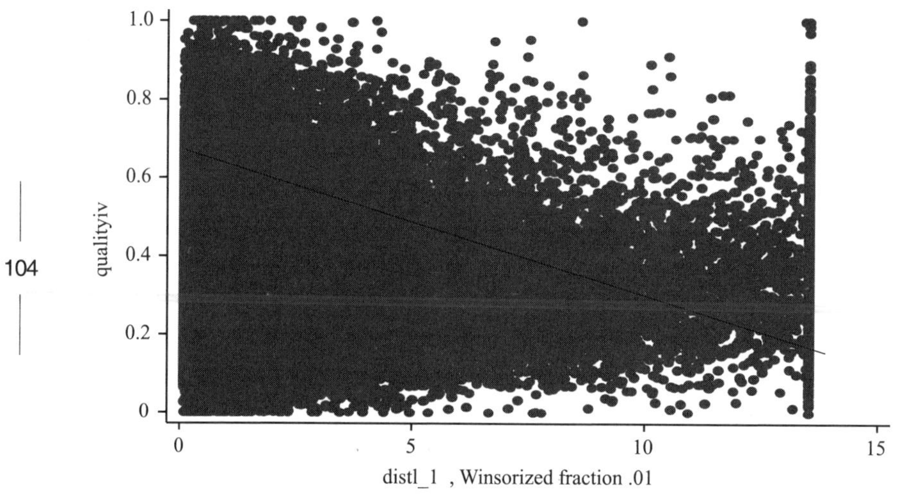

图4－22 劳动力价格扭曲与我国出口产品质量散点图

注：纵轴中的qualityiv指的是处理内生性之后的出口产品质量，distl表示劳动力价格扭曲，本图进行了缩尾处理。

资料来源：笔者测算所得。

2. 资本价格扭曲与我国出口产品质量

图4－23报告了资本价格扭曲与我国出口产品质量散点图。根据本图容易看出，资本价格扭曲与我国出口产品质量也呈比较明显的反向变动关系，但从两者的变化趋势线容易看出，资本价格扭曲与我国出口产品质量的趋势线斜率明显要轻于劳动力价格扭曲与我国出口产品质量的趋势线斜率。据此可以初步判断，资本价格扭曲对我国出口产品质量的

反向抑制程度不如劳动力价格扭曲那么大。但该统计结果依然表明，资本价格扭曲总体看会在一定程度上抑制我国出口产品质量升级，该统计结果也与本书第3章理论分析结论一致。

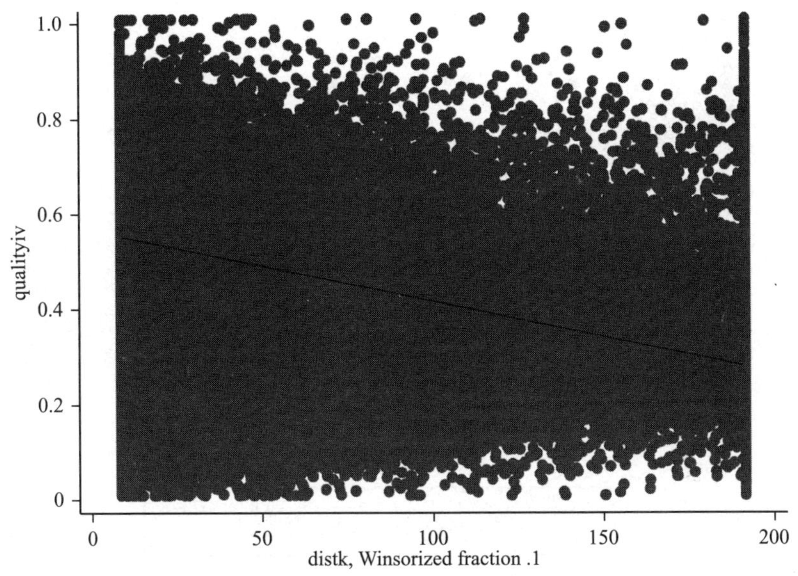

图4-23　资本价格扭曲与我国出口产品质量散点图

资料来源：笔者测算所得。

3. 中间品价格扭曲与我国出口产品质量

图4-24报告了中间品价格扭曲与我国出口产品质量变化趋势散点图。根据本图可以发现，中间投入品价格扭曲与我国出口产品质量之间的变化趋势呈现较轻微的同向变动关系（注意：根据我们的测度发现，中间品大都存在价格正向扭曲，即其扭曲度数值普遍小于一。换言之，中间投入品价格扭曲度数值越小，说明其正向扭曲度越大，这与劳动力、资本等要素存在价格负向扭曲并不一致）。不过，图4-24展示的关于中间投入品价格扭曲与我国出口产品质量的变化趋势不是很明朗。我们认为，这可能与中间投入品的种类较多有关系，联合国BEC分类标准把中间投入品分为八大类，每一类产品又包含较多种类的产品。而不同种类中间品价格扭曲程度可能差别较大，这可能是中间品价格扭曲对我国出口产品质量影响趋势不明朗的主要原因。据此，我们基于联合国BEC的产品

分类标准，分别对这八大类中间品与我国出口产品质量的散点图进行了分析。图 4－25～图 4－32 分别报告了 BEC 代码为 111、121、31、121、22、322、42、53 的中间品价格扭曲与我国出口产品质量的散点图。

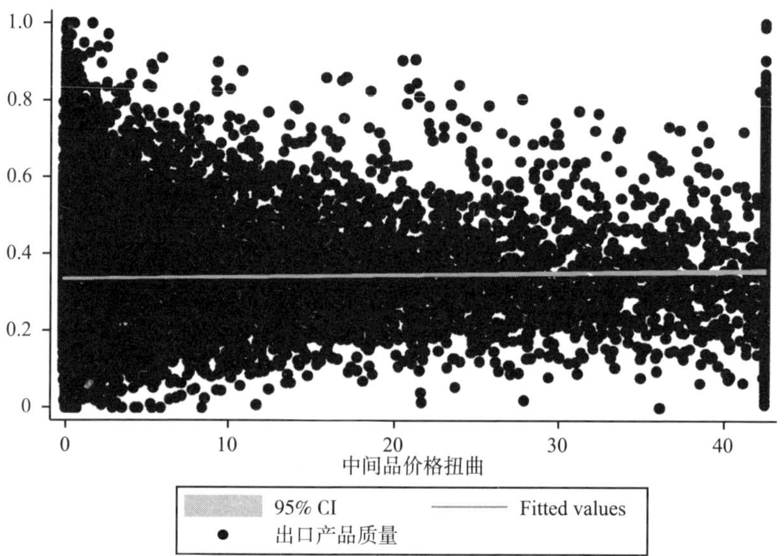

图 4－24　中间品价格扭曲与我国出口产品质量散点图

资料来源：笔者测算所得。

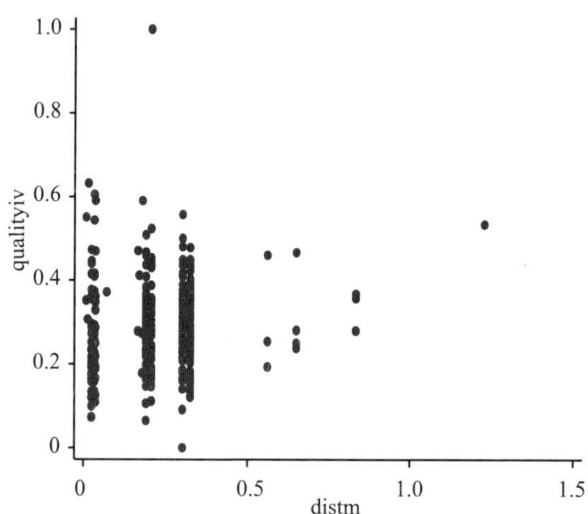

图 4－25　BEC 代码为 111 的中间品与产品质量散点图

资料来源：笔者测算所得。

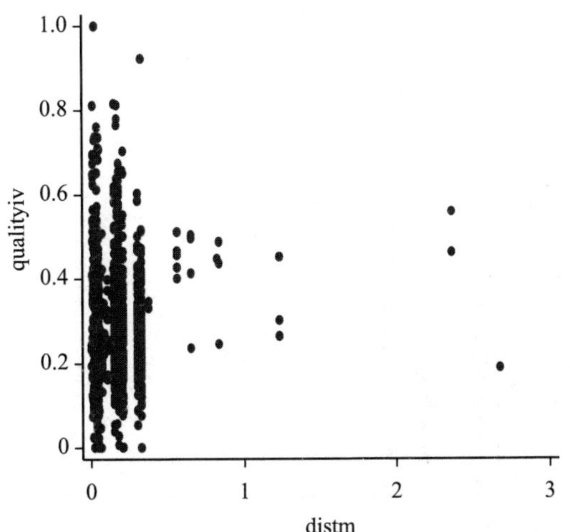

图4-26　BEC代码为21的中间品与产品质量散点图

资料来源：笔者测算所得。

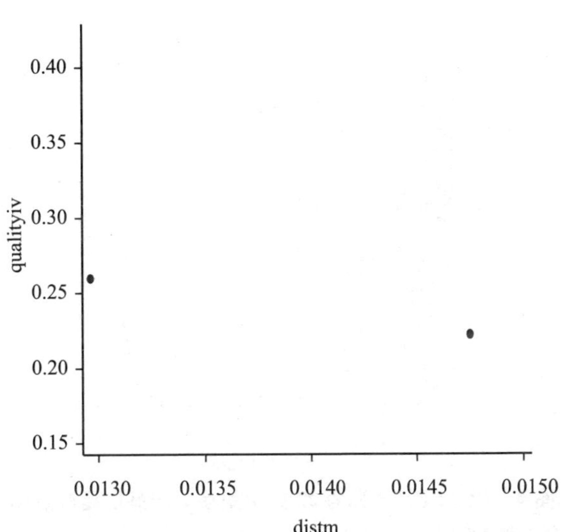

图4-27　BEC代码为31的中间品与产品质量散点

资料来源：笔者测算所得。

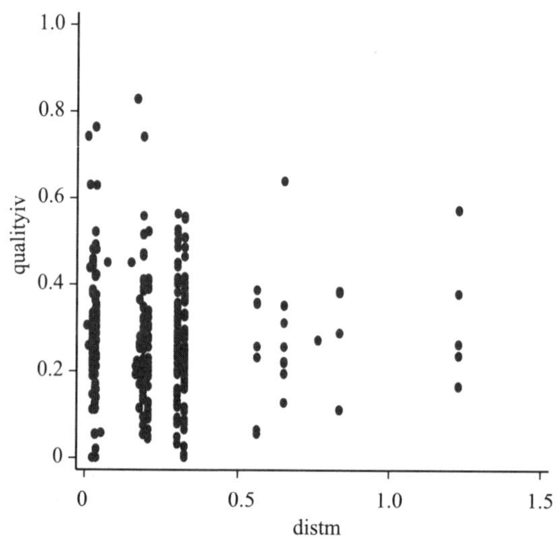

图 4-28　BEC 代码为 121 的中间品与产品质量散点图

资料来源：笔者测算所得。

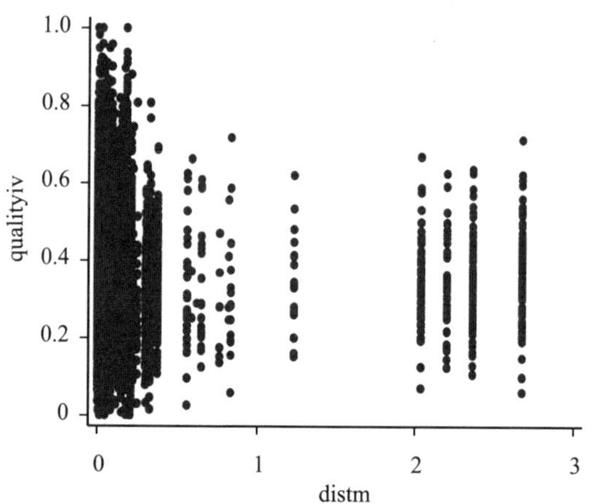

图 4-29　BEC 代码为 22 的中间品与产品质量散点图

资料来源：笔者测算所得。

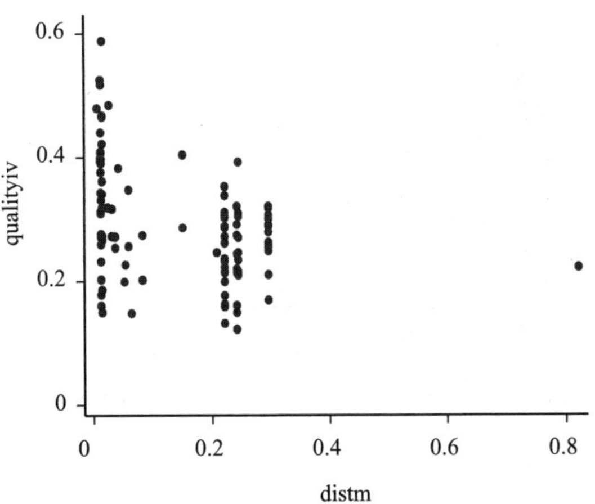

图 4－30　BEC 代码为 322 的中间品与产品质量散点

资料来源：笔者测算所得。

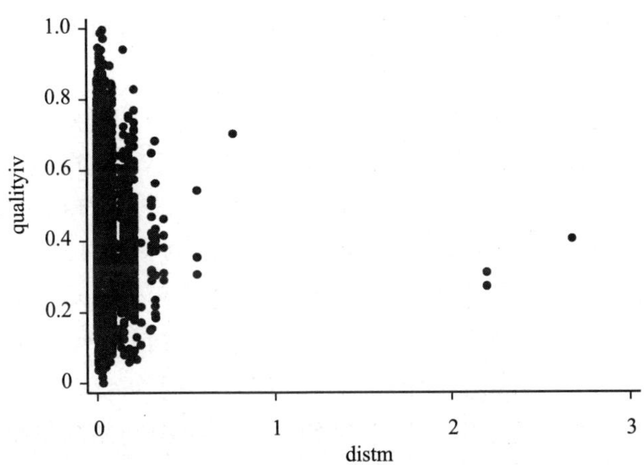

图 4－31　BEC 代码为 42 的中间品与产品质量散点图

资料来源：笔者测算所得。

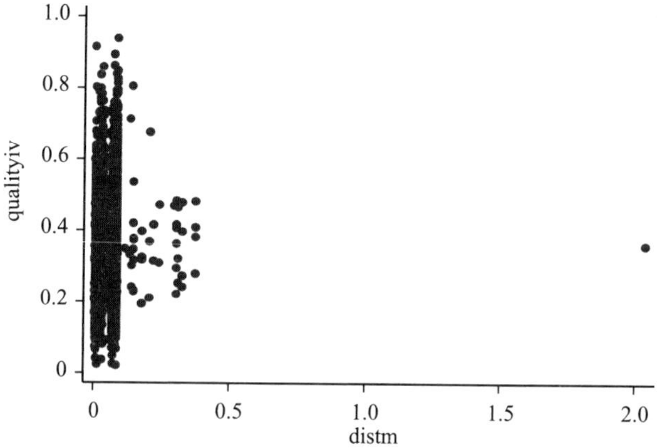

图 4－32　BEC 代码为 53 的中间品与产品质量散点图

资料来源：笔者测算所得。

根据不同种类中间品价格扭曲与出口产品质量的散点图，我们发现不同种类中间投入品价格扭曲对我国出口产品质量影响趋势确实存在明显的差异性。如用于工业生产的基础食品和饮料（BEC 代码为 111）价格扭曲度比较分散（见图 4－25），并且它对我国出口产品质量有轻微的抑制作用；基础的工业物资（BEC 代码为 111）价格扭曲度相对集中，且扭曲度相对较重，但它对我国出口产品质量的影响并不明显；基础燃料和润滑油（BEC 代码为 31）的样本量很小，但根据本散点图可以看出，它对我国出口产品质量存在促进作用（变化趋势线是斜向下的）；用于工业生产的加工食品和饮料（BEC 代码为 121）价格扭曲、加工的工业物资（BEC 代码为 22）价格扭曲对我国出口产品质量影响趋势也不是很明显；而其他加工燃料和润滑油（BEC 代码为 322）、资本品的零部件（运输机器设备除外）（BEC 代码为 42）及运输机器设备的零部件及类产品（BEC 代码为 53）这三类中间品的价格扭曲对我国出口产品质量的影响趋势却比较明显，其影响趋势线均是向下倾斜的（中间品价格存在正向扭曲，其扭曲度数值越大，说明其正向扭曲度越轻）。而显然，这三类中间品属于典型的高附加值产品。因此，我们的统计性分析得出的基本结论是，中间品价格正向扭曲度越大（即其价格扭曲度数值越小），它对我国出口产品质量的正向刺激就会越大。这一点统计结论其实与本研究第 3 章的理论分析是一致的。

4.5　要素价格扭曲与我国出口产品质量

本章4.4节的统计性描述结果基本验证了要素价格扭曲对出口产品质量的影响方向，且得出了与第3章一致的统计性结果。但我们并没有对要素价格扭曲程度对出口产品质量的影响进行统计性描述。在本节，我们尝试根据各要素价格扭曲度中位数把各要素价格扭曲程度分为两组：扭曲度较轻组和扭曲度较重组，然后分别考察不同程度的扭曲对出口产品质量的影响。

4.5.1　劳动力价格扭曲程度差异与出口产品质量

图4－33报告了劳动力价格扭曲程度差异与我国出口产品质量的变化趋势。根据本图容易看出：在劳动力价格扭曲度较高时（即高于中位数），我国出口产品质量较低（即本图下面这条折线）；在劳动力价格扭曲度较轻时（即低于中位数），我国出口产品质量较高（即本图上面这条折线）。考虑到样本期内我国劳动力价格普遍存在负向扭曲，因此根据本图我们得出的基本统计性描述结论就是，劳动力价格负向扭曲度越大时，它对出口产品质量的抑制程度会加大。

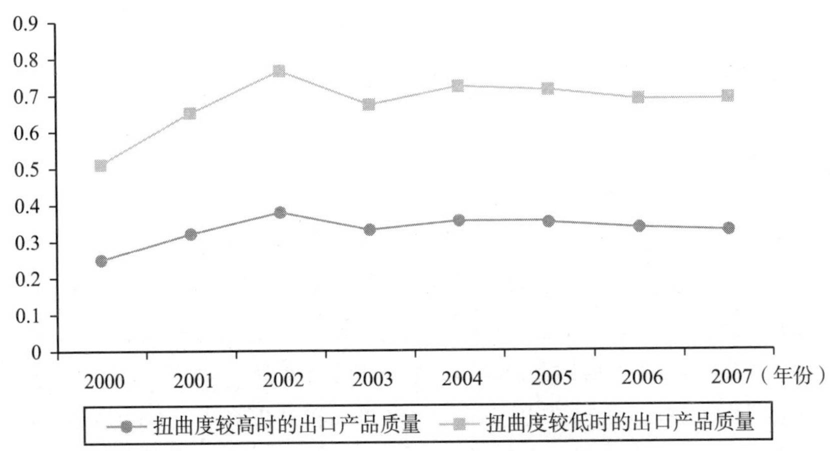

图4－33　劳动力价格扭曲程度差异与我国出口产品质量

资料来源：笔者测算所得。

4.5.2 资本价格扭曲程度差异与出口产品质量

图 4－34 报告了资本价格扭曲程度差异与我国出口产品质量的变化趋势。显然，本图与图 4－33 变化趋势很相似，即在资本价格扭曲度较重时，我国出口产品质量水平相对较低；而在资本价格扭曲度较轻时，我国出口产品质量水平明显较高。因此，根据本图我们得出的基本结论是：资本价格扭曲会抑制出口产品质量提升，在资本价格负向扭曲度逐渐变重时，它对产品质量升级的抑制程度会更加严重。

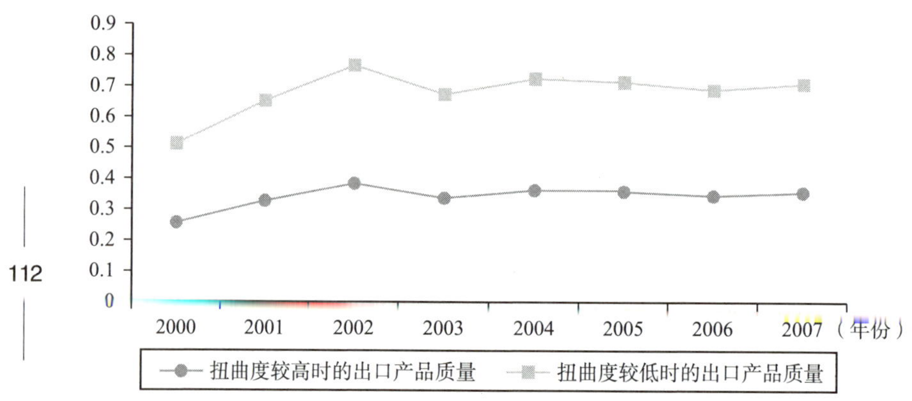

图 4－34　资本价格扭曲程度差异与我国出口产品质量

资料来源：笔者测算所得。

4.5.3 中间品价格扭曲程度差异与出口产品质量

图 4－35 报告了中间品价格扭曲程度差异与我国出口产品质量变化趋势图。根据本图容易发现：在中间投入品价格扭曲程度较轻时（此时扭曲度数值高于中位数），我国出口产品质量相对较低（如图 4－35 中实线所示）；在中间投入品价格扭曲度较重时（此时扭曲度数值低于中位数），我国出口产品质量相对较高（如图 4－35 中虚线所示）。这个统计结果意味着，我国进口中间品价格正向扭曲度越大，则我国出口产品质量越高。对此结果，我们给出的解释是，进口中间品价格扭曲往往是其附加值高的体现，较高的价格正向扭曲度，就意味着此进口中间品

具有较高的附加值。本书第3章对此也进行过理论分析。

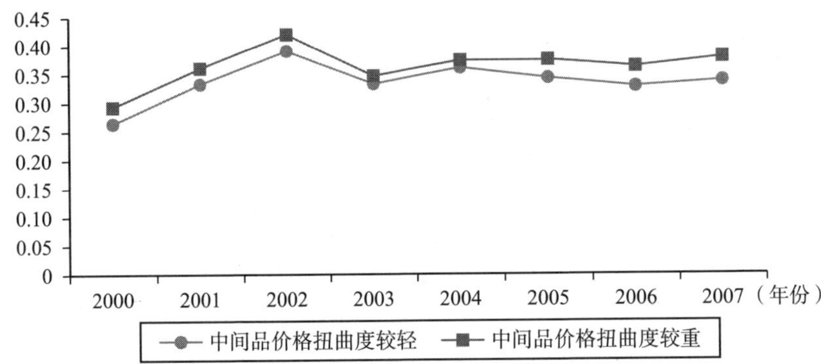

图4-35 中间品价格扭曲程度差异与我国出口产品质量

资料来源：笔者测算所得。

4.6 本章小结

本章侧重对要素价格扭曲测度及典型特征事实、我国出口产品质量测度方法及典型特征事实进行了较为细致的描述和概括分析。

在4.1节，我们使用已有文献最常用的生产函数法对各要素价格扭曲进行了测度，发现我国劳动力、资本及能源要素均存在比较明显的价格负向扭曲，而中间投入品则存在比较明显的价格正向扭曲。在此基础上，我们对要素价格扭曲进行了特征性事实描述。我们首先对各年份各要素价格扭曲发展态势进行了统计描述，然后分别从我国制造业28个分行业、所有制、地区、要素密集度等角度进行细致描述，并得到了关于我国要素价格扭曲的一些有价值的统计性描述结论。

在4.2节，我们首先对学术界已有关于出口产品质量的主要测度方法进行了介绍，并比较了各自的优缺点。经过对各测度方法的比较，我们决定使用目前相对比较先进的供给需求信息加总法（Feenstra and Romalis，2014；余淼杰、张睿，2017）测度了我国制造业出口产品质量。

4.3节，我们基于第2节对出口产品质量各测度方法的比较，使用供给需求信息加总法分别从年度发展趋势、行业、所有制、贸易方式及地区差异等角度详细描述了我国样本期内制造业出口产品质量，并得出了一些有价值的统计性描述结论。

4.4 节，我们对各要素价格扭曲度与我国出口产品质量的相关性进行了统计分析。我们分别从各指标相关系数、要素价格扭曲与出口产品质量变化散点图及扭曲度程度差异等视角进行了相应的描述，并据此得出了与本书第 3 章相一致的统计性结论。这为后面的相关实证研究提供了必要的统计资料基础。

第5章　要素价格扭曲对我国出口产品质量的影响：实证分析

在本章，我们将基于中国制造业层面的相关数据，经验考察各要素价格扭曲对我国出口产品质量升级的影响。其中，5.1 节是关于计量模型构建、各变量构造方法及数据来源说明；5.2 节是实证结果与解释；5.3 节是稳健性分析部分；5.4 节为本章小结。

5.1　计量模型、变量构造和数据说明

5.1.1　计量模型构建

基于本项目研究内容和第 3 章的理论分析基本结论，我们构建如下基准计量模型：

$$\begin{aligned} quality_{it} = & \alpha_0 + \alpha_1 disl_{it} + \alpha_2 disk_{it} + \alpha_3 dism_{it} \\ & + \alpha_4 dise_{it} + \gamma X + v_i + \eta_t + \xi_{it} \end{aligned} \tag{5-1}$$

其中，i、t 分别表示企业和年份，quality 表示我国制造业企业层面出口产品质量，disl、disk、dism 及 dise 分别表示劳动力价格扭曲、资本价格扭曲、进口中间品价格扭曲及能源要素价格扭曲。X 表示一系列能够影响出口产品质量的控制变量，v_i、η_t 分别表示无法观测的企业效应和年份效应，ξ_{it}表示随机误差项。

5.1.2　变量构造

1. 出口产品质量（quality）

学术界对出口产品质量的研究相对较早，但受技术水平或数据可获

得性等的限制，在早些时候，大多学者普遍使用出口产品单位价值量（即用某一类出口产品的总价值与其出口数量的比值表示）衡量出口产品质量。这种方法简单易行，在正常情况下也能够反映产品质量的好坏。如同类产品中，质量更好的产品往往价格会更高。因此，单位价值法衡量产品质量有其合理性的地方。但本项目研究的是要素价格扭曲对出口产品质量的影响。在这种背景下，要素市场扭曲的存在可能会使得价格并不能真实地反映产品质量。众所周知，我国各生产要素市场均存在程度不等的价格扭曲，长期以来，我国各要素价格被严重低估，这使得产品价格难以客观衡量产品质量（施炳展和邵文波，2014；王明益，2017）。此外，由于产品价格不仅包含质量因素，产品市场供求、成本因素、汇率及市场预期等诸多因素均会影响到产品价格，这均会导致价格有时并不能很好地反映产品质量（王明益，2016）。鉴于此，我们借鉴乔尔（Joel，2011）的思路测度企业层面出口产品质量（施炳展（2014）也使用该方法测度我国出口产品质量）。下面，我们详细介绍该方法的具体步骤。

假设某代表性消费者对某一产品的效用函数为：$U=[\sum_{imt}(\lambda_{imt}q_{imt})^{\frac{\sigma-1}{\sigma}}]^{\frac{\sigma}{\sigma-1}}$。其中，q 和 λ 分别代表产品的出口数量和产品质量；σ 表示产品的替代弹性（$\sigma>1$）；i 表示出口企业，m 表示出口目的地，t 表示年份。此效用函数对应的综合价格指数为①：$P_t=\sum_{imt}p_{imt}^{1-\sigma}\lambda_{imt}^{\sigma-1}$。其中，p 代表企业出口产品价格。此时，该产品消费量为：$q_{imt}=p_{imt}^{-\sigma}\lambda_{imt}^{\sigma-1}\frac{E_t}{P_t}$。其中 E_t 为消费者在 t 年份在该产品上的支出额。根据此式可知，在消费者支出额不变的前提下，消费者对产品的消费量取决于产品的价格与质量。对产品消费量表达式左右两边取自然对数，整理后得到关于某一产品出口数量的计量方程式：

$$\ln q_{ifmt}=(\sigma-1)\ln P_{ifmt}-\sigma\ln p_{ifmt}+(\sigma-1)\ln\lambda_{ifmt} \tag{5-2}$$

其中，i、f、m、t 分别表示出口企业、出口产品种类、出口目的地和年份。（5-2）式的残差项 $\varepsilon_{it}=(\sigma-1)\ln\lambda_{it}$ 包含出口产品质量。

① 该价格指数反映的是样本期内所有企业出口产品的综合价格，对每个企业来说，这可被视为常数。

定义 HS8 分位出口产品质量为：

$$ql_{ifmt} = \ln\hat{\lambda}_{ifmt} = \frac{\hat{\varepsilon}_{ifmt}}{\sigma - 1} = \frac{\ln q_{ifmt} - \ln\hat{q}_{ifmt}}{\sigma - 1} \tag{5-3}$$

（5－3）式可以测度在 HS8 分位层面上企业 i 在 t 年份产品 f 出口到 m 国（地区）的产品质量。如要获取企业某年份总的出口产品质量，只需要将各 HS8 分位产品质量加总即可。为了方便起见，我们对（5－3）式进行标准化处理，得到标准化产品质量指数：

$$quality_{ifmt} = \frac{ql_{ifmt} - minql_{ifmt}}{maxql_{ifmt} - minql_{ifmt}} \tag{5-4}$$

其中，max、min 分别代表某 HS8 分位上出口产品质量的最大值、最小值；$maxql_{it} - minql_{it}$代表产品的质量阶梯长度（Khandelwal，2009）。

需要指出的是，上述测度方法把产品质量与产品价格视为两个不相关的变量。而实际上，在正常情况下（如要素市场不存在扭曲时）两者具有强相关性，即产品质量往往可以通过产品价格高低来体现。换言之，上述测度方法存在内生性问题。为此，我们参照奈费（2001）的做法，采用企业在进口国之外的其他市场出口产品平均价格作为该企业在进口国市场出口产品价格的工具变量来处理内生性问题①。

基于上述方法我们测度了我国制造业企业在样本期内各年份的出口产品质量（见图 5－1）。我们发现，我国制造业出口产品质量呈现明显的非线性变化趋势：在 2002 年之前，出口产品质量一直呈升级趋势，自 2003 年开始到 2005 年，开始出现下降，2005 年之后又开始呈现升级趋势。

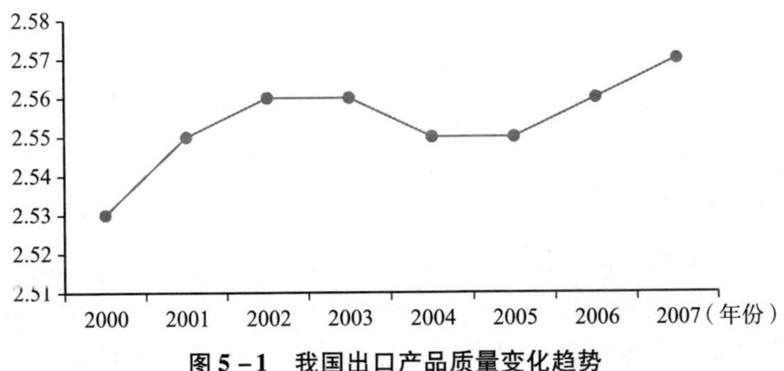

图 5－1　我国出口产品质量变化趋势

资料来源：笔者测算所得。

① 施炳展（2014）也采用了该方法处理内生性问题。

2. 要素价格扭曲的测度

我们使用传统的生产函数法来测度各要素价格扭曲度，即用各要素的边际产出与其价格的比值来衡量要素价格扭曲度。如果比值大于1，说明要素价格低于其边际产出，即该要素存在价格负向扭曲；如果比值小于1，说明该要素价格高于其边际产出，即该要素存在价格正向扭曲。

我们用希腊字母τ来表示要素价格扭曲度，$\tau = \frac{MP}{p}$。(5-4) 式中，MP 表示各要素的边际产出，p 表示该要素的价格。于是，劳动力、资本、进口中间品及能源要素的价格扭曲度可以分别表示为：

$$\tau_l = \frac{MP_l}{w},\ \tau_k = \frac{MP_k}{r},\ \tau_m = \frac{MP_m}{p_M},\ \tau_e = \frac{MP_e}{p_e} \tag{5-5}$$

而各要素边际产出的测度需要对生产函数取一阶导数。在此，我们设生产函数形式符合柯布—道格拉斯形式，即：

$$Y = AL^{\alpha}K^{\beta}M^{\gamma}E^{\delta} \tag{5-6}$$

各要素的边际产出就可以分别表示为：

$$MP_l = \alpha AL^{\alpha-1}K^{\beta}M^{\gamma}E^{\delta} = \frac{\alpha Y}{L},\ MP_k = \beta AL^{\alpha}K^{\beta-1}M^{\gamma}E^{\delta} = \frac{\beta Y}{K}$$

$$MP_m = \gamma AL^{\alpha}K^{\beta}M^{\gamma-1}E^{\delta} = \frac{\gamma Y}{M},\ MP_e = \delta AL^{\alpha}K^{\beta}M^{\gamma}E^{\delta-1} = \frac{\delta Y}{E} \tag{5-7}$$

根据 (5-5) 式所示的要素价格扭曲度的测度方法，可得各要素的价格扭曲度分别为：

$$\tau_l = \frac{\alpha Y}{Lw},\ \tau_k = \frac{\beta Y}{Kr},\ \tau_m = \frac{\gamma Y}{Mp_M},\ \tau_e = \frac{\delta Y}{Ep_e} \tag{5-8}$$

(5-8) 式中，除各要素的产出弹性（α、β、γ、δ）外，其他变量均可以在工业企业数据库和海关数据库的合并数据中直接观测到。关于各要素的产出弹性系数，只要对生产函数（(5-6) 式所示）进行回归即可得到。由此，我们就测算出了各生产投入要素的价格扭曲度。

需要补充说明的是，工业企业数据库中并没有各制造业企业进口中间品的相关数据信息，而海关数据库提供了各类产品的进出口数据信息。为了得到我国制造业企业关于进口中间品的相关数据，我们需要将工业企业数据库与海关数据库进行匹配。我们借鉴田巍、余淼杰（2013）的做法，首先根据公共字段“企业名称”对两大数据库进行匹配，然后再根据企业所在地的邮政编码和企业固定电话号码后7位进行匹配。对两大数据库匹配完之后，我们需要识别每家企业的进口中间品的数据信息。根据国际通用的BEC（Broad Economic Categories）产品分类标准可知，BEC代码为“111”“121”“21”“22”“31”“322”“42”“53”共7类产品属于中间品类别。但由于海关数据库使用的是HS编码，所以需要通过将BEC代码与HS编码进行匹配，从而识别出各家进出口企业的各类进口中间品。我们的做法与黄先海等（2016）一致，首先将样本期内的贸易数据转化为HS1996编码，然后再用HS1996编码与BEC代码进行匹配。这样我们就获得了各企业进口中间品的数据。需要指出的是，我们在测度进口中间品价格扭曲度时，不需要知道它的价格。根据（5-8）式容易看出，各式子中的分母均是各要素的价格与其投入数量的乘积，而两者的乘积即是它们的投入金额。因此，我们只要知道各类进口中间品投入金额即可，而这个金额在匹配后的数据库中会直接观测到。

图5-2报告了我国制造业各生产要素价格扭曲度基本状况及发展趋势。根据本图可以看出，劳动力、资本和能源要素价格扭曲度均大于1，说明这些要素均存在明显的负向扭曲；而进口中间品价格扭曲度数值在各年份均小于1，这说明进口中间品要素的价格扭曲是呈正向扭曲的；并且随着年份的延长，进口中间品的价格扭曲度有加重趋势。

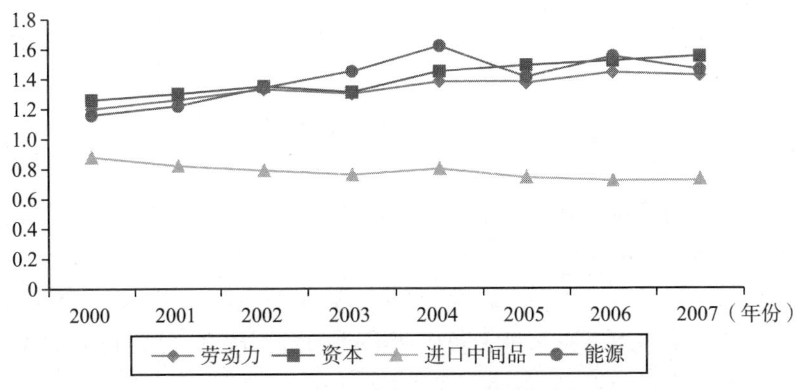

图5-2　我国各生产要素价格扭曲度

资料来源：笔者测算所得。

3. 控制变量

为了有效控制其他因素对出口产品质量的影响，我们参照张杰等（2014）及施炳展、邵文波（2014）的做法，纳入了一系列控制变量，包括企业层面的变量也包括行业层面的变量。其中，企业层面的变量包括：生产率（tfp）、研发（rd）、人力资本（human）、资本密集度（lnkl）、企业年龄（age）、企业规模（size）等；而行业层面的控制变量包括：二分位行业竞争程度（indu_comp）、四分位行业市场规模（indu_scale）及四分位行业赫芬达尔指数（hhi）等。

（1）企业层面控制变量。生产率（tfp）。由于使用索洛残差法测度生产率会存在内生性和选择性偏误等问题，而 OP 方法和 LP 方法测度生产率虽然解决了内生性问题，但这两种方法又会存在“函数相关性”（即劳动力是其他变量的函数，因此无法准确估计出劳动力的系数）和多重共线性问题。鉴于此，我们尝试使用 ACF 方法测度生产率（Ackerberg et al.，2015）。ACF 方法通过把劳动力要素纳入到投资需求和中间品需求函数当中，从而有效解决了 OP 方法和 LP 方法所存在的“函数相关性”问题。ACF 方法测度生产率的基本步骤可以分为两个阶段：第一阶段：估计生产率拟合值 $\hat{\phi}(m_{it}, k_{it})$。设生产函数为柯布—道格拉斯函数形式，并且生产技术满足希克斯中性条件，于是生产函数可以表示：

$$y_{it} = \alpha l_{it} + \beta k_{it} + \omega_{it} + \varepsilon_{it} \quad (5-9)$$

其中，y_{it}指的是企业 i 在 t 时期产出增加值的对数值，l、k 分别表示劳动力和资本投入量的对数值，ω 表示生产率，ε 是随机扰动项。

企业中间品投入是资本投入和生产率的函数，即：

$$m_{it} = f(\omega_{it}, k_{it}) \quad (5-10)$$

由于中间品投入是生产率的单调递增函数，于是，可以用生产率的反函数表示生产率：

$$\omega_{it} = f^{-1}(m_{it}, k_{it}) \quad (5-11)$$

由于劳动力也是资本投入和生产率的函数，结合（5－11）式劳动力投入可以表示为：

$$l_{it} = g(\omega_{it}, k_{it}) = g(f^{-1}(m_{it}, k_{it}), k_{it}) = h(m_{it}, k_{it}) \quad (5-12)$$

将（5－10）式、（5－10）式代入（5－12）式，可得：

$$y_{it} = \varphi(m_{it}, k_{it}) + \varepsilon_{it} \quad (5-13)$$

其中，$\varphi(m_{it}, k_{it}) = \alpha \cdot h(m_{it}, k_{it}) + \beta \cdot k_{it} + f^{-1}(m_{it}, k_{it})$。为克服变量间的多重共线性问题，可以采用非参数方法对此式进行拟合，得到拟合值 $\hat{\phi}(m_{it}, k_{it})$。

第二阶段：估计参数 α、β。

要实现对这两个参数的有效估计，需要两个独立的矩条件。设生产率服从一阶马氏过程：

$$\omega_{it} = E\langle \omega_{it} \mid \omega_{it-1} \rangle + \xi_{it} \quad (5-14)$$

其中，ξ_{it}是生产率的离差，它是劳动投入 α 和资本投入 β 的函数，即：

$$\begin{aligned}\xi_{it}(\alpha, \beta) &= \omega(\alpha, \beta) - E\langle \omega_{it} \mid \omega_{it-1}, \alpha, \beta \rangle \\ &= (\hat{\phi}_{it} - \alpha l_{it} - \beta k_{it}) - \hat{\phi}(\alpha, \beta, \hat{\phi}_{it-1}, l_{it-1}, k_{it-1})\end{aligned} \quad (5-15)$$

设劳动力投入决策与当期生产率相关，但它与生产率的滞后值无关，据此得到第二个独立的矩条件方程：

$$E\langle \xi_{it}(\alpha, \beta) \mid l_{it-1} \rangle = 0 \quad (5-16)$$

根据（5-14）式、（5-16）式所示的两个独立矩条件，运用两阶段 GMM 估计，即可得到 α、β 的估计值，进而得到生产率的估计值 $\hat{\omega}_{it}$。

在上述我们运用 ACF 方法测度企业生产率所需指标层面，我们借鉴任曙明、孙飞（2014）的做法，具体如下：企业产出增加值用工业品出厂价格指数进行平减，并利用收入法进行计算，计算方法为：增加值 = 固定资产折旧 + 劳动者报酬 + 生产税净额 + 营业盈余。我们用职工工资表示劳动者报酬，用应缴税费与生产补贴的差值作为生产税净额，用营业利润表示营业盈余。劳动投入用企业从业人数对数值表示，资本存量用固定资产净值测度并用固定资产价格指数进行平减。中间投入用企业总产出与应缴增值税的和再减去工业增加值测度。

运用上述方法即可得到运用 ACF 方法估测出的企业生产率。

研发（rd）。关于企业研发指标，既有投入层面的测度指标，也有产出层面的测度指标。我们借鉴田巍、余淼杰（2014）的做法，利用企业产出层面的数据来测度企业研发水平。在具体测度时，我们用企业新产品产值与企业总产值的比值来衡量企业研发水平。人力资本（human）。我们采用陆铭等（2012）的做法，用企业职工平均工资水平来衡量其人力资本水平。具体地，我们使用每个企业每年应付工资总额除以同期职工总数的对数值来刻画企业层面的人力资本水平。如果取值越大，说明该企业人力资本水平越高；反之，则说明该企业人力资本水平越低。资本密集度（lnkl）。该指标用来衡量企业资本投入强度，在测度时，我们使用企业每年固定资产总额与职工总人数比值的对数值来衡量资本密集度水平。其中，固定资产金额我们使用以2000年为基期的固定资产投资价格指数进行平减。资本密集度指标能够反映一个企业的资本配置水平，但资本密集度越高，其产品质量不一定会越高，这取决于资本与劳动力配置的合理程度。如果资本密集度水平较高，但资本与劳动力的配置比例不合理，它仍可能会降低生产率，从而会抑制产品质量升级。因此，我们预期该指标符号可能为负，主要是考虑到长期以来我国大多企业存在投资过剩问题，因而造成了资本密集度过高的情形。企业年龄（age）。我们使用企业当期年份与成立年份的差来表示企业年龄。由于本项目研究样本期并不长，因此企业年龄数值不会太大，因此我们没有进行取对数处理。企业规模（size）。关于企业规模的衡量，在学术界并不统一，有的学者使用职工总数来衡量（高凌云等，2014），有的学者使用企业每年销售额来衡量（姚晶晶等，2015；诸竹君，2017）。考虑到企业销售收入较容易受到外部市场等偶然因素的影响，我们使用职工总数对数值来衡量企业规模。

（2）行业层面控制变量。我们借鉴盛丹、王永进（2012）的做法，用二分位行业中企业数目的自然对数值衡量行业竞争程度（comp）。如果数值越大，则说明行业竞争程度越高；反之则说明行业竞争程度越低。关于行业集中度指标，我们借鉴诸竹君（2017）的做法，用4位数行业赫芬达尔指数（hhi）来衡量行业集中度。其测度公式为：$hhi_j = \sum_{i=1}^{n}(sale_{ij}/\sum_{i} sale_{ij})^2$。其中，j表示行业，i表示企业，sale表示企业销售收入。该指数数值越大，说明行业集中度越高；反之则说明行业集中度越低。已有部分文献指出，行业的集中度指数对企业生产率提升会产生显著影响（张杰等，2015；钱学锋等，2016；诸竹君，2017）：行业集中度越高，说明行业中市场垄断力量越强，企业市场竞争并不充分，从而不利于产品质量升级；反之，行业集中度越低，说明行业中各企业的市场竞争比较充分，在“优胜劣汰”机制作用下，企业进行产品质量升级的压力就会增大，从而有助于企业产品质量升级。此外，四分位行业市场规模变量（scale）我们用各四分位行业中各企业销售收入之和（单位：百万元人民币）的自然对数值来衡量。如果最终测出的对数值越大，说明行业市场规模越大；反之，则说明行业市场规模越小。

5.1.3　数据说明

本项目实证部分研究的是要素价格扭曲对我国企业层面出口产品质量升级的影响。受研究内容的影响，我们实证分析所用到的数据应该包括两部分：一部分是要素价格扭曲相关的数据，另一部分是企业出口产品质量相关数据。而根据本章关于要素价格扭曲的测度方法可知，要素价格扭曲所用的数据包括：工业增加值、企业劳动力投入、资本投入、中间品投入、能源要素投入及各要素的价格（包括工资、利率、进口中间品价格及能源价格等）。上述数据中的工业增加值、企业劳动力投入及工资、资本投入、进口中间品金额等均可在工业企业数据库与海关数据库的合并数据库中观测到，而能源价格及能源要素投入我们参照的是《中国能源统计年鉴》。企业出口产品质量相关数据，均可在合并后的数据库中观测到。关于两大数据库的合并方法，在前面中已经做过阐述，在此不再赘述。

此外，控制变量中的企业层面的变量，在合并后的微观数据库中也能直接观测到，而行业层面的控制变量（包括行业竞争程度、行业集中度及行业市场规模等指标），所用数据来自各年份的《中国工业经济统计年鉴》《中国统计年鉴》《中国经济社会发展统计数据库》及国家统计局官网①等。

表 5 - 1 报告了各核心解释变量的相关度情况。根据本表可以发现，我国制造业各生产要素的价格扭曲度并不存在显著的相关性，劳动力价格扭曲与资本价格扭曲的相关系数最大，但也只有 0.2691；其他各要素价格扭曲度之间的相关度系数非常小。据此我们认为，各核心解释变量之间并不存在多重共线性问题，可以把它们放在同一个计量模型中进行回归。

---

①　国家统计局官网地址为：www.stats.gov.cn。

表 5－1　各要素价格扭曲度的相关系数

	distl	distk	distm	diste
Distl	1			
Distk	0. 2691	1		
Distm	0. 0008	0. 0082	1	
Diste	0. 0011	0. 0066	0. 0019	1

资料来源：笔者测算所得。

图 5－3 是关于出口产品质量（处理内生性之后）与劳动力价格扭曲散点图，图 5－4 是关于出口产品质量（处理内生性之后）与劳动力价格扭曲滞后一期值的散点图。根据这两个图我们发现，我国出口产品质量与劳动力价格扭曲之间存在程度较轻的负相关关系；在取劳动力价格扭曲的一阶滞后值之后，这种负相关关系更加明显一点。图 5－5 描绘了我国出口产品质量与资本价格扭曲之间的散点图，根据本图可以大概看出，资本价格扭曲与我国出口产品质量之间也存在一定程度的非线性关系。

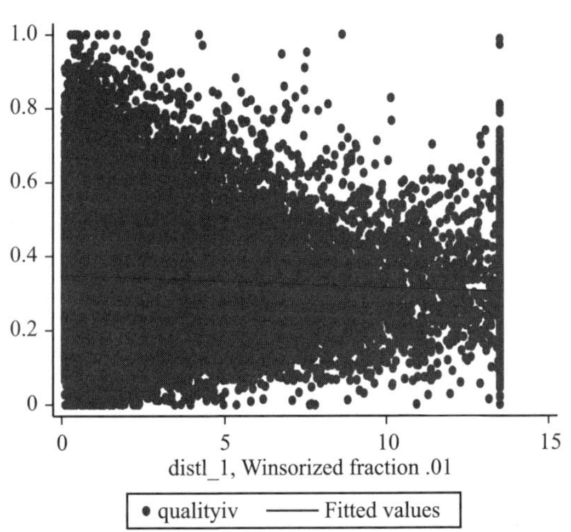

图 5－3　出口产品质量与劳动力价格扭曲散点图

注：考虑到劳动力价格扭曲存在极少量的异常值，我们对异常值进行了缩尾处理。
资料来源：笔者测算所得。

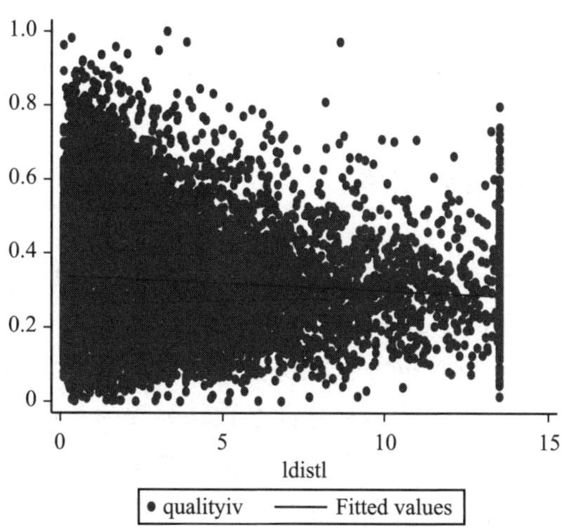

图 5－4　出口产品质量与劳动力价格扭曲滞后值散点图

注：考虑到劳动力价格扭曲存在极少量的异常值，我们对异常值进行了缩尾处理。
资料来源：笔者测算所得。

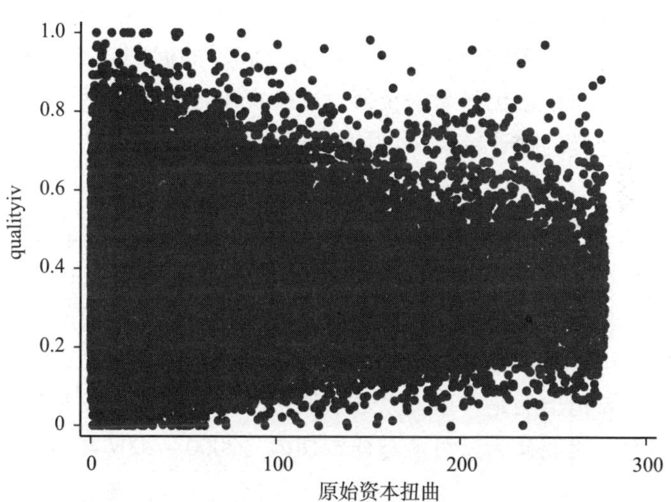

图 5－5　我国出口产品质量与资本价格扭曲散点图

资料来源：笔者绘制。

5.2 实证结果与分析

5.2.1 初步回归结果

基于本章（5－1）式所示的基准计量模型，我们首先进行了全样本回归。表5－2报告了对应的回归结果。表5－2前4列分别单独考察了劳动力、资本、进口中间品及能源要素价格扭曲对我国出口产品质量的影响。我们发现，各要素价格扭曲系数均显著为负。基于本项目关于要素价格扭曲的测度结果，我们已经知道，我国制造业劳动力、资本及能源要素均存在明显的价格负向扭曲，而进口中间品存在显著的价格正向扭曲。于是，该估计结果表明，劳动力价格扭曲、资本价格扭曲及能源价格扭曲均会显著抑制我国出口产品质量升级；而进口中间品价格扭曲则会显著刺激我国出口产品质量升级①。第5列是纳入各控制变量之后且仍没有控制企业效应和年份效应情形下的回归结果，我们发现各要素价格扭曲度系数仍显著为负，且其数值并未发生明显的变化。第6列是在第5列基础上考虑企业效应和年份效应后的回归结果，容易看出，各要素价格扭曲系数仍显著为负值。这再次验证了上述估计结果，从而得到了相对稳健的估计结果。该估计结果与本项目的理论分析结论保持一致。

我们再来看一下各控制变量的回归结果。我们首先看企业层面控制变量估计结果。生产率（tfp）系数均显著为正，这表明我国制造业企业生产率水平越高，企业出口产品质量会越好。这与我们的预期保持一致。研发（rd）系数均显著为正，这表明，研发水平越高，产品质量升级越快。需要指出的是，研发系数数值很小，这表明研发对产品质量的贡献度不大。我们认为这可能与样本期内（2000～2007年）我国大多制

① 因为进口中间品存在价格正向扭曲，根据本表估计结果，其扭曲系数显著为负。这说明，进口中间品价格扭曲度数值越大，产品质量反而下降。而进口中间品价格扭曲度越大，说明其正向扭曲度越轻。所以，我们得出的实证结论是，进口中间品价格正向扭曲度越大，则我国出口产品质量升级越明显。

表 5－2　　　　全样本回归结果

	(1)	(2)	(3)	(4)	(5)	(6)
disl	−0.016*** (−4.90)				−0.019*** (3.24)	−0.021*** (3.33)
disk		−0.049*** (−4.26)			−0.052*** (−4.05)	−0.050*** (−4.12)
dism			−0.354*** (−5.12)		−0.355*** (−4.07)	−0.351*** (−4.00)
dise				−0.017*** (−3.21)	−0.019*** (−3.33)	−0.017*** (−3.18)
tfp					0.012*** (2.63)	0.011*** (2.60)
rd					0.002*** (2.64)	0.003*** (2.66)
lnkl					−0.008*** (−3.70)	−0.008*** (−3.73)
human					0.007*** (2.99)	0.007*** (2.92)
age					0.004 (1.64)	0.003 (1.61)
size					−0.012*** (−5.12)	−0.012*** (−5.12)
comp					0.005*** (4.25)	0.005*** (4.04)
hhi					−0.020*** (−2.79)	−0.022*** (−2.79)
scale					0.015 (1.27)	0.012 (1.22)
_Cons					0.531*** (27.45)	0.601*** (37.38)
企业效应	不控制	不控制	不控制	不控制	不控制	控制
年份效应	不控制	不控制	不控制	不控制	不控制	控制
观测值	68870	68732	43816	68866	21647	21647
R^2	0.0034	0.0011	0.0028	0.0045	0.0250	0.0608

注：本表中，*、**、*** 分别表示在 10%、5% 及 1% 的水平上显著，所有回归中所用的出口产品质量均是内生性处理后的情形。

资料来源：笔者测算所得。

造业企业的研发水平仍不是很高有关。在后面我们会考虑根据研发水平的高低进行考察，以验证我们的假说。资本密集度（lnkl）系数显著为负。这说明，资本密集度的提高会显著降低我国出口产品质量。这个估计结果意味着，样本期内我国制造业企业的资本配置效率并不合理（资本配置比例偏高），换言之，资本与劳动力的配置并未处在合理水平。对此，我们认为这个估计结果与我国大多企业普遍存在投资过剩密切相关：企业投资过剩会直接导致资本与劳动力的配置比例偏离合理水平，从而影响了资本与劳动力要素在生产过程中各自作用的发挥，最终抑制了产品质量升级。人力资本（human）显著为正。这表明，企业人力资本水平越高，出口产品质量会越高，这与我们的预期也一致。企业年龄（age）系数虽为正，但均不显著。这说明我国制造业出口产品质量与企业年龄并不存在显著相关关系。企业规模（size）系数均显著为负值，这说明企业规模越大，产品质量反而越低。该估计结果与我们的预期不大一致。我们的理论预期是，企业规模对产品质量的影响可能不显著：这取决于企业规模扩大的原因，如果企业规模扩大完全是靠投资增加导致，那规模扩大可能对产品质量不会产生显著影响；如果企业规模扩大是由于生产率提升导致，那么企业规模扩大会刺激产品质量升级。

我们再来看行业层面控制变量估计结果，行业竞争力指数（comp）系数均显著为正，这表明行业竞争越激烈，越能刺激出口产品质量升级。行业市场集中度指数（hhi）系数显著为负，这表明行业市场集中度越高，越会抑制产品质量升级。我们给出的解释是：行业集中度越高，说明市场垄断力量越强，竞争越不充分（少数大企业垄断市场），在这种情形下产品质量不可能得到明显的提升。行业市场规模（scale）系数显著。这表明，行业市场规模大小与产品质量并不存在显著关系。

5.2.2 样本选择偏差问题处理

从理论上讲，企业出口产品质量不太可能影响各要素价格扭曲度。因为我国要素市场扭曲很多是体制因素形成的，企业无法控制。所以我们认为，被解释变量（出口产品质量）与关键解释变量之间不可能存在反向因果关系。但另一个角度看，本项目研究的是要素价格扭曲对我国出口产品质量的影响，但我们并没有考察要素价格扭曲对我国不出口企业产品质量的影响，并且删除了非出口企业相关的数据信息，这就难免存在样本选择性偏差问题，从而可能会导致估计结果的偏误。

为了得到相对稳健和可靠的研究结论，我们采用 Heckman 两步法处理可能存在的样本选择偏差问题。Heckman 两步法处理样本选择性偏差问题的基本步骤共分为两步：第一步，对所有样本数据进行企业出口参与决策的 Probit 模型估计，得出逆米尔斯比率 λ；第二步，将逆米尔斯比率 λ 代入出口产品质量升级的决定方程进行回归。根据此步骤得到的估计结果报告在表 5－3 中。

表 5－3　　样本选择性偏差处理估计结果（Heckit 两步法）

	(1)	(2)	(3)
disl	−0.136*** (−4.47)	−0.120*** (−3.35)	−0.114*** (−2.99)
$(disl)^2$		0.011*** (3.12)	−0.013*** (−3.49)
disk	−0.079*** (−4.44)	−0.086*** (−4.25)	−0.067*** (−3.28)
$(disk)^2$		0.009 (0.75)	−0.028 (−1.02)
dism	−0.248*** (−3.87)	−0.244*** (−3.66)	−0.250*** (−3.54)
$(dism)^2$		0.087** (2.25)	−0.082** (−2.21)
dise	−0.035*** (−4.29)	−0.033*** (−4.18)	−0.030*** (−4.04)
$(dise)^2$		0.006 (0.76)	0.005 (0.81)
λ	0.021*** (3.56)	0.017*** (3.22)	−0.034** (−2.55)
rd			0.276*** (5.33)

续表

	(1)	(2)	(3)
human			0.211*** (4.57)
lnkl			0.094*** (3.78)
age			0.025 (1.20)
size			0.014 (1.02)
tfp			0.088*** (3.45)
comp			0.074*** (2.96)
hhi			-0.063*** (-3.05)
scale			0.026 (0.88)
Cons	-1.206*** (25.86)	-2.191*** (9.11)	2.234*** (11.28)
企业效应	不控制	控制	控制
年份效应	不控制	控制	控制
R^2	0.0121	0.0308	0.0712
N	67382	67382	21382

注：本表中，*、**、*** 分别表示在10%、5%及1%的水平上显著。
资料来源：笔者测算所得。

表5-3第1、2列是没有纳入控制变量情形下的估计结果。其中，第1列是没有控制企业效应、年份效应的估计结果，第2列是在控制企业效应和年份效应之后的估计结果。同时，为了捕捉各要素价格扭曲对出口产品质量的非线性影响，我们在第2列中又分别纳入了各要素价格扭曲的二次项。我们首先来看表5-3中的逆米尔斯比率λ，我们发现逆米尔斯比率λ在各模型回归结果中均显著。这表明我们样本选择确实存在显著的样本选择偏差问题，从而说明我们进行样本选择偏差问题处

理是很有必要的。我们再来看处理样本选择偏差问题后各要素价格扭曲系数。我们发现，各要素价格扭曲系数正负号并没有发生明显的变化，但各系数绝对值大小却发生了一定程度的变化：劳动力价格扭曲系数、资本价格扭曲系数及能源价格扭曲系数的绝对值均明显大于样本选择性问题处理之前的数值，而进口中间品价格扭曲系数绝对值均小于样本选择性问题处理之前的数值。这表明，表 5 – 2 的估计结果中，劳动力价格扭曲、资本价格扭曲及能源价格扭曲对我国出口产品质量的抑制作用被低估，而进口中间品价格扭曲对我国出口产品质量的促进作用则存在一定程度的高估。

此外，我们根据各要素价格扭曲的二次项系数发现，劳动力价格扭曲和进口中间品价格扭曲的二次项系数均显著为正（但数值很小），而资本价格扭曲和能源价格扭曲的二次项系数均不显著。这表明，劳动力价格扭曲和进口中间品价格扭曲对我国出口产品质量升级存在轻微的非线性影响；而资本价格扭曲和能源价格扭曲对我国出口产品质量的影响不存在显著的非线性特征。各控制变量系数与表 5 – 2 变化不大，我们不再展开分析。

5.3　稳健性分析

本章第 2 节是基于全样本的经验考察结果，并且得出了与理论分析假说基本一致的实证结论。在本节，我们将会根据各要素价格扭曲自身的特征，分别进行分样本稳健性检验。

5.3.1　基于劳动力价格扭曲程度的分样本检验

本研究第 3 章关于劳动力价格扭曲对产品质量的影响表明，劳动力价格扭曲会通过成本效应、生产率效应、研发效应、经验累积效应、要素配置效应及规模效应等对产品质量产生影响。基于此，本节的实证检验将对上述作用机制进行检验。

根据第 3 章的理论分析可知，劳动力价格扭曲对产品质量存在成本效应，且其影响程度与出口产品的要素密集度有关。为了验证这一假说，我们借鉴王志华、董存田（2012）的方法，把我国28个制造业行业按要素密集度划分为劳动密集型、资本密集型和技术密集型三类①。此外，我们需要构造价格变动率指标，来考察扭曲导致的价格变化对产品质量的影响。我们采用本期与上一期同类产品的价格变化率来反映价格变动率，即 $\Delta p = \frac{p_t - p_{t-1}}{p_{t-1}}$。然后我们构造劳动力价格扭曲与出口产品价格变动率的交互项，并把其纳入计量模型进行回归。

据此，我们构建的计量模型为：

$$quality_{it} = \alpha_0 + \alpha_1 disl_{it} + \alpha_2 (disl_{it} \cdot \Delta p_{it}) + \alpha_3 \Delta p_{it} + v_i + \eta_t + \xi_{it} \tag{5-17}$$

检验结果报告在表5－4中。

表5－4前2列是全样本检验结果，其中第1、2列分别是价格变动率大于0和价格变动率小于0各自对应的回归结果。我们发现，从全样本回归结果看，不管是出口产品价格变动方向如何，劳动力价格扭曲系数均显著为负。这说明，劳动力价格扭曲对我国出口产品的抑制作用比较显著，并且这种影响并没有受到出口产品价格变动的显著性影响。

表5－4　劳动力价格扭曲的“成本”效应检验结果

	(1) 全样本 ($\Delta p>0$)	(2) 全样本 ($\Delta p<0$)	(3) 劳动密集型 ($\Delta p>0$)	(4) 劳动密集型 ($\Delta p<0$)	(5) 资本技术密集型 ($\Delta p>0$)	(6) 资本技术密集型 ($\Delta p<0$)
disl	-0.053*** (-3.25)	-0.057*** (-3.02)	-0.077*** (-5.02)	-0.082*** (-4.14)	-0.017*** (-3.35)	-0.012*** (-4.55)
disl · Δp	0.025*** (3.03)	-0.032*** (-3.31)	0.039*** (3.15)	-0.052*** (-3.33)	0.009*** (5.02)	-0.007*** (-3.39)

① 其中，劳动密集型行业包括：农副食品加工业、食品制造业、纺织业、纺织服装制造业、皮革毛皮羽毛及其制品业、木材加工及木竹藤棕草、家具制造业、印刷业和记录媒介的复制、文教体用品制造业、橡胶制品业、塑料制品业、非金属矿物制品业和金属制品业。资本密集型行业包括：饮料制造业、烟草制品业、造纸及纸制品业、石油加工与炼焦及核燃料、化学原料及化学制品制造业、化学纤维制造业、黑色金属冶炼及压延加工业、有色金属冶炼及压延加工业及通用设备制造业。技术密集型行业包括：医药制造业、专用设备制造业、交通运输设备制造业、电器机械及器材制造业、通信设备计算机及其他电子、仪器、仪表文化办公用机械。

续表

	(1) 全样本 （Δp＞0）	(2) 全样本 （Δp＜0）	(3) 劳动 密集型 （Δp＞0）	(4) 劳动 密集型 （Δp＜0）	(5) 资本 技术密集 型（Δp＞0）	(6) 资本 技术密集 型（Δp＜0）
Δp	0.019*** (4.28)	−0.023*** (−3.82)	0.025*** (2.98)	−0.021*** (−3.22)	0.006*** (3.11)	−0.012*** (−3.82)
控制变量	是	是	是	是	是	是
企业效应	控制	控制	控制	控制	控制	控制
年份效应	控制	控制	控制	控制	控制	控制
观测值	31056	40521	15022	14673	9623	8876
R^2	0.0682	0.0754	0.1024	0.0933	0.1104	0.1007

注：本表中，*、**、***分别表示在10%、5%及1%的水平上显著。
资料来源：笔者测算所得。

表5-4第3、4列是基于劳动密集型出口产品的检验结果。其中第3列是价格变动率大于0情形下的检验结果，第4列是价格变动率小于0情形下的回归结果。劳动力价格扭曲系数仍显著为负，从而再次验证了我们的理论假说。我们侧重看一下劳动力价格扭曲与价格变动率交互项的回归系数。我们发现，在出口产品价格变动率为正值情形下交互项系数显著为正，而在出口产品价格变动率为负值情形下交互项系数显著为负。这个估计结果表明，劳动力价格扭曲对我国出口产品质量的影响会受到出口产品价格变动方向的显著性影响：当本期出口价格高于上一期情形下，劳动力价格扭曲能够显著提升我国出口产品质量；而当本期出口价格低于上一期情形下，劳动力价格扭曲却显著抑制了我国出口产品质量升级。结合价格变动率系数符号，我们对此估计结果给出的经济学解释是：当本期出口产品价格高于上一期时，企业价格优势被削弱，这时会引发"倒逼"效应，从而刺激企业注重产品质量升级；而当本期出口产品价格低于上一期时，企业价格优势得到了加强，这时企业并没有动力注重产品质量升级，在明显的价格优势面前，出口产品质量反而会下降。

我们再来看资本技术密集型出口产品这一组的回归结果。我们发现，在出口产品价格变动率符号为正时，劳动力价格扭曲与价格变动率交互项系数为正但其数值明显小于劳动密集型产品组对应系数；在出口产品价格变动率符号为负时，劳动力价格扭曲与价格变动率交互项系数显著为负且其数值明显小于劳动密集型产品组对应系数。这个估计结果表明，劳动力价格扭曲的“成本”效应确实存在显著的行业差异：在资本技术密集型行业，劳动力价格扭曲的“成本”效应效果显著轻于劳动密集型行业。我们认为这个估计结果比较容易解释：因为劳动密集型出口产品生产过程中投入最多的要素是劳动力，劳动力价格变动对企业成本的刺激非常明显；而在资本和技术密集型行业，劳动力不再是投入最多的生产要素，这时劳动力价格的波动对企业成本的刺激就不会很明显，因此它对产品质量的影响也会相对较轻。

接下来，我们需要检验劳动力价格扭曲的生产率效应、研发效应、经验累积效应、要素配置效应及规模效应。其中，企业生产率、研发、要素密集度指标我们在前面中已经构建，而经验累积指标和规模效应指标尚未构建。为此，我们需要首先构建这两个指标。

一般情况下，企业职工工资的增加能够反映其劳动经验的积累程度，生产经验相对欠缺时，职工工资较低；而当经验越丰富，职工工资也会越高，即两者之间存在较强的相关性。已有部分文献也证明了这一点（陈宇峰等，2013；王明益，2016；许召元、胡翠，2014 等）。基于此，我们拟采用职工工资的自然对数值来作为衡量其经验累积的代理变量。需要指出的是，职工工资的上涨另外一个原因是物价波动因素，因此我们运用以 2000 年为基期的物价指数对各年份的职工工资水平进行平减。此外，职工工资高低存在较明显的行业差异性，基于此考虑，我们需要控制行业效应，从而避免行业差异对回归结果造成的干扰。

关于企业规模经济指标，我们参照陈林、刘小玄（2015）的方法进行构造。设企业规模经济指数 $se=\frac{AC}{MC}$（平均成本与边际成本的比值）。于是：

$$\frac{1}{se}=\frac{MC}{AC}=\frac{\partial \ln C(Y)}{\partial \ln Y}=\alpha_y+\alpha_{yy}\ln Y+\sum_{j=1}^{k}\alpha_{yj}\ln w_j \quad (5-18)$$

其中，Y 为企业产出，w_j 为企业生产中所投入的各要素价格，j 为生产中所使用的第 j 种要素。若 $se>1$ 表示企业处于平均成本递减阶段，可以实现规模经济；若 $se<1$，表明企业不具有规模经济效应。若要测度企业规模经济指数，需要先计算 α_y、α_{yy}、α_{yj}、$\ln Y$ 与 $\ln w_j$。

为此，我们首先需要构建一个超越对数成本函数计量方程：

$$\ln C=\alpha_0+\alpha_y\ln Y+0.5\alpha_{yy}(\ln y)^2+\alpha_k\ln w_k+0.5\alpha_{kk}(\ln w_k)^2 +\alpha_l\ln w_l+0.5\alpha_{ll}(\ln w_l)^2+\alpha_{kl}\ln w_k\ln w_l +\alpha_{yk}\ln Y\ln w_k+\alpha_{yl}\ln Y\ln w_l+\varepsilon_1 \quad (5-19)$$

然后，根据谢泼德引理 $x_j(w, y^i)=\partial c(w, y^i)/\partial w_j$ 可得各生产要素在总成本中的份额：

$$s_j=\alpha_j+\sum_{l=1}^{k}\alpha_{jl}\ln w_l+\alpha_{yj}\ln Y^i \quad (5-20)$$

$$s_k=\frac{x_k}{C}=\alpha_k+\alpha_{kl}\ln w_l+\alpha_{kk}\ln w_k+\alpha_{yl}\ln Y+\varepsilon_2 \quad (5-21)$$

$$s_l=\frac{x_l}{C}=\alpha_l+\alpha_{kl}\ln w_k+\alpha_{ll}\ln w_l+\alpha_{yl}\ln Y+\varepsilon_3 \quad (5-22)$$

其中，x_k、x_l 分别为资本、劳动力要素投入量。采用似不相关回归法对上述方程（5-19）式、（5-21）式、（5-22）式进行回归得到回归系数，并代入（5-18）式可得企业的规模经济指数 se。

其中，各变量具体计算方法如下：

成本 C 与产出 Y。Y 为企业产出，用产品销售收入衡量。C 为总成本，用资本要素投入 x_k、劳动投入 x_l、存货投入 x_t、产品销售费用、管理费用与应交所得税之和衡量。

各要素投入与价格。劳动投入 x_l 使用企业年应付工资总额衡量，劳动力价格 w_l 用职工平均工资衡量。资本投入 x_k 使用企业的固定资本存量净值衡量。本文借鉴申和英（Shin & Ying，1992）、贾拉·迪亚兹等（Jara-Diaz et al.，2004）测度资本价格：

$$w_k=\frac{x_k}{K_A}=\left[Dep+\frac{K\cdot\gamma}{1-e^{-\gamma t}}+(K_C-stock)\cdot r\right]\Big/K_A \quad (5-23)$$

（5-23）式中，K_A 是资产总计（包括固定资本与流动资本之和）。K 是固定资产净值，γ 为人民银行公布的各年年初一年期银行定期存款的基准利率，以此来表示资金使用的机会成本。Dep 表示企业当年折旧，是固定资产的折旧年限，取值为20年。K_C 是流动资产，stock 是企业存货。其中，银行存款利率来自中国人民银行官方网站，其他数据来源于中国工业企业数据库。

劳动力价格扭曲经济效应相关指标构建完毕之后，我们在计量模型中依次纳入劳动力价格扭曲与生产率交互项（disl · tfp）、劳动力价格扭曲与研发的交互项（dism · rd）、劳动力价格扭曲与劳动力经验累积指数的交互项（disl · exper）、劳动力价格扭曲与资本密集度的交互项（disl · lnkl）及劳动力价格扭曲与规模经济指数的交互项（disl · se），然后重点考察这些交互项的回归系数。与此对应的估计结果报告在表5-5中。

表5-5　　劳动力价格扭曲的经济效应

	(1)	(2)	(3)	(4)
disl	-0.056*** (-2.98)	-0.053*** (-3.05)	-0.054*** (-2.86)	-0.057*** (-3.11)
disl · tfp	0.012*** (3.28)	0.011*** (3.17)	0.011*** (3.18)	0.016*** (3.10)
disl · rd	-0.089 (-0.99)	-0.088 (-1.15)	-0.089 (-1.13)	-0.081 (-0.86)
disl · exper	0.067*** (3.20)	0.066*** (3.10)	0.068*** (3.25)	0.071*** (3.61)
disl · lnkl	-0.073*** (-4.29)	-0.075*** (-4.03)	-0.074*** (-4.09)	-0.077*** (-3.88)
disl · se	-0.115*** (-4.12)	-0.111*** (-3.98)	-0.112*** (-4.09)	-0.110*** (-4.67)
tfp		0.152*** (3.29)	0.151*** (3.32)	0.159*** (3.06)
rd		0.104 (1.42)	0.102 (1.31)	0.108 (1.36)
exper		0.163*** (5.22)	0.163*** (5.20)	0.166*** (4.37)
lnkl		-0.204*** (-3.76)	-0.206*** (-3.55)	-0.200*** (-3.00)
se		-0.011* (-1.67)	-0.012* (-1.69)	-0.012* (-1.71)
控制变量	否	否	是	是
行业效应	不控制	不控制	不控制	控制
地区效应	不控制	不控制	不控制	控制
年份效应	不控制	不控制	不控制	控制
观测值	32645	31026	31026	31026
R^2	0.0632	0.0965	0.0945	0.0876

注：本表中，*、**、***分别表示在10%、5%及1%的水平上显著。
资料来源：笔者测算所得。

我们发现，劳动力价格扭曲与生产率交互项系数为正且显著，劳动力价格扭曲与研发交互项系数为负但不显著，劳动力价格扭曲与经验累积指数交互项系数显著为正，劳动力价格扭曲与资本密集度、规模经济指数的交互项系数均显著为负。上述估计结果意味着，劳动力价格扭曲对产品质量的影响会受到生产率、劳动力经验累积程度的显著正向刺激，但它会受到资本密集度及企业规模经济程度的显著负向影响，但企业研发行为并不能显著影响劳动力价格对产品质量的作用。对此估计结果，我们给出如下解释：企业生产率的不断提升会显著抑制劳动力价格扭曲对产品质量的抑制作用，并且生产率对产品质量的刺激程度会大于扭曲的抑制作用，因此两者的交互项系数显著为正；劳动力生产经验的不断累积对产品质量的影响与生产率类似；我国制造业企业普遍存在投资过剩问题，它与劳动力的配置比例并不合理，这导致资本密集度自身就对产品质量产生显著抑制作用，劳动力价格扭曲并不能充分缓解资本配置效率低下对产品质量升级的抑制作用；我国大多制造业企业处于规模不经济状态，规模不经济对产品质量升级产生显著抑制作用（规模经济指数系数显著为负值），它与劳动力价格扭曲的共存会加剧这种抑制作用（两者交互项系数绝对值大于扭曲系数绝对值）。上述估计结果不管在是否纳入控制变量、是否考虑行业效应、地区效应及年份效应等情形下均一致，从而表明上述估计结果是比较稳健的，从而也得出了与本报告第三章基本一致的实证结论。

5.3.2　基于资本价格扭曲的分样本检验

本研究第3章关于资本价格扭曲对产品质量影响的理论分析认为，资本价格扭曲会通过规模效应和要素配置效应这两种渠道影响产品质量升级。为了检验这个理论假说，我们需要构建资本价格扭曲与规模经济指数的交互项（disk · se）以及资本价格扭曲与资本密集度的交互项（disk · lnkl）。如果交互项系数显著为正，说明存在这两种效应；如果交互项系数不显著，则说明资本价格扭曲的经济效应不显著。

据此，我们构建如下计量模型：

$$\begin{aligned}quality_{it} = & \alpha_0 + \alpha_1 disk_{it} + \alpha_2(disk_{it} \cdot se_{it}) \\ & + \alpha_3(disk \cdot lnkl)_{it} + \alpha_4 se_{it} + \alpha_5 lnkl_{it} \\ & + \gamma X + v_i + \eta_t + \xi_{it}\end{aligned} \quad (5-24)$$

表5－6报告了基于（5－24）式的回归结果。表5－6第1列只考察了资本价格扭曲及它与规模经济指数、资本密集度的交互项，根据其回归结果可以发现：资本价格扭曲系数显著为负，资本价格扭曲与规模经济指数、资本密集度的交互项系数均显著为负。这表明，资本价格扭曲会显著抑制我国出口产品质量升级；企业规模经济指数和资本密集度均会显著影响资本价格扭曲对产品质量升级的抑制作用，并且这种抑制程度会加重（两个交互项系数绝对值均显著大于资本价格扭曲系数绝对值）。本表第2列是在第1列基础上纳入规模经济指数（se）和资本密集度（lnkl）两个变量后的回归结果，我们发现各变量系数均未发生明显的变化，但规模经济指数和资本密集度指数均显著为负。这表明，企业的规模不经济性和资本配置均会显著抑制产品质量升级。至此，我们认为企业规模不经济及要素的低效率配置与资本价格扭曲的共存会显著加重资本价格扭曲对产品质量升级的抑制作用。第3、4列分别是在第2列基础上纳入控制变量且控制行业、地区及年份效应后的回归结果。我们发现各系数回归结果几乎没有发生明显的变化，从而验证了根据本表第1、2列回归结果得出的结论。

表5－6　　　　资本价格扭曲的经济效应回归结果

	(1)	(2)	(3)	(4)
disk	−0.022*** (−3.29)	−0.020*** (−3.21)	−0.017*** (−3.44)	−0.016*** (−3.41)
disk · se	−0.102*** (−2.79)	−0.104*** (−2.82)	−0.106*** (−5.21)	−0.105*** (−5.19)
disk · lnkl	−0.204*** (−4.02)	−0.206*** (−3.96)	−0.224*** (−3.13)	−0.226*** (−3.16)
se		−0.016*** (−3.32)	−0.021*** (−3.00)	−0.026*** (−3.02)
lnkl		−0.105*** (−5.03)	−0.079*** (−2.78)	−0.082*** (−2.80)

续表

	(1)	(2)	(3)	(4)
控制变量	否	否	是	是
行业效应	不控制	不控制	不控制	控制
地区效应	不控制	不控制	不控制	控制
年份效应	不控制	不控制	不控制	控制
观测值	33045	33045	33045	33045
R^2	0.0923	0.0966	0.1015	0.1127

注：本表中，*、**、*** 分别表示在10%、5%及1%的水平上显著。
资料来源：笔者测算所得。

本书第3章的理论分析指出，资本价格扭曲的"规模效应"与企业是否实现规模经济有关。为了验证此理论假说，我们基于前面测度出的企业规模经济指数对样本进行分组，实现规模经济的企业（此时规模经济指数小于1，即 se <1）分在一组，没有实现规模经济的企业（此时规模经济指数大于1，即 se >1）分在另一组，对应的回归结果报告在表5-7中。

表5-7 资本价格扭曲的"规模"效应回归结果

	规模经济组（se <1）		规模不经济组（se >1）	
	(1)	(2)	(3)	(4)
disk	-0.038*** (-3.61)	-0.033*** (-3.03)	-0.041*** (-3.19)	-0.042*** (-3.02)
disk · se	0.017* (1.69)	0.012* (1.73)	-0.042*** (-2.89)	-0.047*** (-4.69)
se	0.210*** (4.20)	0.207*** (3.30)	-0.127*** (-4.20)	-0.123*** (-2.78)
控制变量	否	是	否	是
行业效应	不控制	控制	不控制	控制
地区效应	不控制	控制	不控制	控制
年份效应	不控制	控制	不控制	控制
观测值	4635	4635	32504	32504
R^2	0.0250	0.0268	0.0650	0.0668

注：本表中，*、**、*** 分别表示在10%、5%及1%的水平上显著。
资料来源：笔者测算所得。

表5－7前2列是实现企业规模经济组（此时规模经济指数 se＜1）资本价格扭曲的“规模效应”检验结果，后2列是企业规模不经济组（此时规模经济指数 se＞1）资本价格扭曲的“规模效应”检验结果。我们先来看规模经济组的回归结果。根据本表前2列容易看出，在规模经济组，资本价格扭曲系数仍显著为负值，但它与规模经济指数的交互项已经显著为正（虽然只在10%的水平上显著）。但这已经表明，规模经济的实现会显著抵消资本价格扭曲对产品质量升级的抑制作用，并且还能促进刺激出口产品质量的提升。这一结论在纳入控制变量并且控制行业效应、地区效应后仍然显著成立，从而验证了本书第3章的理论分析结论。本表后2列是规模不经济组对应的回归结果。容易看出，在企业存在规模不经济状况时，资本价格扭曲与规模经济指数交互项系数显著为负且其绝对值大于资本价格扭曲系数绝对值。这表明，企业存在规模不经济的存在会加剧资本价格扭曲对产品质量升级的抑制作用。该估计结果也与第3章理论分析基本一致。

5.3.3 基于进口中间品价格扭曲的分样本检验

本研究第3章关于进口中间品价格扭曲对产品质量影响的理论分析表明，进口中间品价格扭曲会从正反两个方面影响产品质量：一方面，扭曲大小往往是“成本过度加成”的体现，即正向扭曲度越大的进口中间品其附加值往往越高，因此它对我国出口产品质量升级刺激会更加明显；另一方面，进口中间品价格扭曲又因为增加了企业的成本负担而可能使企业减少了对中间品的进口，此时进口中间品价格扭曲会抑制我国出口产品质量升级。

基于上述基本理论分析结论，我们需要构建反映企业融资能力的指标，通过控制企业融资能力来进行实证检验。我们借鉴马光荣、李力行（2014）的做法，使用企业利息支出与其负债之比来衡量企业的融资成本。该比值越高，说明企业融资成本越高，融资越困难（刘小玄、周晓艳，2011）。

我们的实证分析基本思路是，首先，基于进口中间品价格扭曲中位数分组对企业融资约束的影响进行考察（通过纳入进口中间品价格扭曲与融资成本指标的交互项 dism · finance 来体现），以考察中间品进口价格扭曲的“成本效应”；其次，基于中间品进口来源地、贸易方式、所有制等进行考察。

据此，我们构建如下基准计量模型：

$$\text{quality}_{it} = \alpha_0 + \alpha_1 \text{dism} + \alpha_2 (\text{dism} \cdot \text{finance}) + \gamma X + v_i + \eta_t + \xi_{it} \quad (5-25)$$

1. 基于企业融资约束的实证分析结果

表5-8报告了基于进口中间品价格扭曲度的回归结果。我们发现，进口中间品价格扭曲系数均显著为负。这说明进口中间品价格扭曲度越重（注意，根据本书对进口中间品价格扭曲的测度方法可知，扭曲度越重时扭曲度数值越小），产品质量越好，从而验证了理论假说。基于本书第3章的理论分析，我们给出的解释是，在控制其他变量对产品质量的影响之后，进口中间品价格扭曲越重，说明该中间品的“成本过度加

表5-8 基于进口中间品价格扭曲中位数的回归结果

	(1) dism<0.4232	(2) dism<0.4232	(3) dism>0.4232	(4) dism>0.4232
dism	-0.204*** (-3.28)	-0.203*** (-3.16)	-0.174*** (-2.98)	-0.173*** (-3.20)
dism · finance	-0.122 (-0.98)	-0.123* (-1.66)	-0.102 (-1.06)	-0.103** (-1.91)
finance	-0.029*** (-5.29)	-0.027*** (-5.44)	-0.028*** (-4.01)	-0.027*** (-5.44)
控制变量	否	是	否	是
行业效应	不控制	控制	不控制	控制
地区效应	不控制	控制	不控制	控制
年份效应	不控制	控制	不控制	控制
观测值	24635	24635	22504	22504
R^2	0.0967	0.1242	0.1012	0.1139

注：本表中，*、**、***分别表示在10%、5%及1%的水平上显著，经我们测算，进口中间品价格扭曲的中位数为dism=0.4232。

资料来源：笔者测算所得。

成”能力越强，即附加值会越高，因此它的大量进口会显著刺激我国出口产品质量提高。我们再来看进口中间品价格扭曲与融资成本的交互项系数，我们发现：在扭曲度较重组（此时进口中间品价格度小于中位数，dism <0.4232），在没有纳入控制变量且没有控制行业效应、地区效应和年份效应时，该交互项系数为负但不显著，但在纳入控制变量且控制行业效应、地区效应和年份效应时，系数显著为负。这表明进口中间品价格扭曲确实存在“成本效应”，即企业融资成本的上升会在一定程度上抑制进口中间品价格扭曲对产品质量升级的刺激作用（交互项系数小于扭曲系数绝对值）。本表后 2 列是进口中间品价格扭曲度较轻情形下的回归结果（此时进口中间品价格度大于中位数，dism >0.4232）。我们发现该交互项系数仍为负但其系数小于扭曲度较重时的系数。这表明，在进口中间品价格扭曲度较轻时，仍存在显著的“成本效应”。但由于此时进口中间品价格扭曲度较轻，即进口中间品的“成本加成”能力偏弱，所以导致在存在融资成本约束下扭曲对产品质量升级的刺激效果小于扭曲度较大时的情形（该交互项系数绝对值小于扭曲度较大时的交互项系数）。

2. 基于进口中间品来源地的考察

不同来源地的中间品附加值会有所不同，根据本研究第 3 章的分析，附加值高低会直接导致中间品的“成本加成”不同，进而导致进口中间品价格扭曲度存在异质性。基于此考虑，我们尝试把大样本按照进口中间品来源地进行分组，我们按照中间品是否来自 OECD 成员，把大样本分为 OECD 成员组和非 OECD 成员组两大组，然后分别检验不同来源地的进口中间品价格扭曲对我国出口产品质量的影响，实证结果报告在表 5-9 中。

表 5-9　　基于中间品来源地的检验结果

	(1) 大样本	(2) OECD 成员组	(3) OECD 成员组	(4) 非 OECD 成员组	(5) 非 OECD 成员组
dism	-0.132*** (-3.44)	-0.109** (-2.02)	-0.104** (-2.08)	-0.153*** (-3.21)	-0.150*** (-3.15)

续表

	(1) 大样本	(2) OECD 成员组	(3) OECD 成员组	(4) 非 OECD 成员组	(5) 非 OECD 成员组
dism · gap	-0.122*** (-2.89)	-0.123* (-1.66)	-0.122 (-1.06)	-0.103*** (-4.52)	-0.104*** (-4.10)
dism · rd	-0.122 (-0.68)	-0.107 (-1.37)	-0.107 (-1.35)	-0.102*** (-2.89)	-0.103* (-1.67)
gap	0.021*** (3.03)	-0.027 (-0.44)	-0.028 (-0.76)	-0.027*** (-4.44)	-0.029*** (-5.01)
rd	0.066*** (3.25)	0.064*** (3.13)	0.063*** (3.00)	0.062*** (3.17)	0.061*** (3.06)
控制变量	是	否	是	否	是
行业效应	控制	不控制	控制	不控制	控制
地区效应	控制	不控制	控制	不控制	控制
年份效应	控制	不控制	控制	不控制	控制
观测值	46283	5236	5236	38504	38504
R^2	0.1167	0.1242	0.1242	0.1139	0.1055

注：本表中，*、**、*** 分别表示在10%、5%及1%的水平上显著。
资料来源：笔者测算所得。

我们发现，无论是大样本、OECD 成员组样本还是非 OECD 成员组样本，进口中间品价格扭曲系数均显著为负。这再次表明了进口中间品价格扭曲对产品质量的刺激性影响，即进口中间品价格扭曲度越大，对产品质量升级的刺激会越明显。但我们发现，在 OECD 成员组扭曲的系数绝对值显著小于非 OECD 成员组扭曲系数绝对值，并且其显著性也较低（仅在5%的统计水平上显著）。这表明，来自 OECD 成员的进口中间品价格扭曲对我国出口产品质量的刺激程度显著小于来自非 OECD 成员。对此，我们认为可能是不同来源地进口中间品与我国技术差距不同导致的，来自 OECD 成员的中间品可能会包含更先进的技术，但它可能与我国存在更大的技术差距，过大的技术差距可能抑制了我国对外来先进技术的有效吸收（王华等，2012；傅晓霞、吴利学，2012，2013；王明益，2013）。为了验证上述假说，我们需要构建技术差距指标（gap），然后把进口中间品价格扭曲与技术差距的交互项（dism·gap）引入模型，以考察交互项系数的符号及其显著性。如果该交互项系数显著为正，说明合理的技术差距会显著促进产品质量升级；如果该交互项系数显著为负，则表明如果技术差距不合理会抑制产品质量升级。

对于技术差距指标的构造，塞茅陆（Acemoglu，2009）认为，国家之间人均 GDP 的差距可以大概反映本国技术水平与国外技术水平差距。于是，我们借鉴塞茅陆（2009）构建技术差距的这一思想，尝试使用中间品来源地（国）制造业各行业人均工资[①]与中国国内制造业各行业人均工资的比值来测度技术差距（gap1）。此外，为了能够得到比较稳健的估计结果，我们还尝试使用中间品来源地人均研发资本存量与中国企业研发资本存量的比值来刻画技术差距（gap2）[②]。得到技术差距指标后，我们把进口中间品价格扭曲与技术差距的交互项（dism·gap）纳入计量模型，回归结果也报告在表 5-9 中。我们发现，在纳入控制变量之前并且不考虑行业、地区及年份效应时，在 OECD 成员组，上述交互项系数仅在 10% 的水平上显著，而在纳入控制变量且考虑行业、地区及年份效应后，进口中间品价格扭曲与技术差距交互项系数不再显著。我们再来看在非 OECD 成员组两者的交互项系数。我们发现，不管是否纳入控制变量，是否考虑行业效应、地区效应和年份效应，该交互项系数均显著为负值。这表明，来自发达经济体的中间投入品与我国企业技术差距过大从而会显著抑制我国出口产品质量升级，而来自非发达经济体（包括欠发达国家、新兴工业化国家等）的中间投入品技术差距合理，它有助于我国充分消化并吸收其技术从而能够显著提升我国出口产品质量升级。这个估计结果验证了上述关于“技术差距会制约进口中间品对中国出口产品质量的影响”这一理论假说。

5.4 本章小结

通过运用海关数据库与中国工业企业数据库的合并数据，我们对本

① 美国制造企业人均工资来自美国劳工部官方网站，其网址为：http：//www. bls. gov/iag/tgs/iag31-33. htm 其他进口来源地的制造业人均工资来自世界银行官方网站。

② 其中，工业企业数据库中并没有 2004 年的企业研发数据，我们利用 2003 年与 2005 年工业企业数据库研发数据的均值来作为 2004 年的研发数据。

研究第 3 章的理论假说进行了系统的实证检验。检验结果表明，劳动力价格扭曲、资本价格扭曲与能源价格扭曲均显著抑制了我国出口产品质量升级，而中间投入品价格扭曲则显著促进了我国出口产品质量升级，从而验证了本研究第 3 章提出的基本理论假说。此外，考虑到样本选择偏差问题，我们使用 Heckman 两步法进行了处理，得出的估计结果仍验证了上述结论。

此外，我们还分别对各要素价格扭曲进行了分样本稳健性分析。关于劳动力价格扭曲，我们基于扭曲程度的中位数进行分组估计，发现当劳动力价格扭曲程度较轻时，它对产品质量的抑制程度较轻且显著程度也较低；而当劳动力价格扭曲程度较重时，它对产品质量的抑制程度明显加重且高度显著。基于地区划分的分样本检验结果表明，中部地区劳动力价格扭曲对出口产品质量的抑制程度最大，东部和西部地区的抑制程度相对较轻。而本研究第 4 章的统计性描述结果表明，中部地区劳动力价格扭曲最重，东部和西部地区较轻，因此我们的估计结果再次验证了劳动力价格扭曲程度对产品质量的作用差异。

基于资本价格扭曲程度的分样本估计结果表明，资本价格扭曲较轻时，它对产品质量的影响虽为负但不显著，而当资本价格扭曲较重时，它显著抑制了我国出口产品质量升级。我们认为这可能与资本价格扭曲的规模效应有关，于是，我们构建了企业规模效应指标，并侧重考察了资本价格扭曲与规模效应指标的交互项，发现交互项系数显著为正。据此，我们给出的结论为，当资本价格扭曲度较轻时，如果它由此能够实现规模经济，则规模经济带来的规模经济效应可能会大于扭曲对产品质量的抑制，从而促进了产品质量升级。

基于进口中间品价格扭曲程度的分样本估计结果表明，当中间投入品价格扭曲程度较轻时，它对产品质量升级的促进作用相对比较明显；而当中间投入品价格扭曲度较重时，它对产品质量升级的促进作用相对较轻。我们认为这可能与技术差距过大有关。于是，我们构建技术差距指标，然后着重考察了中间品价格扭曲与技术差距交互项系数，发现交互项系数为负，从而验证了我们的假说。

第6章 要素价格扭曲对出口产品质量影响效应的考察

本章与本书第3章相对应，旨在检验要素价格扭曲的经济效应。在第3章，我们把要素价格扭曲的经济效应从正反两个方面进行了划分，即分为抑制效应和促进效应。其中，要素价格扭曲对产品质量的抑制效应主要体现在成本下降效应、研发抑制效应和资源错配效应；而要素价格扭曲对产品质量的促进作用主要体现在要素价格扭曲的生产经验累积效应和技术溢出效应。本章将对上述效应进行经验检验。

6.1 计量模型设定与变量构造

6.1.1 计量模型设定

基于本章上面提到的关于要素价格扭曲对产品质量正反两方面的效应，我们构建如下基准计量模型：

$$\begin{aligned} quality_{it} = {} & \alpha_0 + \alpha_1 disX_{it} + \alpha_2(disX_{it} \cdot \Delta p_{it}) + \alpha_3(disX_{it} \cdot rd_{it}) \\ & + \alpha_4(disX_{it} \cdot \ln(k/l)_{it}) + \alpha_5(disX_{it} \cdot \ln(m/l)_{it}) \\ & + \alpha_6(disX_{it} \cdot lnwage_{it}) + \alpha_7(disX_{it} \cdot spillover_{it}) \\ & + \beta Z + v_i + \eta_t + \varepsilon_{it} \end{aligned} \tag{6-1}$$

计量模型（6-1）中，i、t分别表示企业和年份。quality表示我国出口产品质量指数。考虑到本研究采用的出口产品质量测度会存在出口价格与出口产品质量存在互为因果关系（即内生性问题），我们借鉴奈弗（2001）的做法，即采用企业在进口国之外的其他市场出口产品平均价格作为该企业在进口国市场出口产品价格的工具变量来解决内生性问题。disX 表示某要素（该要素包括劳动力、资本、中间投入品及能源要素）的价格扭曲。v_i、η_t 分别表示不可观测的行业固定效应、时间固定效应，ε 表示随机扰动项。

6.1.2 变量构造

为了验证要素价格扭曲的成本下降效应，我们在模型中纳入了要素价格扭曲与企业最终出口产品价格变化率的交互项（$disX \cdot \Delta p_{it}$），旨在反映要素价格扭曲招致的产品价格变化对我国出口产品质量的影响：如果该交互项系数显著为负，说明要素价格扭曲通过降低最终出口产品价格抑制了我国出口产品质量升级；如果该交互项系数显著为正，说明要素价格扭曲通过降低最终出口产品价格刺激了我国出口产品质量升级。我们预期劳动力、资本及能源要素的交互项系数显著为负，并预期中间投入品价格扭曲与价格变化率的交互项系数显著为正。这样，就会与第3章的理论分析结论相对应。

为了考察要素价格扭曲的研发效应，我们构建要素价格扭曲与研发指标的交互项（$disX_{it} \cdot rd_{it}$）并纳入计量模型（6-1）中。如果该交互项系数显著为负，则验证要素价格扭曲存在研发抑制效应，从而显著抑制了我国出口产品质量升级；反之，如果该交互项系数显著为正或不显著，则说明要素价格扭曲并不存在显著的研发抑制效应。我们预期各要素价格扭曲与研发交互项系数均显著为负，即要素价格扭曲会产生显著的研发抑制效应，从而降低了我国出口产品质量。

为了验证要素价格扭曲的要素配置效应，我们分别构建了资本密集度（$\ln(k/l)$）和中间投入品密集度（$\ln(m/l)$）指标，然后分别把这两个指标与要素价格扭曲的交互项（$disX_{it} \cdot \ln(k/l)_{it}$、$disX_{it} \cdot \ln(m/l)_{it}$）纳入计量模型（6-1）。如果该交互项系数显著为负，说明要素价格扭曲存在显著的要素错配效应，从而降低了我国出口产品质量；如果该交互项系数不显著或显著为正，则表明要素价格扭曲不存在要素配置效应或它带来要素配置的改善，从而促进我国出口产品质量升级。我们预期该交互项系数符号显著为负值，即要素价格扭曲会产生显著的要素错配现象，从而降低了要素配置效率，最终抑制了我国出口产品质量升级。

关于要素价格扭曲的经验累积效应，我们认为，只有劳动力要素才可能存在这种效应。劳动力价格扭曲可能会刺激企业引进一批劳动力，但劳动力有个培训和对产品生产工艺逐渐了解、掌握的过程，这个过程也是劳动力生产经验逐渐累积的过程，生产经验的不断累积对产品质量升级具有促进作用。为了检验劳动力价格扭曲的这种经验累积效应，我们需要构建劳动力经验累积指标。一般而言，随着劳动力劳动经验的不断积累，他的工资会逐渐提高。因此，我们尝试使用劳动力工资来作为其经验累积的代理变量。为了消除物价因素的干扰，我们使用当年的消费者物价指数对工资水平进行平减，然后取对数从而取得经验累积的代理变量 lnwage。然后，我们构建劳动力价格扭曲与经验累积指标的交互项（distl · lnwage）纳入计量模型（6－1）中，以考察劳动力的经验累积对产品质量升级的影响。我们预期该符号为正。当然，由于每个行业的发展水平以及工资待遇均有所差异，我们需要控制行业固定效应。

关于要素价格扭曲的技术溢出效应，我们侧重考察的是进口中间品价格扭曲的技术溢出效应，因为各生产要素中，中间投入品（尤其是进口中间投入品）的附加值及质量水平较高。根据前面的分析与测度可知，我国进口中间品普遍存在价格正向扭曲，而我们的理论分析（本书第 3 章）与相关统计性描述（本书第 4 章）表明，这种正向扭曲可能是进口中间品附加值高低体现。

为了验证这个假说，我们首先需要构造技术溢出指标（用 spillover 表示）。借鉴利希滕贝格和范波特里（Lichtenberg and Van Potterie，1998）的做法，我们定义技术溢出指标 $spillover_{it} = \ln(\sum(M_{ijt}/Y_{jt})RD_{jt})$。其中，$M_{ijt}$表示企业 i 在 t 时期从 j 国进口的中间产品金额，Y_{jt}表示 j 国在 t 时期的国内生产总值，RD_{jt}表示 j 国在 t 时期的研发资本存量。其中，各国各年份的国内生产总值（Y）数据来自联合国贸发会议数据库（UNCTAD），研发资本存量（RD）数据来自经合组织（OECD）官方网站①。此外，在后面的稳健性分析时，我们还会借鉴格里利兹（Griliches，1995）的构造方法，使用进口中间品来源国的研发经费投入来刻画进口中间品的技术溢出效应②。构建好了技术溢出效应指标后，我们再引进

① 各国研发资本存量数据的网址为：www. oecd－ilibrary. org/science－and－technology/gross－domestic－expenditure－on－rd－2009_rdxp－table－2009－1－en.

② 沈坤荣、孙文杰（2009）也使用该指标测度技术溢出效应。

中间品价格扭曲与技术溢出指标的交互项（$distm_{it} \cdot spillover_{it}$）并纳入计量模型（6-1）中。如果该交互项系数显著为负①，说明进口中间品价格扭曲存在显著的技术溢出效应；反之，则说明不存在技术溢出效应。

需要说明的是，在计量模型（6-1）中出现的变量，如果与本研究第五章属于同一个指标，则它们的构造方法和数据来源是一致的。此外，为了有效控制要素价格扭曲之外的其他因素对我国出口产品质量的影响，我们在计量模型（6-1）中还纳入了一系列控制变量。我们选取的控制变量与本研究第5章一致，所以不再对各控制变量的构造方法进行赘述。

6.2 实证结果与分析

基于本章第1节构建的计量模型及相关变量，我们运用计量软件 Stata 14.0 进行了回归，表6-1报告了要素价格扭曲对我国出口产品质量的经济效应的初步估计结果。其中，第（1）、（2）、（3）及（4）列分别是劳动力价格扭曲、资本价格扭曲、中间投入品价格扭曲及能源要素价格扭曲经济效应估计结果。

6.2.1 劳动力价格扭曲的经济效应估计结果

我们首先来看劳动力价格扭曲对出口产品质量的经济效应（估计结果见表6-1第一列所示）。我们发现，劳动力价格扭曲与出口产品价格变动率的交互项系数、劳动力价格扭曲与研发交互项系数、劳动力价格扭曲与资本密集度交互项系数及劳动力价格扭曲与经验累积指数交互项系数均显著为负。这表明，劳动力价格扭曲确实存在显著的"成本下降"效应、"研发抑制"效应、"要素配置恶化"效应及"经验累积"效应，即劳动力价格扭曲通过生产成本下降、对研发的抑制、要素配置效率的下降及劳动力经验累积对我国出口产品质量升级产生显著的抑制

① 需要注意的是，由于中间投入品存在价格正向扭曲，其数值越小，说明其正向扭曲度越大；扭曲度数值越大，说明中间投入品正向扭曲度越小。

作用。其中，前三个经济效应（即“成本下降”效应、研发抑制效应、要素配置恶化效应）的估计结果符合我们的预期，但第四个经济效应（“经验累积”效应）与我们的预期不太一致，我们预期该交互项系数为正。

表 6－1　　初步回归结果

	(1)	(2)	(3)	(4)
disl	−0.002** (−2.20)			
$disl_{it} \cdot \Delta p_{it}$	−0.024*** (−3.42)			
$disl_{it} \cdot rd_{it}$	−0.102*** (−2.89)			
$disl_{it} \cdot \ln(k/l)_{it}$	−0.031** (−2.37)			
$disl_{it} \cdot lnwage_{it}$	−0.001*** (−3.84)			
disk		−0.014*** (−5.76)		
$disk_{it} \cdot \Delta p_{it}$		−0.019*** (−3.66)		
$disk_{it} \cdot rd_{it}$		−0.049*** (−3.22)		
$disk_{it} \cdot \ln(k/l)_{it}$		−0.002*** (−3.93)		
dism			0.016** (2.26)	
$dism_{it} \cdot \Delta p_{it}$			0.022*** (4.02)	
$dism_{it} \cdot rd_{it}$			0.112*** (2.95)	
$dism_{it} \cdot \ln(m/l)_{it}$			0.006*** (5.20)	

续表

	(1)	(2)	(3)	(4)
$dism_{it} \cdot spillover_{it}$			-0.052*** (-3.62)	
dise				-0.023*** (-4.46)
$dise_{it} \cdot \Delta p_{it}$				-0.033*** (-3.42)
Cons_	0.358*** (650.41)	0.579*** (41.43)	0.686*** (63.33)	0.534*** (71.52)
控制变量	是	是	是	是
行业效应	控制	控制	控制	控制
时间效应	控制	控制	控制	控制
观测值	78960	79060	57142	78623
R^2	0.0211	0.0199	0.0177	0.0206

注：本表中，*、**、*** 分别表示在10%、5%及1%的水平上显著。

对于上述估计结果，我们给出的经济学解释如下：劳动力价格负向扭曲降低了我国产品的生产成本，价格优势更加明显，在这个背景下出口企业没有动力进行产品质量升级，此时在"成本下降"效应作用下，出口产品质量出现下降趋势。同样的，劳动力价格负向扭曲使得研发人员工资收入下降，企业缺乏研发动力，研发积极性不高，结果导致产品质量下降。劳动力价格扭曲刺激企业投入更多的劳动力，减少了其他要素的投入数量，结果导致要素配置比例不当，配置效率下降，难以发挥各要素在生产过程中的作用，最终抑制了产品质量升级。劳动力价格扭曲刺激企业引进大量非熟练劳动力①，在引进初期，由于非熟练劳动力对产品生产过程不大了解，此时产品质量可能会下降。但随着劳动力进入企业时间的不断延长，他们会逐渐积累一些生产经验和劳动技能，从而会促进产品质量升级。由于表6-1第（1）列回归时并没有对扭曲后劳动力进入企业的时间长短进行考虑，所以得出的估计结果

① 劳动力在刚进入企业初期，对生产过程和工艺了解较少，所以此时的劳动力可称为"非熟练"劳动力。

也没法刻画“经验累积”效应。在后面，我们将根据扭曲时间长短进行分组检验。

6.2.2 资本价格扭曲的经济效应估计结果

表6-1第（2）列报告了资本价格扭曲的经济效应估计结果。我们发现，资本价格扭曲与出口价格变动率交互项（$disk_{it} \cdot \Delta p_{it}$）、资本价格扭曲与研发交互项（$disk_{it} \cdot rd_{it}$）及资本价格扭曲与资本密集度交互项（$disk_{it} \cdot \ln(k/l)_{it}$）系数均显著为负。这表明，资本价格扭曲存在显著的“成本下降”效应、“研发抑制”效应及“要素配置恶化”效应，即资本价格扭曲通过我国出口产品价格的下降、研发积极性的抑制及要素配置水平的下降等渠道阻碍我国出口产品质量升级。该估计结果也验证了本研究第3章的理论分析基本结论。通过比较上述各交互项的系数绝对值大小，我们发现，资本价格扭曲的“研发抑制”效应最突出，其次是“成本下降”效应，“要素配置下降”效应对产品质量的抑制程度最轻。对此，我们给出的解释是，资本价格负向扭曲使得企业融资成本下降，这会刺激企业扩大规模，把更多的精力放到产品生产规模扩大上，产品生产规模的扩大可能会带来产品平均成本的下降（即规模经济效应），从而提高了产品的价格优势，有助于其增加市场份额。在这种背景下，企业不会把重心放在产品的研发升级与创新上，从而会降低产品质量；另外，资本价格负向扭曲会刺激企业扩大资本的投入规模，一定程度上减少了其他要素的投入规模或比例，这可能会使得各生产要素的配置效率下降，各要素难以发挥其在生产过程中的应有的作用，因此也会对产品质量升级造成阻碍。

6.2.3 中间投入品价格扭曲的经济效应估计结果

表6-1第（3）列报告了中间投入品价格扭曲的经济效应估计结果。我们从中间品价格扭曲的“成本效应”“研发效应”“要素配置效应”“技术溢出效应”四个层面进行了考察。我们发现，中间品价格扭曲与“成本效应”指数的交互项系数显著为正。这表明，中间品价格扭曲确实存在显著的“成本效应”，即随着进口中间品价格正向扭曲程

度的不断加重（需要注意的是，进口中间品价格正向扭曲不断加重时，其价格扭曲数值在不断变小），我国制造业出口产品质量在不断下降。换言之，中间品价格扭曲通过抬高中间投入品的进口价格，使得国内中间投入品生产企业获得价格优势，从而丧失动力进行产品质量升级。我们再来看中间品价格扭曲的“研发效应”，我们发现中间品价格扭曲与研发指标的交互项系数显著为正。这表明，中间品价格扭曲存在显著的研发抑制效应，即随着进口中间品价格扭曲程度的不断加重（需要注意，此时进口中间品价格扭曲加重时其扭曲数值在不断变小），国内企业的研发被抑制，从而降低了我国出口产品质量。对此我们给出的解释是，我国企业用进口的中间投入品来生产出口产品，由于进口中间品包含较高的质量和附加值，因此国内企业就认为没必要加大研发力度，只需要大量使用进口中间品就能带动我国出口产品质量升级。但事实上，如果国内企业研发实力较弱，即便进口较高质量的中间品也很难做到对进口中间品所包含技术的“学习”与“模仿”，甚至出现进口高附加值中间品与国内其他零部件之间的不匹配现象，因此从中长期看，它并不利于我国出口产品质量的提高。我们再来看进口中间品价格扭曲的“要素配置效应”，我们发现扭曲与中间品密集度的交互项系数显著为正，这表明，进口中间品价格扭曲存在显著的中间品配置效率下降现象，从而抑制了我国出口产品质量提升。对此，我们给出的解释是，进口中间品价格正向扭曲提高了企业的进口成本和进口价格，使得中间品进口数量减少，从而降低了进口中间品在生产过程中的投入比例，因此，容易造成要素错配现象，要素错配使得各要素难以发挥其应有的作用，因此很可能会导致产品质量下降。我们再来看中间品价格扭曲的“技术溢出”效应，我们发现，中间品价格扭曲与技术溢出指标的交互项系数显著为负。这表明，中间品价格扭曲存在显著的“技术溢出”效应，即随着中间品价格扭曲程度的不断加重（需要注意的是，中间品价格正向扭曲度越大，其扭曲度数值会越小），越容易实现“技术外溢”，从而有助于我国出口产品质量升级。对此我们认为比较容易解释，因为根据前面的分析可知，中间品价格正向扭曲往往是其附加值溢价的体现，正向扭曲度越大，可能其包含的附加值会越高（即附加值越高的进口中间品“溢价”能力越强，我们认为这种“溢价”就是其价格正向扭曲的体现）。

6.2.4 能源要素价格扭曲的经济效应估计结果

表6-1第（4）列报告了能源要素价格扭曲经济效应估计结果。受能源要素相关微观层面数据获取性的限制，我们只考察了能源要素价格扭曲的“成本效应”。根据能源要素价格扭曲与出口产品价格变动率交互项的系数，我们发现，该交互项系数显著为负值，这表明，能源要素价格扭曲存在显著的“成本下降效应”，即随着能源要素价格负向扭曲度的不断加重，我国出口产品生产成本在下降，价格优势越加明显，于是企业没有动力进行产品质量升级，而依靠要素价格负向扭曲带来的成本优势大量出口产品。能源要素价格扭曲的“成本效应”与劳动力、资本价格扭曲的“成本效应”一致。

6.3 要素价格扭曲的经济效应：进一步的考察

本章第2节考察了各要素价格扭曲的经济效应，但我们认为还需要进一步细化。这主要体现在两个方面：第一，本章第2节的回归结果只是从样本总体层面考察了各要素价格扭曲的经济效应，并未考虑行业、所有制等因素对经济效应的影响；第二，本章第2节的分析假定各要素价格扭曲不存在相关性，事实上，各要素价格扭曲可能会存在交互影响，如劳动力价格扭曲与资本价格扭曲同时存在时，它们如何影响中国出口产品质量？在本章，我们将对上述两个问题展开进一步的考察和分析。

6.3.1 要素价格扭曲经济效应的行业差异

我国制造业各行业发展参差不齐，各行业要素价格扭曲程度也存在一定程度的差异。如在劳动密集型行业中，劳动力是产品生产的关键投入要素；而在资本和技术密集型行业，劳动力不是关键投入要素，那么，劳动力价格扭曲在不同要素密集型行业中的经济效应是否存在差异性？

为了回答这个问题，我们首先借鉴王志华、董存田（2012）的方法，把我国 28 个制造业行业按要素密集度划分为劳动密集型、资本密集型和技术密集型三大类①，然后分别考察要素价格扭曲对各要素密集型出口产品质量的影响。我们预期在劳动密集型行业，劳动力价格扭曲的经济效应最突出；在资本密集型行业，资本价格扭曲的经济效应最突出；在技术密集型行业，中间投入品价格扭曲的经济效应最为突出。

1. 劳动密集型行业估计结果

表 6 - 2 报告了在劳动密集型行业各要素价格扭曲的经济效应估计结果。第（1）、（2）、（3）、（4）列分别报告了劳动力、资本、中间投入品及能源要素价格扭曲的经济效应估计结果。

表 6 - 2　　要素价格扭曲经济效应的行业差异：劳动密集型行业

	(1)	(2)	(3)	(4)
disl	-0.004*** (-3.19)			
$disl_{it} \cdot \Delta p_{it}$	-0.066*** (-3.33)			
$disl_{it} \cdot rd_{it}$	-0.132*** (-4.02)			
$disl_{it} \cdot \ln(k/l)_{it}$	-0.029* (-1.69)			
$disl_{it} \cdot \ln(m/l)_{it}$	-0.032** (-2.01)			

① 其中，劳动密集型行业包括：农副食品加工业、食品制造业、纺织业、纺织服装制造业、皮革毛皮羽毛及其制品业、木材加工及木竹藤棕草、家具制造业、印刷业和记录媒介的复制、文教体育用品制造业、橡胶制品业、塑料制品业、非金属矿物制品业和金属制品业。资本密集型行业包括：饮料制造业、烟草制品业、造纸及纸制品业、石油加工与炼焦及核燃料、化学原料及化学制品制造业、化学纤维制造业、黑色金属冶炼及压延加工业、有色金属冶炼及压延加工业及通用设备制造业。技术密集型行业包括：医药制造业、专用设备制造业、交通运输设备制造业、电器机械及器材制造业、通信设备计算机及其他电子、仪器、仪表文化办公用机械。

续表

	(1)	(2)	(3)	(4)
$disl_{it} \cdot lnwage_{it}$	-0.003 *** (-3.11)			
disk		-0.016 *** (-3.88)		
$disk_{it} \cdot \Delta p_{it}$		-0.013 *** (-2.96)		
$disk_{it} \cdot rd_{it}$		-0.051 *** (-3.19)		
$disk_{it} \cdot \ln(k/l)_{it}$		-0.012 *** (-3.44)		
dism			-0.012 ** (-3.82)	
$dism_{it} \cdot \Delta p_{it}$			0.015 *** (2.89)	
$dism_{it} \cdot rd_{it}$			-0.046 *** (-3.03)	
$dism_{it} \cdot \ln(m/l)_{it}$			0.010 *** (4.06)	
$dism_{it} \cdot spillover_{it}$			-0.046 *** (-3.35)	
dise				-0.031 *** (-4.20)
$dise_{it} \cdot \Delta p_{it}$				-0.041 *** (-3.28)
Cons_	0.412 *** (74.86)	0.409 *** (38.59)	0.790 *** (66.45)	0.562 *** (70.34)
控制变量	是	是	是	是
行业效应	控制	控制	控制	控制
时间效应	控制	控制	控制	控制
观测值	182655	182655	57149	182655
R^2	0.0308	0.0255	0.0293	0.0306

注：本表中，*、**、*** 分别表示在 10%、5% 及 1% 的水平上显著。

我们首先来看劳动力价格扭曲的经济效应。根据劳动力价格扭曲与成本下降效应指标的交互项（$disl_{it} \cdot \Delta p_{it}$）系数，我们发现，劳动力价格扭曲的“成本效应”显著存在，且其系数绝对值较大（-0.066）。这意味着，劳动力价格扭曲带来的我国出口产品价格下降1%，会使得我国劳动密集型行业出口产品质量下降0.66%。

我们来看资本、中间投入品价格扭曲的“成本效应”估计结果。我们发现资本价格扭曲与成本下降效应指标的交互项（$disk_{it} \cdot \Delta p_{it}$）系数也显著为负，但其绝对值（系数数值为-0.013）显著小于劳动力价格扭曲的交互项系数，这表明在劳动密集型行业，资本价格扭曲的“成本下降”效应明显不如劳动力价格扭曲的“成本下降”效应程度更大。

我们再来看中间投入品与成本下降效应指标的交互项（$dism_{it} \cdot \Delta p_{it}$）系数，我们发现该交互项系数显著为正，这表明中间投入品价格扭曲也存在显著的成本效应。对此，我们给出的解释是，进口中间品价格正向扭曲度越大，其价格上涨幅度越大，国内中间品价格优势会越明显，因而就没有动力进行产品质量升级。我们还发现，中间投入品与成本下降效应指标的交互项系数也明显小于劳动力价格扭曲与成本下降效应指标的交互项，这表明，在劳动密集型行业，中间品价格扭曲的“成本下降”效应也明显不如劳动力价格扭曲的“成本下降”效应程度更大，从而验证了我们的猜想。其实，该估计结果还是比较容易解释的：在劳动密集型行业，劳动力投入规模远大于资本等要素，此时劳动力价格扭曲所产生的一系列经济效应影响力肯定大于其他要素价格扭曲的影响。

我们再来看在劳动密集型行业各要素价格扭曲其他经济效应的大小。我们发现，劳动力价格扭曲与研发指标的交互项系数绝对值也明显大于其他要素价格扭曲与研发的交互项系数，这表明，在劳动密集型行业，劳动力价格扭曲的“研发抑制效应”最显著。我们对此给出的解释是，劳动力价格负向扭曲降低了研发人员的收入，极大地抑制了他们的研发积极性，从而会降低产品质量；而其他要素价格扭曲对研发人员的收入影响较小，所以扭曲对研发的抑制程度也会比较轻。

要素价格扭曲的要素配置效应层面。我们发现，劳动力价格扭曲与资本密集度的交互项（$disl_{it} \cdot \ln(k/l)_{it}$）系数绝对值也明显大于其他要素价格扭曲与资本密集度交互项系数绝对值。这表明，在劳动密集型行业，劳动力价格扭曲所带来的资本与劳动力要素的错配程度明显大于其他要素价格扭曲。对此，我们给出的解释是，在劳动密集型行业，劳动力价格负向扭曲可能会刺激企业大量引进劳动力，从而劳动力的相对供给量大量增加，而资本要素的相对供给量减少，从而造成了劳动力与资本要素的错误配置问题，要素的错误配置使得各要素难以发挥其应有的贡献，因此不利于产品质量升级。此外，劳动力价格扭曲还破坏了劳动力与资本要素的相对配置比例，使得劳动力相对供给量增加，而中间投入品相对供给量减少，因此也造成了劳动力与中间投入品要素的错误配置，从而抑制了产品质量升级。而在劳动密集型行业，资本要素的投入比例相对较低，所以资本价格扭曲导致的资本与劳动力的错误配置程度会比较轻，于是它对产品质量升级的抑制程度也会较弱。中间投入品价格扭曲情形与资本要素价格扭曲类似，我们不再赘述。

2. 资本密集型行业估计结果

表 6-3 报告了在资本密集型行业，各要素价格扭曲经济效应估计结果。我们的基本预期是，在资本密集型行业，资本价格扭曲的经济效应作用程度可能会大于其他要素价格扭曲的经济效应。

表 6-3　　要素价格扭曲经济效应的行业差异：资本密集型行业

	(1)	(2)	(3)	(4)
disl	-0.004** (-2.15)			
$disl_{it} \cdot \Delta p_{it}$	-0.021*** (-3.20)			
$disl_{it} \cdot rd_{it}$	-0.023*** (-3.01)			
$disl_{it} \cdot \ln(k/l)_{it}$	-0.036** (-3.52)			
disk		-0.016*** (-5.55)		
$disk_{it} \cdot \Delta p_{it}$		-0.029*** (-3.06)		

续表

	(1)	(2)	(3)	(4)
$disk_{it} \cdot rd_{it}$		-0.047*** (-4.01)		
$disk_{it} \cdot \ln(k/l)_{it}$		-0.045*** (-3.22)		
dism			0.018*** (2.99)	
$dism_{it} \cdot \Delta p_{it}$			0.034*** (5.10)	
$dism_{it} \cdot rd_{it}$			0.044*** (3.60)	
$dism_{it} \cdot \ln(m/l)_{it}$			0.063*** (4.30)	
$dism_{it} \cdot spillover_{it}$			-0.052*** (-3.62)	
dise				-0.022*** (-4.04)
$disc_{it} \cdot \Delta p_{it}$				-0.093*** (-3.6)
Cons_	0.358*** (650.41)	0.579*** (41.43)	0.686*** (63.33)	0.515*** (70.35)
控制变量	是	是	是	是
行业效应	控制	控制	控制	控制
时间效应	控制	控制	控制	控制
观测值	78960	79060	57142	78623
R^2	0.0245	0.0206	0.0192	0.0245

注：本表中，*、**、*** 分别表示在 10%、5% 及 1% 的水平上显著。

根据本表的估计结果，我们发现：在要素价格扭曲的“成本效应”层面，资本价格扭曲与成本效应指标的交互项（$disk_{it} \cdot \Delta p_{it}$）系数绝对值最大（数值为 -0.029），这表明，在资本密集型行业，资本价格扭曲的“成本效应”效果最显著，即资本价格的负向扭曲带来出口产品成本下降的幅度最大，从而也使得它对产品质量的抑制程度最大。因为相对于其他要素价格扭曲而言，资本价格扭曲所产生的成本下降效应最明显，企业进行质量升级的意愿最轻，因此这种情形下产品质量下降的最严重。

要素价格扭曲的其他效应层面。我们发现，资本价格扭曲的研发抑制效应、要素配置效应系数绝对值最大，其次是中间品价格扭曲的经济效应，程度最轻的劳动力价格扭曲的经济效应。同样的，中间投入品价格扭曲的成本效应最大。这个估计结果与我们的预期保持一致，其原因与在劳动密集型行业，劳动力价格扭曲的经济效应最突出类似。

3. 技术密集型行业估计结果

表 6－4 报告了技术密集型行业中各要素价格扭曲的经济效应估计结果。考虑到技术密集型行业中，中间投入品（尤其是进口中间投入品）属于技术含量较高的投入品，因此我们的基本预期是，在该行业，中间投入品价格扭曲的经济效应会大于其他要素价格扭曲的经济效应。

表 6－4　　要素价格扭曲经济效应的行业差异：技术密集型行业

	(1)	(2)	(3)	(4)
disl	－0.003** (－2.38)			
$disl_{it} \cdot \Delta p_{it}$	－0.026*** (－3.21)			
$disl_{it} \cdot rd_{it}$	－0.033*** (－3.44)			
$disl_{it} \cdot \ln(k/l)_{it}$	－0.026* (－1.71)			
$disl_{it} \cdot lnwage_{it}$	－0.009*** (－3.84)			
disk		－0.021*** (－4.34)		
$disk_{it} \cdot \Delta p_{it}$		－0.022*** (－3.78)		

续表

	(1)	(2)	(3)	(4)
$disk_{it} \cdot rd_{it}$		-0.046 *** (-3.05)		
$disk_{it} \cdot \ln(k/l)_{it}$		-0.015 *** (-3.00)		
dism			0.021 ** (2.36)	
$dism_{it} \cdot \Delta p_{it}$			0.103 *** (2.99)	
$dism_{it} \cdot rd_{it}$			0.115 *** (3.11)	
$dism_{it} \cdot \ln(m/l)_{it}$			0.063 *** (5.12)	
$dism_{it} \cdot spillover_{it}$			-0.050 *** (-3.13)	
dise				-0.023 *** (-4.46)
$dise_{it} \cdot \Delta p_{it}$				-0.033 *** (-3.42)
Cons_	0.303 *** (532.06)	0.521 *** (71.62)	0.421 *** (52.60)	0.507 *** (70.88)
控制变量	是	是	是	是
行业效应	控制	控制	控制	控制
时间效应	控制	控制	控制	控制
观测值	78960	79060	57142	78623
R^2	0.0225	0.0138	0.0223	0.0209

注：本表中，*、**、*** 分别表示在10%、5%及1%的水平上显著。

我们首先看各要素的“成本效应”估计结果。经过观察各要素价格扭曲与成本效应指标交互项的系数，容易看出，中间投入品价格扭曲与成本效应交互项系数为正（其数值为0.103）且它远大于其他要素价格扭曲的交互项系数。这个估计结果表明，在技术密集型行业，中间投入品价格正向扭曲会给我国出口产品生产企业带来较大幅度的成本上涨，这会迫使企业减少对中间投入品的进口规模，转而更多地购买本国生产的中间投入品，从而造成了出口产品质量的下降。

关于要素价格扭曲的研发效应和要素配置效应，表6－4的估计结果表明，仍然是中间投入品价格扭曲的交互项系数显著大于其他要素的交互项系数绝对值，从而验证了我们的猜想。

6.3.2 要素价格扭曲经济效应的所有制差异

我国制造业工业企业存在多种所有制形式，包括国有类型的企业，民营性质的企业和外资企业等多种形式，并且各种所有制形式的企业使用要素的成本并不相同（施炳展、冼国明，2012）。这就造成了要素价格扭曲在不同所有制企业的差异。我们试图考察的是，要素价格扭曲的所有制差异是否会带来显著不同的经济效应进而影响到我国出口产品质量？

基于上述考虑，我们把工业企业数据库中的企业划分为三大类：国有企业、民营企业和外资企业①，并以此为基础，经验考察了不同所有制形势下要素价格扭曲的经济效应，对应的回归结果分别报告如下几个表格中。

1. 不同所有制企业劳动力价格扭曲的经济效应

表6－5报告了各所有制形式下劳动力价格扭曲的经济效应估计结果，我们侧重考察劳动力价格扭曲的各交互项估计结果。

表6－5　　各所有制下劳动力价格扭曲的经济效应

	(1) 国有企业	(2) 民营企业	(3) 外资企业
disl	－0.004*** (－3.25)	－0.005*** (－2.90)	－0.002*** (－1.66)
$disl_{it} \cdot \Delta p_{it}$	－0.012** (－2.13)	－0.029** (－2.66)	－0.015** (－3.05)

---

① 这三类企业的要素价格扭曲在本书第4章已经做过详细的统计性描述。

续表

	(1) 国有企业	(2) 民营企业	(3) 外资企业
$disl_{it} \cdot rd_{it}$	0.02 * (1.87)	-0.06 ** (-2.49)	-0.06 ** (-3.18)
$disl_{it} \cdot \ln(k/l)_{it}$	-0.004 * (-1.85)	-0.003 * (-1.76)	-0.07 *** (-2.95)
$disl_{it} \cdot \ln(m/l)_{it}$	0.004 *** (2.76)	0.05 * (1.88)	0.001 *** (5.54)
$disl_{it} \cdot lnwage_{it}$	-0.001 (-0.18)	0.007 (0.82)	-0.002 *** (-3.45)
控制变量	是	是	是
Cons_	0.382 *** (97.27)	0.372 *** (393.24)	0.342 *** (66.61)
观测值	3508	37666	37721
R^2	0.0235	0.0308	0.0404

注：本表中，*、**、*** 分别表示在 10%、5% 及 1% 的水平上显著，交互项中的各变量我们作为控制变量进行处理，并未列出，表 6-6、表 6-7 类同。

根据表 6-5，我们发现：劳动力价格扭曲与出口产品价格变动率的交互项系数在各所有制企业中均显著为负值，但在民营企业该交互项系数绝对值最大。这表明，劳动力价格扭曲在各所有制企业均存在显著的“成本下降效应”，但这种效应在民营企业最为突出，因而导致该效应对民营企业出口产品质量升级的抑制程度最大，其次是外资企业，抑制程度最轻的国有企业。

劳动力价格扭曲与研发的交互项系数在各所有制企业不太一致：在国有企业，该交互项系数显著为正，在民营企业和外资企业该交互项系数均显著为负。这表明，在国有企业，劳动力价格扭曲刺激企业加大了对研发的投资力度，从而产生了研发刺激效应，因而显著促进了国有企业出口产品质量升级；而在民营企业和外资企业，劳动力价格扭曲均产生了研发抑制效应，劳动力价格负向扭曲并没有使得企业加强对研发投入力度的加大，反而减少了研发规模，因而导致在这两类企业出口产品质量的下降。这也间接说明民营企业和外资企业对成本下降更加敏感，而国有企业由于实力雄厚，它对产品成本下降并不敏感。

劳动力价格扭曲与要素密集度的交互项系数在各所有制企业保持一致，其中扭曲与资本密集度的交互项系数均显著为负，而扭曲与中间投入品密集度的交互项系数均显著为正。这表明，劳动力价格扭曲产生了显著的资本与劳动力配置的恶化效应，而劳动力价格扭曲却产生了显著的中间投入品与劳动力要素配置的改善效应。对此估计结果，我们给出的解释是：劳动力价格扭曲使企业加大了对劳动力要素的投入比例，而资本要素的投入比例有所下降，这样使得劳动力要素供给过剩，资本要素供给量相对不足，从而造成了要素投入的错配，这样使得各要素难以发挥其应有的作用，最终抑制了产品质量升级。至于劳动力价格扭曲反而会改善劳动力要素于中间投入品的投入比例，我们认为这可能与样本期内我国主要从事低附加值劳动密集型产品的生产和出口有关，这类产品投入最关键的就是劳动力，而对中间投入品（尤其是进口中间品）的需求很少。劳动力价格负向扭曲可能进一步增加了劳动力的投入，使得劳动力的实际供给量更加接近理论需求值，从而使得两者的投入比例更加合理，因此会在一定程度上促进产品质量升级。我们还注意到，该交互项系数绝对值在民营企业明显大于其他两类企业，这可能与在样本期民营企业从事低附加值劳动密集型产品生产的可能性更大，而国有企业和外资企业可能从事一些附加值相对较高或资本技术密集型产品的生产和出口。

劳动力价格扭曲与经验累积指数的交互项系数在各所有制企业并不是很统一：在国有企业系数为负但不显著，在民营企业该系数为正但不显著，在外资企业该系数显著为负。这个估计结果表明，劳动力价格扭曲的经验累积效应存在显著的所有制结构差异。此外，由于表 6－5 的回归也没有经验累积效应的滞后性影响，这可能是导致在国有企业和民营企业交互项系数并不显著的原因。

2. 不同所有制企业资本价格扭曲的经济效应

表 6－6 报告了不同所有制形式下资本价格扭曲的经济效应估计结果。我们侧重考察的是资本价格扭曲各交互项估计系数符号及其显著性。

表6-6　各所有制下资本价格扭曲的经济效应

	(1) 国有企业	(2) 民营企业	(3) 外资企业
disk	-0.004*** (-3.25)	-0.005*** (-2.90)	-0.002*** (-1.66)
$disk_{it} \cdot \Delta p_{it}$	-0.032** (-2.13)	-0.029 (-0.66)	-0.035** (-3.05)
$disk_{it} \cdot rd_{it}$	0.02* (1.87)	-0.06 (-0.49)	-0.06** (-3.18)
$disk_{it} \cdot \ln(k/l)_{it}$	-0.004* (-1.85)	-0.003 (-1.16)	-0.07*** (-2.95)
控制变量	是	是	是
Cons_	0.382*** (97.27)	0.372*** (393.24)	0.342*** (66.61)
观测值	3508	37666	37721
R^2	0.0235	0.0308	0.0404

注：本表中，*、**、*** 分别表示在10%、5%及1%的水平上显著。

我们先来看资本价格扭曲与出口价格变动率的交互项系数。我们发现，在国有企业和外资企业，该交互项系数均显著为负，而在民营企业该交互项系数并不显著。这个估计表明，我国国有企业和外资企业的资本价格扭曲产生了显著的“成本下降”效应，而民营企业由于很难得到金融部门提供的融资优惠政策，导致在这类企业不存在资本价格扭曲及成本效应。我们还注意到，在国有企业该交互项系数绝对值大于外资企业组的系数，这说明，国有企业资本价格扭曲的“成本效应”对出口产品质量的作用程度更大一些。我们认为，这与国有企业所享受到的融资政策最优惠有密切关系。

再来看各所有制企业的资本价格扭曲的研发效应。容易发现，资本价格扭曲的研发效应具有显著的所有制差异：在国有企业，该交互项系数显著为正；在民营企业，该交互项系数不显著；在外资企业，该交互项系数显著为负。这表明，在国有企业，资本价格扭曲反而会刺激企业加大研发投入力度，进而促进产品质量升级；在民营企业，可能就不存在显著的资本价格的负向扭曲，因此资本价格扭曲的研发效应无从谈起；在外资企业，资本价格的负向扭曲使得该类企业产品的市场竞争力加强，从而抑制了该类企业对研发的投入力度，进而对其出口产品质量升级不利。

我们再来看资本价格扭曲的要素配置效应①。我们发现，在国有企业，资本价格扭曲与资本密集度交互项系数显著为负（但数值绝对值很小）；在民营企业，该交互项系数并不显著；在外资企业，该交互项系数也显著为负（但绝对值比国有企业的系数明显变大）。这个估计结果意味着，资本价格负向扭曲会降低国有企业和外资企业资本与劳动力的配置效率，使得资本要素投入相对比例超过实际需求比例，而劳动力要素的实际投入比例下降（可能达不到实际需求比例），因此它会在一定程度上抑制该两类企业出口产品质量升级；但由于外资企业对资本价格负向扭曲可能更加敏感，因而导致资本价格扭曲对外资企业资本与劳动力的配置比例调整的幅度更大，这或许使得外资企业的资本劳动力的配置效率下降的幅度更大，因此它对外资企业产品质量升级的抑制程度更大。民营企业由于很难得到资本价格负向扭曲的待遇，因此，导致在民营企业组，资本价格扭曲的经济效应一直不显著。

3. 不同所有制企业中间品价格扭曲的经济效应

中间品投入已经成为我国制造业进口的重要组成部分，因此研究中间投入品价格扭曲的经济效应具有重要意义。在这里，我们侧重考察的是中间品价格扭曲经济效应的所有制结构差异。表 6 - 7 报告了中间品价格扭曲经济效应（包括成本效应、研发效应及要素配置效应）的所有制差异估计结果。

我们先来看中间品价格扭曲与成本效应指标交互项（$dism_{it} \cdot \Delta p_{it}$）的估计系数。根据表 6 - 7 容易看出，在各所有制企业，该交互项系数均显著为负；但在各所有制企业其系数有较大的差异：在国有企业该交互项系数绝对值最小，其次是外资企业，民营企业系数绝对值最大。这个估计结果表明，中间品价格正向扭曲确实存在显著的“成本效应”，使

① 从理论上讲，资本价格扭曲不会影响中间投入品与劳动力之间的要素投入比例，因此，我们在考察资本价格扭曲的要素配置效应时，并没有把资本价格扭曲与中间品密集度的交互项（$disk \cdot \ln(k/l)$）纳入模型。

表6-7　　各所有制下中间品价格扭曲的经济效应

	(1) 国有企业	(2) 民营企业	(3) 外资企业
dism	-0.020*** (-3.10)	-0.014*** (-2.88)	-0.046*** (-3.62)
$dism_{it} \cdot \Delta p_{it}$	-0.028*** (-4.05)	-0.079*** (-4.60)	-0.035** (-3.05)
$dism_{it} \cdot rd_{it}$	0.02* (1.87)	-0.12*** (-3.25)	-0.06* (-1.64)
$dism_{it} \cdot \ln(m/l)_{it}$	-0.004 (1.15)	-0.063*** (-2.94)	-0.37*** (-3.15)
控制变量	是	是	是
Cons_	0.382*** (97.27)	0.372*** (393.24)	0.342*** (66.61)
观测值	3508	37666	37721
R^2	0.0412	0.0503	0.0425

注：本表中，*、**、***分别表示在10%、5%及1%的水平上显著。

得各种类型的企业均因为扭曲带来的中间品价格上涨而减少对进口中间品的进口数量，这会显著降低我国出口产品质量；由于国有企业资金实力雄厚，因此进口中间品价格扭曲带来的进口成本上涨对国有企业中间品进口数量并没有太大的影响，因此其系数绝对值最小；大多民营企业规模较小、实力较弱，因此进口中间品价格扭曲造成的进口成本的显著上涨使得民营企业显著减少了对中间品的进口规模，可能转而购买国内生产的中间投入品，由于国内中间品质量明显低于进口中间品，因此进口中间品价格扭曲的成本效应在民营企业表现的最突出；在外资企业，进口中间品价格扭曲也会提升其进口成本，为了降低产品成本，实现其全球战略，驻华外资企业也可能会大幅减少对中间品的进口规模和种类，因此成本效应也比较显著。

进口中间品价格扭曲的研发效应层面。我们发现，国有企业的中间品价格扭曲与研发交互项系数显著为正，民营企业和外资企业交互项系数显著为负。这表明，在国有企业，进口中间品价格扭曲产生了显著的

"研发抑制效应"（需要注意的是，由于进口中间品存在价格正向扭曲，即进口中间品价格扭曲度越大，其数值越小，因此该交互项系数为正，表明进口中间品价格扭曲度越大，国有企业出口产品质量越差）。民营企业和外资企业的中间品价格扭曲均存在显著的"研发促进效应"，即在这两类企业中，进口中间品价格扭曲度越大（此时扭曲度数值越小），越会逼迫民营企业和外资企业加大研发力度，从而显著促进出口产品质量升级。换言之，进口中间品价格正向扭曲在民营企业和外资企业产生了"研发倒逼效应"，而在国有企业却产生了"研发抑制效应"。上述估计结果表明，进口中间品的研发效应确实存在明显的所有制差异。

中间品价格扭曲的要素配置效应层面。我们发现，中间品价格扭曲与其投入密集度的交互项（$dism_{it} \cdot \ln(m/l)_{it}$）在国有企业系数并不显著，在民营企业和外资企业系数显著为负值。这表明，在国有企业，中间品价格扭曲并没有引起显著的要素配置效应。我们认为这是因为国有企业资金实力雄厚，进口中间品价格扭曲导致的进口成本上涨并没有显著影响国有企业对中间品的进口规模。我们还发现，在民营企业和外资企业，中间品价格扭曲却引起了显著的要素配置效应，即中间品价格扭曲使得这两类企业明显减少了进口中间品的投入比例，使得中间品与劳动力要素的配置比例出现失调，引起了配置效率的下降，这样进口中间品由于投入数量不足，难以发挥其对出口产品质量升级的促进作用。

6.3.3 考虑各要素价格扭曲的交互作用

上述经验分析在考察各要素价格扭曲的经济效应时，我们都是假定其他要素价格不存在扭曲为前提。而事实上，我国各要素价格扭曲长期同时存在。那么，各要素价格扭曲之间是否存在相互作用？比如劳动力价格扭曲与资本价格扭曲并存时，劳动力价格扭曲使得企业生产过程中多投入劳动力，而资本价格扭曲又会使得企业想多投入资本要素。我们认为，如果两种要素同时存在价格扭曲，并且扭曲方向是同向的（如劳动力和资本都属于价格负向扭曲），那么，这会比单一要素存在价格扭曲时，要素配置更合理一些，即劳动力价格扭曲和资本价格扭曲的共同存在使得企业不会过多的投入单一要素，从而使得多种要素价格扭曲共存时，要素配置会得到相对均衡的配置。为了验证该假说，我们尝试构造各要素价格扭曲的交互项来进行经验考察。

我们分别构造劳动力价格扭曲与资本价格扭曲的交互项（disl · disk）、劳动力价格扭曲与中间投入品价格扭曲的交互项（disl · dism）、资本价格扭曲与中间投入品价格扭曲的交互项（disk · dism）及三者的交互项（disl · disk · dism），然后重点考察各交互项的估计系数和显著性。考虑到交互项较多，各交互项之间可能存在较明显的相关性从而导致计量模型可能存在多重共线性问题，我们尽量把每个交互项分别放到一个计量模型中回归，从而尽可能地避免多重共线性问题给估计结果带来的偏误问题，回归结果报告在表6-8中。

表6-8　　各要素价格扭曲的交互作用估计结果

	(1)	(2)	(3)	(4)
disl	-0.009*** (-6.03)	-0.002*** (-4.78)	-0.002*** (-5.29)	-0.002*** (-4.84)
disk	-0.002** (-2.24)	-0.005*** (-4.44)	-0.004*** (-3.87)	-0.005*** (-4.45)
dism	-0.011*** (-3.59)	-0.011*** (-3.30)	-0.004*** (-2.83)	-0.011*** (-3.42)
disl · disk	0.001*** (4.79)			
disl · dism		-0.001 (-1.23)		
disk · dism			-0.002* (-1.66)	
disl · disk · dism				-0.0001 (-0.99)
控制变量	是	是	是	是
行业效应	控制	控制	控制	控制
时间效应	控制	控制	控制	控制
观测值	57150	57150	57150	57150
R^2	0.0192	0.0188	0.0189	0.0188

注：本表中，*、**、*** 分别表示在10%、5%及1%的水平上显著。

表6－8第（1）列侧重考察了劳动力价格扭曲与资本价格扭曲交互的情形。我们发现，劳动力价格扭曲与资本价格扭曲交互项系数（disl·disk）显著为正，但劳动力价格扭曲（disl）系数与资本价格扭曲（disk）系数均显著为负。这表明，劳动力价格扭曲会抑制我国出口产品质量升级，资本价格扭曲也会显著抑制我国出口产品质量升级，但两者的交互作用却可以轻微地促进我国出口产品质量升级，但促进程度不大（交互项系数较小）。我们对这个估计结果的解释是，单纯的劳动力价格扭曲可能会促使企业扩大劳动力要素的投入比例，降低了其他要素的投入比例，从而会降低要素配置效率；单纯的资本价格扭曲也会促使企业单纯地扩大资本要素的投入数量，这样使得资本要素的投入比例增大，而其他要素的投入比例减少，从而降低了各要素的配置效率；但如果同时考虑劳动力价格扭曲和资本价格扭曲的情形后，由于劳动力和资本要素均存在负向扭曲，所以此时企业不会单方面增大某一要素的投入，更可能的情况是企业会同时加大这两种发生扭曲的要素的投入比例，这样做会使得企业的要素投入比例可能不会改变太大，因此要素配置效率不会明显下降。此时，又出现两种情形：第一种情形是，如果在扭曲前劳动力要素投入比例偏高，而资本价格扭曲程度稍大于劳动力价格扭曲程度，则两种要素同时扭曲会使企业适当多投入一些资本要素，从而使得劳动力与资本要素的配置比例更合理，即此种情形下，两种要素的同时扭曲提升了要素的配置效率，使得各要素能够更充分地发挥它对产品质量升级的贡献。第二种情形是，如果在扭曲前劳动力要素投入比例偏高，而资本价格扭曲程度稍小于劳动力价格扭曲程度，则两种要素同时扭曲仍会使得企业适当多投入一些资本要素，从而使得劳动力与资本要素的配置比例更加不协调，即此种情形下，两种要素的同时扭曲在扩大企业规模的同时降低了要素的配置效率，使得各要素不能够更充分地发挥它对产品质量升级的贡献，因此此种情形下产品质量会下降。

表6－8第（1）列劳动力价格扭曲与资本价格扭曲的交互项估计结果属于我们上述讨论的第一种情形。因此，虽然我国劳动力价格扭曲与资本价格扭曲同时发生，但此时出口产品质量还是有轻微的升级。

表6－8第（2）列侧重考察了劳动力价格扭曲与中间投入品价格扭曲交互（disl·dism）的情形。我们发现，劳动力价格扭曲与中间投入品价格扭曲交互项系数为负但不显著，劳动力价格扭曲系数显著为负，

中间投入品价格扭曲系数也显著为负。这个估计结果表明，单纯的劳动力价格扭曲会显著抑制我国出口产品质量升级，单纯的中间投入品价格扭曲会显著促进我国出口产品质量升级（注意中间投入品扭曲数值越小，说明其正向扭曲度越大，所以中间投入品系数为负，说明随着中间投入品价格正向扭曲度的增大，我国出口产品质量会显著提升），但两者的交互作用可能在一定程度上会促进我国出口产品质量升级（该交互项系数不显著）。对此估计结果，我们认为可能的原因是，由于劳动力价格扭曲的存在，企业可能会增加一些劳动力的投入，使得中间投入品的投入比例下降，这可能会在一定程度上抵消中间投入品对我国出口产品质量升级的促进作用。但由于该交互项系数不显著，我们怀疑这可能与劳动力价格扭曲程度有关。

表6-8第（3）列侧重考察了资本价格扭曲与中间投入品价格扭曲交互（disk·dism）的情形。我们发现，资本价格扭曲与中间投入品价格扭曲交互项系数仍显著为负值，这表明，资本价格扭曲与中间投入品价格扭曲的交互仍会显著促进我国出口产品质量升级。但该交互项系数绝对值小于中间投入品系数的绝对值，所以我们认为，资本价格扭曲使企业增加了资本要素的投入比例，降低了中间投入品的投入比例，从而在一定程度上显著地冲抵了中间投入品对产品质量升级的促进作用。如果资本价格扭曲程度能够适度减轻，则这种冲抵作用会下降。

表6-8第（4）列把劳动力价格扭曲、资本价格扭曲及中间投入品价格扭曲全部考虑在内，三者的交互项系数为负但并不显著。这表明，劳动力价格扭曲、资本价格扭曲及中间投入品价格扭曲三者的交互作用对我国出口产品质量的影响并不确定。当然，我们认为得出这个估计结果的原因可能与没有考虑扭曲程度差异等因素有关。

为了得到关于劳动力价格扭曲与中间投入品价格扭曲交互项以及上述三个要素价格扭曲交互项系数的显著性估计结果，接下来我们尝试按照要素价格扭曲程度进行分组估计。

我们首先基于劳动力价格扭曲程度进行分组，把大样本分为劳动力价格扭曲程度较轻组（即劳动力价格扭曲度小于中位数，distl < 1.58）和劳动力价格扭曲程度较重组（即劳动力价格扭曲度大于中位数，distl > 1.58），然后考察劳动力价格扭曲与中间投入品价格扭曲的交互项系数（估计结果请见表6-9第（1）、（2）列）。

表 6－9　　各要素价格扭曲的交互作用：进一步考察的结果

	(1) distl < 1.58	(2) distl > 1.58	(3) distl < 1.58	(4) distl > 1.58	(5) distk < 3.67	(6) distk > 3.67
disl	-0.014*** (-5.43)	-0.001* (-1.94)	-0.015*** (-5.49)	-0.001** (-1.97)	-0.004*** (-4.83)	-0.002*** (-2.64)
disk	0.003* (1.72)	-0.005 (-1.38)	0.004* (1.81)	-0.005 (-1.39)	-0.002 (-1.15)	-0.006** (-2.33)
dism	-0.006 (-1.63)	-0.023 (-1.61)	-0.006*** (-1.78)	-0.023* (-1.67)	-0.009* (-1.69)	-0.009* (-1.65)
disl · dism	-0.006** (-2.34)	0.0004 (0.37)				
disl · disk · dism			-0.002*** (-2.63)	0.0001 (0.50)	-0.0006 (-0.91)	-0.0001 (-0.75)
控制变量	是	是	是	是	是	是
行业效应	控制	控制	控制	控制	控制	控制
时间效应	控制	控制	控制	控制	控制	控制
观测值	41355	15795	41355	15795	23977	23977
R^2	0.0251	0.0098	0.0252	0.0098	0.0154	0.0154

注：本表中，*、**、*** 分别表示在 10%、5% 及 1% 的水平上显著。

表 6－9 第（1）列是劳动力价格扭曲程度较轻时的估计结果（此时劳动力价格扭曲度小于中位数），第（2）列是劳动力价格扭曲程度较重时的估计结果（此时劳动力价格扭曲度大于中位数）。根据表 6－9 第（1）、（2）列容易看出，在劳动力价格扭曲度较轻时，劳动力价格扭曲与中间投入品价格扭曲交互项系数显著为负；在劳动力价格扭曲度较重时，劳动力价格扭曲与中间投入品价格扭曲交互项系数为正但不再显著。这表明，在劳动力价格负向扭曲度较轻时，劳动力价格扭曲与中间投入品价格扭曲的交互作用会显著促进我国出口产品质量升级（需要注意的是，中间投入品扭曲度数值越小，说明其正向扭曲度越大，所以如果中间投入品系数为负，说明随着中间投入品价格正向扭曲程度的增大，我国出口产品质量会显著提升）；而当劳动力价格负向扭曲度较重时，劳动力价格扭曲与中间投入品价格扭曲的交互作用可能会抑制我国

出口产品质量升级（交互项系数不显著），这个估计结果恰好验证了上文我们的假说。

表6－9第（3）～第（6）列是分别基于劳动力价格扭曲度和资本价格扭曲度分组估计结果，其中，第3列是劳动力价格扭曲程度较轻时的估计结果（此时劳动力价格扭曲度小于中位数），第4列是劳动力价格扭曲程度较重时的估计结果（此时劳动力价格扭曲度大于中位数），第5列是资本价格扭曲程度较轻时的估计结果（此时资本价格扭曲度小于中位数），第6列是资本价格扭曲程度较重时的估计结果（此时资本价格扭曲度大于中位数）。

我们先来看基于劳动力价格扭曲程度的分组估计结果。我们发现，在劳动力价格扭曲度较轻时，三种要素价格扭曲的交互项系数显著为负；在劳动力价格扭曲度较重时，三种要素价格扭曲的交互项系数为正但不显著。这表明，在劳动力价格扭曲程度较轻时，三种要素价格扭曲的交互作用还能在一定程度上显著促进我国出口产品质量升级，但促进程度有限（三者交互项系数绝对值很小）；而当劳动力价格扭曲度较重时，三种要素价格扭曲的交互作用对产品质量的影响不显著，可能会抑制产品质量升级。

我们再来看基于资本价格扭曲程度的分组估计结果。我们发现，不管是资本价格扭曲度较轻还是较重时，三种要素价格扭曲的交互项系数均为负但都不显著（只是在资本价格扭曲度较轻时，三者交互项系数绝对值更大）。这个估计结果意味着，资本价格扭曲并不能显著影响三种要素价格扭曲交互作用对我国出口产品质量的影响。我们认为这可能与我国出口产品以劳动密集型为主有关。因此，我们认为有必要基于我国出口产品要素密集度展开进一步考察。

表6－10报告了在资本价格不同扭曲程度（基于资本价格扭曲度中位数进行分组）情形下，基于出口产品要素密集度进行分组的三种要素价格扭曲交互作用对我国出口产品质量影响估计结果。

我们先来看在资本价格扭曲度较轻时三种要素价格扭曲交互项（disl · disk · dism）的估计结果。我们发现，只有在资本密集型行业，三种要素价格扭曲的交互项系数显著为正，在劳动密集型和技术密集型行业，该交互项系数虽为负值但均不显著。这表明，在资本价格扭曲度相对较轻时，三种要素价格扭曲的交互作用会显著抑制我国资本密集型出口产品质量升级，而对劳动密集型和技术密集型出口产品质量影响并不显著。

表 6－10　　各要素价格扭曲的交互作用：基于要素密集度的考察

	disk <3.67			disk >3.67		
	劳动密集型	资本密集型	技术密集型	劳动密集型	资本密集型	技术密集型
disl	-0.005*** (-3.79)	-0.002 (-0.93)	-0.008*** (-3.50)	-0.0008 (-0.99)	-0.003 (-1.60)	-0.002 (-1.26)
disk	-0.003 (-1.09)	-0.005 (-1.13)	0.003 (0.91)	-0.009*** (-2.85)	0.005 (0.73)	-0.006 (-1.26)
dism	-0.004 (-0.79)	-0.192*** (-4.20)	-0.956*** (-3.98)	-0.009* (-1.91)	-0.025 (-0.30)	-0.514** (-1.98)
disl · disk · dism	-0.0007 (-1.08)	0.004** (1.97)	-0.003 (-0.42)	-0.00008 (-0.53)	0.022*** (3.37)	0.0008 (0.23)
控制变量	是	是	是	是	是	是
行业效应	控制	控制	控制	控制	控制	控制
时间效应	控制	控制	控制	控制	控制	控制
观测值	16746	6680	9650	12338	4414	7158
R^2	0.0327	0.0184	0.0180	0.0288	0.0093	0.0236

注：本表中，*、**、*** 分别表示在 10%、5% 及 1% 的水平上显著。

我们再来看资本价格扭曲度较重时的估计结果。我们发现，此时三种要素价格扭曲交互项在资本密集型行业系数显著为正且此时的系数明显大于资本价格扭曲度较轻时的情形，而在其他两大行业的交互项系数均不显著。这表明，在资本价格扭曲度较重时，三种要素价格扭曲的交互作用对资本密集型出口产品质量的抑制最显著，且此时的抑制程度明显大于资本价格扭曲度较轻时的情形。

据此，我们得出的基本结论是，每种要素价格扭曲对该要素投入密集型出口产品质量的抑制作用最显著，而对其他要素密集型出口产品质量影响并不显著。

6.4 本章小结

本章侧重考察了各要素价格扭曲的经济效应（包括成本效应、要素配置效应、研发效应、劳动力经验累积效应及技术溢出效应）。我们首先构造了能否反映各经济效应的指标，然后在计量模型中纳入各要素价格扭曲与各经济效应指标的交互项，进而考察各要素价格扭曲的经济效应。

其中，6.1 节介绍了计量模型的设定、各变量（包括关键解释变量和控制变量）的指标构造及相关数据来源及处理说明。

6.2 节考察了各要素价格扭曲的经济效应估计结果并对估计结果进行了相应的分析与解释。我们得出的主要结论为：

劳动力价格扭曲存在显著的成本下降效应、要素错配效应、研发抑制效应和经验累积效应，即劳动力价格扭曲通过降低我国出口产品的成本增强出口产品的价格优势降低了我国出口产品质量；劳动力价格扭曲通过增加劳动力要素的投入比例、降低资本等其他要素的投入比例降低了各要素的配置效率，使得各要素难以发挥其对产品质量应有的贡献，降低了我国出口产品质量；劳动力价格扭曲通过降低从事产品研发人员的工资，抑制了他们的研发积极性，从而抑制了我国出口产品质量升级；劳动力价格扭曲使得企业大量招进非熟练劳动力，在引进初期由于缺乏生产经验，产品质量会下降，但随着劳动力生产经验的不断累积，产品质量在不断升级。

资本价格扭曲存在显著的成本下降效应、要素错配效应和研发抑制效应，即资本价格扭曲通过资本使用成本的下降刺激企业扩大规模，降低了产品的成本，增加了价格优势，从而抑制了产品质量升级；资本价格扭曲使得企业投入更多的资本要素，使得资本投入比例偏高，其他要素投入比例偏低，引起了要素配置效率的降低，使得各要素难以有效发挥其对产品质量升级的贡献，从而降低了产品质量；资本价格扭曲使得企业研发积极性受到显著削弱，从而降低了产品质量。

中间品价格扭曲存在显著的成本上涨效应、研发抑制效应、要素错配效应和技术溢出效应，即中间投入品价格扭曲使得我国中间品进口成本上涨，企业减少了对中间品的进口规模和种类，从而不利于产品质量升级；中间投入品价格扭曲使得企业的研发积极性受到了抑制，对产品质量升级不利；中间投入品价格正向扭曲使得进口中间品投入比例下降，其他要素投入比例提高，恶化了各要素的配置效率，从而不利于产品质量升级；中间投入品价格扭曲会通过技术溢出效应提升我国出口产品质量。

由于6. 2 节的经验考察是基于对全样本的考察得出的，并没有考虑行业差异、所有制差异等的影响。而正如本书第 3 章所指出的，我国要素价格扭曲存在显著的行业和所有制差异，基于此，6. 3 节侧重考察了各要素价格扭曲经济效应的行业差异（指的是劳动密集型行业、资本密集型行业和技术密集型行业）和所有制差异（区分为国有企业、民营企业和外资企业）。本节得出的主要研究结论为：

第一，总体而言，各要素价格扭曲对本要素密集型行业的经济效应（包括上述各经济效应）显著大于它对其他要素密集型行业的经济效应，如劳动力价格扭曲在劳动密集型行业的成本效应明显大于它在资本和技术密集型行业的成本效应。

第二，要素价格扭曲的经济效应存在显著的所有制差异。如劳动力价格扭曲的成本效应在民营企业最突出，其次是外资企业，影响最轻的是国有企业。劳动力价格扭曲的研发效应亦是如此。劳动力价格扭曲的要素配置效应在各所有制企业差别不明显。资本价格扭曲经济效应的所有制差异也很明显，如资本价格扭曲在国有企业和外资企业的经济效应均比较显著，而在民营企业却几乎不存在显著的经济效应，我们认为这与民营企业很难得到优厚的融资待遇密切相关。而中间投入品价格扭曲的经济效应在各所有制企业的估计结果恰好与资本价格扭曲相反，即中间品价格扭曲的成本上涨效应、研发抑制效应及要素错配效应在民营企业最突出，在国有企业和外资企业显著较弱。

需要指出的是，本节上述实证结果考虑各要素价格扭曲同时存在时的情形。进一步地，我们在6. 3 节还考察了各种要素价格扭曲同时存在时的情形。我们发现，同时考虑各要素价格扭曲的交互作用后，估计结果发生了一些微妙的变化。具体地，劳动力价格扭曲与资本价格扭曲的交互作用以及资本价格扭曲与中间品价格扭曲的交互作用均会在一定程度上促进我国出口产品质量升级，而其他要素的交互作用的估计结果并不显著。

此外，我们还分别基于劳动力价格扭曲与资本价格扭曲程度的差异进行分样本估计，我们得出的结论是：在劳动力价格扭曲程度低于中位数时，劳动力价格扭曲与其他要素价格扭曲的交互作用能够显著促进我国出口产品质量升级，而在劳动力价格扭曲程度大于中位数时，这种交互作用不再显著；不管资本价格扭曲度如何，三种要素价格扭曲（包括劳动力价格扭曲、资本价格扭曲与中间品价格扭曲）的交互作用仅在资本密集型行业表现显著，在劳动密集型行业和技术密集型行业均不显著，并且随着资本价格扭曲的增大，三种要素价格扭曲对产品质量的抑制程度逐渐加深。

第7章　主要结论与我国出口产品质量升级路径

本章共包括两部分：第一部分是研究结论，对本书理论与实证得出的主要结论进行系统归纳总结；第二部分则基于第一部分得出的主要研究结论，侧重探讨我国出口产品质量升级的路径选择及政策建议。

7.1　主要研究结论

本书前面的章节分别从理论和经验两个层面探讨了要素价格扭曲对我国出口产品质量的影响机理、作用方向及影响程度等问题，并且得出了一些重要的研究结论。下面我们分别从理论层面和经验层面分别对研究结论进行总结。

7.1.1　理论研究结论

我们分别探讨了劳动力价格扭曲、资本价格扭曲、中间投入品价格扭曲及能源价格扭曲对产品质量的影响机制。由于各要素在生产过程中的作用和贡献有所不同，所以各要素价格扭曲对产品质量的影响效应也存在一些异质性。

下面我们侧重从要素价格扭曲的抑制效应（抑制效应包括成本效应、要素配置效应、研发效应）和促进效应（促进效应主要指经验累积效应和技术溢出效应）两个层面归纳理论分析结论。

我们的理论研究表明，劳动力价格扭曲存在成本下降效应、要素配置恶化效应、研发抑制效应及经验累积效应。具体地，劳动力价格负向扭曲降低了企业生产成本，增强了产品价格优势，因此对产品质量升级不利；劳动力价格扭曲增加了劳动力要素的投入比例，减少了其他要素的投入比例，因此它会改变要素投入比例，降低了要素配置效率，不利于各要素充分地发挥其在生产过程中的作用和贡献，因此会抑制产品质量升级；劳动力价格扭曲降低了从事产品研发人员的工资待遇，打压了他们的研发积极性，因此不利于产品质量升级；劳动力价格扭曲使得企业大量招进劳动力，作为生产过程中活的投入要素，劳动力价格扭曲使得劳动力对产品生产存在经验逐步累积的过程，时间越长，劳动力对产品生产积累的经验越多，生产技能会越熟练，因此它有利于产品质量升级。

资本价格扭曲存在成本效应、要素配置效应、研发效应。具体地，与劳动力价格扭曲类似，资本价格负向扭曲也会降低企业的生产投入成本，使得其产品价格优势增强，因此企业就没有动力进行产品质量升级；资本价格扭曲使得企业投入更多的资本要素，减少了其他要素的投入比例，这会降低要素的配置效率，从而引起产品质量下降；资本价格扭曲可能使得企业把增加的投资侧重用在企业规模的扩张及加强市场的垄断等层面，忽视了对产品的研发与质量升级。因此，我们认为，资本价格扭曲总体上看会抑制产品质量升级。

由于中间品价格扭曲方向与劳动力、资本价格扭曲不太一致，即前者往往存在价格正向扭曲（溢价），而后者则普遍存在价格负向扭曲（被低估）。这导致中间品价格扭曲的经济效应具有特殊性，这可以从中间品价格扭曲的成本效应、要素配置效应、研发效应及技术溢出效应等层面得到体现。具体地，中间投入品（尤其是进口中间品）价格正向扭曲会使得企业的进口成本上涨，从而削弱了出口产品的价格优势；中间品价格扭曲使得企业减少了对进口中间品的投入，转而增加了其他要素（如国内中间品）的投入，降低了要素配置效率，从而抑制了产品质量升级；中间投入品价格扭曲使得企业因为成本上涨而减少了对它的进口规模和种类，这可能会倒逼企业加强研发和产品质量升级；进口中间品价格扭曲由于减少了企业对中间品进口的规模和种类，技术溢出会受到限制，因此不利于我国企业获取先进的技术，从而对产品质量升级不利。

能源要素价格扭曲与资本价格扭曲类似，它对产品质量存在成本下降效应、要素配置恶化效应、研发抑制效应，在此不再展开赘述。

7.1.2 要素价格扭曲与我国出口产品质量事实描述结果

本书第4章对各要素价格扭曲与我国出口产品质量进行了比较详尽的典型特征性事实描述，并得出了有价值的事实描述结果。

1. 要素价格扭曲特征事实描述结果

（1）总体扭曲状况。我们对各要素的测度结果表明，劳动力、资本、能源要素均存在明显的价格负向扭曲，而中间投入品则存在比较突出的价格正向扭曲。其中，劳动力价格扭曲基本发展趋势与我国要素总的价格扭曲趋势基本一致，呈N型变化趋势；资本价格扭曲在样本期内不断加重最后趋于相对平稳；中间品价格扭曲也呈逐年加重趋势；能源要素价格扭曲呈逐年减轻趋势。

（2）分行业测度情况。我们分别测度了我国制造业28个分行业的要素价格扭曲状况。

①劳动力价格扭曲情形。

第一，我国制造业绝大多数行业均存在劳动力价格负向扭曲，即存在劳动力工资被低估的情形。其中，烟草制品业、石油加工及核燃料加工业及通用设备制造业三个行业的劳动力价格负向扭曲度较大，其他大多行业的劳动力价格扭曲度相对较轻。

第二，大多行业的劳动力价格扭曲随时间虽有一定程度的变动，但在样本期内总体变动比较平稳。

第三，有极少数行业的劳动力价格扭曲度数值小于1，这说明这几个行业的劳动力价格发生了正向扭曲，即存在被高估情形。这几个行业分别是：电器机械及器材制造业和通信设备、计算机制造业。

②资本价格扭曲情形。

第一，我国几乎所有的制造业分行业均存在显著的资本价格负向扭曲现象。根据扭曲度数值可以判断，我国资本价格扭曲度明显大于劳动力价格扭曲度。

第二，从时间维度看，在样本期内大多制造业行业的资本价格扭曲度数值在不断增大。这表明，我国各行业的资本价格负向扭曲程度总体呈不断加重趋势。

第三，从各行业来看，不同制造业行业的资本价格扭曲度也存在一定程度的差异，但差别不大。尤其是国家重点扶持的行业，其资本价格扭曲度可能比其他行业稍偏大，这也在一定程度上反映了我国的产业发展政策。

③中间品价格扭曲情形。

第一，绝大多数行业的中间投入品价格扭曲度数值均小于1，这表明，我国各行业普遍存在中间投入品价格正向扭曲现象。只有纺织、服装、鞋、帽制造业（行业代码为18）在部分年份的中间投入品价格呈现显著的负向扭曲。

第二，大多行业扭曲度数值低于0.50，而另有少部分行业的中间投入品价格扭曲度大于介于0.5~1.0之间。这表明，我国制造业各分行业的中间投入品价格扭曲程度并不太一致。其中，中间投入品价格正向扭曲较为突出的行业包括：食品制造业、纺织业、造纸及纸制品业及印刷业等；而也有一些行业的中间投入品价格扭曲程度相对较轻，如饮料制造业、家具制造业、专业设备制造业、交通运输设备制造业及电器机械、器材制造业等。而其他行业的中间投入品价格扭曲度相对适中。

④能源价格扭曲情形。

第一，我国制造业各分行业的能源要素价格扭曲度数值均大于1，这表明我国制造业行业的能源要素价格普遍存在价格负向扭曲现象。

第二，我国各行业的能源价格扭曲度数值波动并不大，扭曲度数值基本控制在1.3~3之间，并且每个行业能源价格扭曲度在各年份相对比较平稳。

2. 分所有制测度结果

（1）劳动力价格扭曲测度结果与事实描述。

第一，不管国有企业、民营企业还是外资企业，劳动力价格扭曲数值均大于1，这再次表明我国制造业普遍存在明显的劳动力价格负向扭曲。第二，不同所有制企业的劳动力价格扭曲程度存在一定的差异：国有企业劳动力价格负向扭曲度最轻（其数值在1~1.5之间），而民营企业和外资企业劳动力价格扭曲相对较重，且其扭曲度在2004年之前基本类似，在2004年之后民营企业的劳动力价格扭曲开始加重并超过外资企业扭曲度。

（2）资本价格扭曲测度结果与事实描述。无论是国有企业、民营企业还是外资企业，资本要素价格扭曲度数值均明显大于1，并且其数值明显大于劳动力价格扭曲数值。这表明我国不同所有制企业的资本价格普遍存在负向扭曲且其扭曲程度要显著大于劳动力价格扭曲度。

国有企业的资本价格扭曲度数值最大，外资企业次之，扭曲度最小的是民营企业。这个测度结果说明，国有企业的资本价格负向扭曲最严重，其次是外资企业，民营企业的资本价格负向扭曲度最轻。这表明，国有企业融资成本显著低于外资企业，而外资企业的融资成本又低于民营企业。我们认为，这个测度结果与中国的实际情况相吻合，因为国有企业长期得到金融部门的融资优惠和便利，所以其融资成本会比民营企业低很多。这个测度结果也间接证明了我国民营企业融资难的问题。

（3）中间品价格扭曲测度结果与事实描述。测度结果表明，我国各所有制企业的中间投入品价格扭曲度数值均明显小于1。这表明我国不同所有制企业的中间投入品价格均存在正向扭曲现象。国有企业的中间投入品价格扭曲度数值最小，外资企业次之，扭曲度数值最大的是民营企业。这表明，我国国有企业中间投入品的价格正向扭曲程度最大，外资企业次之，民营企业中间投入品的价格正向扭曲度最轻。这表明，我国中间投入品的价格扭曲存在显著的所有制差异。对此，我们给出的解释是，中间投入品往往包含较高的附加值，其生产者可能会通过技术垄断从而收取较高的垄断价格。但国有企业大都实力雄厚并且能得到较便利的融资优惠，这可能使得他们在购买中间品时，并不太在意中间投入品的市场价格，因此他们很可能会以“高价”购买了一些高附加值的中间品。而民营企业大都实力较弱，融资相对困难，因此，他们一般不会购买价格过高的中间品，这使得他们所投入使用的中间品价格正向扭曲度可能更轻一些。而外资企业的情况恰好介于国有企业和民营企业之间，因此他们的中间投入品价格正向扭曲度也会介于国有企业和民营企业之间。

（4）能源价格扭曲测度结果与事实描述。不管是国有企业、民营企业还是外资企业，其能源价格扭曲度数值在各年份均大于1。这表明，我国能源要素价格存在负向扭曲具有普遍性，在各所有制企业均显著存在。我国能源要素价格扭曲确实存在显著的所有制差异：国有企业的能源价格扭曲度数值最大，其次是外资企业，民营企业的能源价格负向扭曲度最小。

区分地区的要素价格扭曲测度结果表明，劳动力价格扭曲度最高的是中部地区，而东部地区和西部地区的劳动力价格扭曲度相对较轻；我国东部地区的资本价格负向扭曲度是最高的，其次是西部地区，资本价格负向扭曲度最低的是中部地区；东部地区中间投入品价格正向扭曲度最大，西部地区中间投入品价格正向扭曲度最小，而中部地区的中间投入品价格正向扭曲度则介于东、西部之间。

基于各要素密集型行业的测度结果表明，资本密集型行业的劳动力价格负向扭曲度最严重，其次是技术密集型行业，劳动力价格扭曲度最轻的行业是劳动密集型行业；劳动密集型行业的资本价格扭曲程度最重，其次是技术密集型行业，资本密集型行业的资本价格扭曲度最轻；在劳动密集型行业，中间投入品的价格扭曲度最轻；而在资本、技术密集型行业，中间投入品的价格扭曲程度远大于劳动密集型行业，并且技术密集型行业中间品价格扭曲度比资本密集型行业还要大一些；资本密集型行业的能源要素价格负向扭曲度最高，其次是劳动密集型行业，技术密集型行业的能源要素价格扭曲度最轻。

3. 我国出口产品质量特征事实描述结果

总体看，“入世”之后，我国出口产品质量变化趋势相对平稳。

我国大多制造业行业的出口产品质量并不高，大部分行业的出口产品质量指数在 0.2 ~ 0.4 之间，有少部分行业个别年份的出口产品质量指数小于 0.2（如农副食品加工业（代码为 13）2000 年的出口产品质量），同时也有少部分行业的出口产品质量指数相对较高，达到 0.4 以上的水平（这些行业包括：汽车制造业，代码为 36；计算机、通信和其他电子设备制造业，代码为 39；仪器仪表制造业，代码为 40；其他制造业，代码为 41）。

各所有制企业中，国有企业出口产品质量最高，其次是民营企业，外资企业出口产品质量最低；但各所有制企业出口产品质量指数差别较小。

我国东部地区与中部地区的出口产品质量水平基本相当，西部地区的出口产品质量比东部和中部地区稍微低一点。各地区出口产品质量的变化趋势基本一致。

各要素密集型行业出口产品质量中，出口产品质量最高的是技术密集型行业，其次是资本密集型行业，出口产品质量最低的是劳动密集型行业。其中，技术密集型出口产品质量明显高于资本密集型行业和劳动密集型行业，而资本密集型行业的出口产品质量与劳动密集型行业的出口产品质量差距很小。各要素密集型行业出口产品质量变化趋势相同。

加工贸易方式下的我国出口产品质量指数最高，其次是混合贸易，一般贸易方式下的出口产品质量最低，且各贸易方式下产品质量发展趋势类似。

7.1.3 实证检验结论

本书的实证研究部分包括第 5、6 两章。其中，第 5 章侧重对各要素价格扭曲对产品质量的作用方向和程度进行考察，即侧重验证第 3 章提出的理论假说。而第 6 章则侧重考察各要素价格扭曲对产品质量的作用效应和渠道。

在第 5 章，通过运用海关数据库与中国工业企业数据库的合并数据，我们对第 3 章的理论假说进行了系统的实证检验。检验结果表明，劳动力价格扭曲、资本价格扭曲与能源价格扭曲均显著抑制了我国出口产品质量升级，而中间投入品价格扭曲则显著促进了我国出口产品质量升级，从而验证了本书第 3 章提出的基本理论假说。此外，考虑到样本选择偏差问题，我们使用 Heckman 两步法进行了处理，得出的估计结果仍验证了上述结论。

此外，我们还分别对各要素价格扭曲进行了分样本稳健性分析。关于劳动力价格扭曲，我们基于扭曲程度的中位数进行分组估计，发现当劳动力价格扭曲程度较轻时，它对产品质量的抑制程度较轻且显著程度也较低；而当劳动力价格扭曲程度较重时，它对产品质量的抑制程度明显加重且高度显著。基于地区划分的分样本检验结果表明，中部地区劳动力价格扭曲对出口产品质量的抑制程度最大，东部和西部地区的抑制程度相对较轻。而本研究第 4 章的统计性描述结果表明，中部地区劳动力价格扭曲最重，东部和西部地区较轻，因此我们的估计结果再次验证了劳动力价格扭曲程度对产品质量的作用差异。

基于资本价格扭曲程度的分样本估计结果表明，资本价格扭曲较轻时，它对产品质量的影响虽为负但不显著，而当资本价格扭曲较重时，它显著抑制了我国出口产品质量升级。我们认为这可能与资本价格扭曲的规模效应有关，于是，我们构建了企业规模效应指标，并侧重考察了资本价格扭曲与规模效应指标的交互项，发现交互项系数显著为正。据此，我们给出的结论为，当资本价格扭曲度较轻时，如果它由此能够实现规模经济，则规模经济带来的规模经济效应可能会大于扭曲对产品质量的抑制，从而促进了产品质量升级。

基于进口中间品价格扭曲程度的分样本估计结果表明，当中间投入品价格扭曲程度较轻时，它对产品质量升级的促进作用相对比较明显；而当中间投入品价格扭曲度较重时，它对产品质量升级的促进作用相对较轻。我们认为这可能与技术差距过大有关。于是，我们构建技术差距指标，然后侧重考察了中间品价格扭曲与技术差距交互项系数，发现交互项系数为负，从而验证了我们的假说。

在第 6 章，我们分别考察了劳动力等要素价格扭曲对产品质量的经济效应。我们从抑制效应和促进效应两个层面分别进行了考察。我们得出了如下基本实证回归结果。

关于劳动力价格扭曲，我们得出的主要经验结论为：劳动力价格扭曲存在显著的成本下降效应、要素错配效应、研发抑制效应和经验累积效应，即劳动力价格扭曲通过降低我国出口产品的成本增强出口产品的价格优势降低了我国出口产品质量；劳动力价格扭曲通过增加劳动力要素的投入比例、降低资本等其他要素的投入比例来降低了各要素的配置效率，使得各要素难以发挥其对产品质量应有的贡献来降低了我国出口产品质量；劳动力价格扭曲通过降低从事产品研发人员的工资，抑制了他们的研发积极性，从而抑制了我国出口产品质量升级；劳动力价格扭曲使得企业大量招进非熟练劳动力，在引进初期由于缺乏生产经验，产品质量会下降，但随着劳动力生产经验的不断累积，产品质量在不断升级。

关于资本价格扭曲，我们得出的主要经验结论为：资本价格扭曲存在显著的成本下降效应、要素错配效应和研发抑制效应，即资本价格扭曲通过资本使用成本的下降刺激企业扩大规模，降低了产品的成本，增加了价格优势，从而抑制了产品质量升级；资本价格扭曲使得企业投入更多的资本要素，使得资本投入比例偏高，其他要素投入比例偏低，引起了要素配置效率的降低，使得各要素难以有效发挥其对产品质量升级的贡献，从而降低了产品质量；资本价格扭曲使得企业研发积极性受到显著削弱，从而降低了产品质量。

关于中间品价格扭曲，我们得出的主要经验结论为：中间品价格扭曲存在显著的成本上涨效应、研发抑制效应、要素错配效应和技术溢出效应，即中间投入品价格扭曲使得我国中间品进口成本上涨，企业减少了对中间品的进口规模和种类，从而不利于产品质量升级；中间投入品价格扭曲使得企业的研发积极性受到了抑制，对产品质量升级不利；中间投入品价格正向扭曲使得进口中间品投入比例下降，其他要素投入比例提高，恶化了各要素的配置效率，从而不利于产品质量升级；中间投入品价格扭曲会通过技术溢出效应提升我国出口产品质量。

此外，我们还考察了各要素价格扭曲经济效应的要素密集型行业差异和所有制差异，得出的经验结论如下：

第一，总体而言，各要素价格扭曲对本要素密集型行业的经济效应显著大于它对其他要素密集型行业的经济效应，如劳动力价格扭曲在劳动密集型行业的成本效应明显大于它在资本和技术密集型行业的成本效应。

第二，要素价格扭曲的经济效应存在显著的所有制差异。如劳动力价格扭曲的成本效应在民营企业最突出，其次是外资企业，影响最轻的是国有企业。劳动力价格扭曲的研发效应亦是如此。劳动力价格扭曲的要素配置效应在各所有制企业差别不明显。资本价格扭曲经济效应的所有制差异也很明显，如资本价格扭曲在国有企业和外资企业的经济效应均比较显著，而在民营企业却几乎不存在显著的经济效应，我们认为这与民营企业很难得到优厚的融资待遇密切相关。而中间投入品价格扭曲的经济效应在各所有制企业的估计结果恰好与资本价格扭曲相反，即中间品价格扭曲的成本上涨效应、研发抑制效应及要素错配效应在民营企业最突出，在国有企业和外资企业显著较弱。

在第6章最后，考虑到各要素价格扭曲的同时存在性问题，我们通过构建各要素价格扭曲的交互项，考察了它们的交互作用对我国出口产品质量的影响，我们发现，劳动力价格扭曲与资本价格扭曲的交互作用以及资本价格扭曲与中间品价格扭曲的交互作用均会在一定程度上促进我国出口产品质量升级，而其他要素的交互作用的估计结果并不显著。

7.2 我国出口产品质量升级路径选择

本节基于本章 7.1 节概况的各要素价格扭曲对我国出口产品质量升级的作用机制和实际影响效果，探讨我国出口产品质量升级的路径。基于各要素价格扭曲程度及它对产品质量作用机制的异质性，我们依次从劳动力价格扭曲、资本价格扭曲、中间投入品价格扭曲及能源价格扭曲的视角探讨我国出口产品质量升级的路径。

7.2.1 我国出口产品质量升级：基于劳动力价格扭曲的视角

改革开放以来，我国劳动力资源丰裕，劳动力要素也是我国大多企业生产成本投入的关键要素之一，对于劳动密集型产品而言尤其如此。从这个角度讲，劳动力价格扭曲对我国劳动密集型行业的出口产品质量升级意义影响重大且深远。

根据我们对劳动力价格扭曲对我国出口产品质量的影响机理分析与经验检验结果可知，劳动力价格扭曲主要通过成本效应、要素配置效应、研发效应、经验累积效应及规模效应等渠道影响我国出口产品质量。因此，从劳动力价格扭曲视角探讨我国出口产品质量升级的路径需要从这几个效应切入分析。

1. 劳动力价格扭曲的成本效应

劳动力价格扭曲促使企业生产成本下降，带来了产品的价格优势，在“薄利多销”的原则下，企业一般不会有动力进行产品质量升级，而只是一味地通过价格优势来抢占市场。实际上，这种出口模式已经面临来自国内外两方面的阻力：一方面，进口国近年来经常以中国出口产品价格过低为由频繁地对中国发起反倾销，从而使得很多中国出口企业出口受到了严重影响；另一方面，我国中小型企业众多，并且大都靠价格优势来抢占国外市场，于是造成了各出口企业之间相互压价这种恶性循环模式，结果使得各企业价格被迫压得很低，利润空间很小，两败俱伤。

针对上述这种情况，我们认为可以从以下价格渠道去寻求解决：

第一，加快劳动力市场的市场化改革步伐，尽快让劳动力价格恢复到正常价格上来，这样会使得企业无法通过成本优势来出口产品，被迫进行产品质量的改进与升级环节。需要指出的是，由于我国各行业、各地区的经济发展程度以及劳动力价格扭曲程度存在一定的差异，在劳动力市场化改革过程中，可以侧重对劳动力价格扭曲较为严重的行业、地区的市场化改革，而劳动力价格扭曲相对较轻的行业或地区的劳动力市场化改革力度可以适当放缓。

第二，加强各地海关对出口产品的贸易调查和监督追责力度。对那些侧重依赖压价出口产品并严重扰乱出口市场秩序的企业严厉惩罚，勒令其限期整改甚至从市场中肃清。这样会在一定程度上避免了部分企业之间通过“打价格战”来扰乱市场，从而维护我国出口市场正常秩序。这样，企业试图通过压价方式来促销的手段基本被切除，在相对激烈的市场经济环境下，为了生存企业可能会被倒逼进行产品质量升级。

第三，鼓励并通过政策引导那些依靠劳动力价格优势出口的企业重视技术的引进与利用以及对产品生产工艺的不断改进、对产品质量不断升级，从而提高我国出口产品的附加值和技术含量，带动我国出口产品质量升级。

2. 劳动力价格扭曲的要素配置效应

本研究表明，劳动力价格扭曲会使得企业多投入劳动力要素，减少其他要素的投入比例，这会降低要素的配置效率，从而不利于产品质量升级。对于劳动密集型行业，劳动力价格扭曲的要素配置效应最为明显，资本技术密集型行业相对较弱。

我们认为，劳动力价格扭曲导致的要素配置比例的改变其实是受成本下降的驱使导致。针对这种情形下，我们认为可以尝试采取如下措施进行应对：

首先，积极推动各城市实施最低工资标准。最低工资标准是劳动力市场化改革的一个具体举措，它不但让城市低收入群体有了一个基本的生活保障，而且还在较大程度上弱化了劳动力价格负向扭曲的负面影响，如最低工资标准促使企业用工工资有所提升，这会在一定程度上抑制了劳动力要素的过量配置，从而有助于改善要素配置比例，提高要素配置效率。当然，各地区要结合本地区的实际情况，适度稳健地制定最低工资标准，过高的最低工资标准会明显加重企业负担，过低的工资标准效果不会太明显。

其次，由于我国各要素均存在不同程度的价格扭曲现象。因此，在劳动力要素市场化改革过程中，应该同步对其他要素进行市场化改革，并且尽量保持各要素的市场化改革进度或力度相匹配，这样有助于企业优化要素配置组合和投入比例，从而改善要素配置效率，提升产品质量。

3. 劳动力价格扭曲的研发效应

本研究表明，劳动力价格扭曲会降低产品研发人员的工资待遇，抑制他们研发的积极性和创造性，从而会抑制产品质量升级。

在“新常态”背景下，我国企业难以通过价格优势大量出口产品，产品质量升级是大多企业亟须解决的一大问题，也即“新常态”的大背景本身就会在一定程度上倒逼企业加强产品研发与质量升级。而劳动力价格扭曲的存在总会在一定程度上使得企业对产品研发的动力不足。而产品质量升级的关键取决于企业自身的产品研发、设计和升级能力。因此，目前状况下，企业研发人员对产品质量升级起到关键作用。

我们认为应该明确以下几点：

首先，明确并加大对研发成果的奖励力度，制定有效的激励机制刺激研发人员投入热情和动力加强对产品的研发和升级。对产品研发做出突出贡献的人员给予优厚的货币、实物或住房待遇，提供给他们良好的研发创新环境。同时，鼓励企业内部、企业之间、企业与科研院所、高校组成研发联盟，实现资源共享，充分利用高校与科研院所孵化器的功能，从而高效、高质量的促进产品生产技术、生产工艺等方面的改进。

其次，企业应该注重加强引进“合适”的外来技术和中间投入品，即要突出外来技术和中间品的先进性和适用性。做到既可以通过引进外来技术（或中间品）增加企业出口产品的附加值，提升出口产品的质量水平，同时要注意增强对外来技术的消化、吸收、模仿及改良创新能力。这样能快速缩短与发达国家之间的技术差距。

4. 劳动力价格扭曲的经验累积效应

劳动力价格扭曲使得企业持续地招进大量劳动力，但在引进初期，劳动力缺乏对产品生产工艺的了解，缺乏生产经验，因此会导致产品质量会下降。虽然随着时间的延长，劳动力的生产经验会逐渐累积，但这是个缓慢的过程。这种情形下，企业应该做到如下几点：

首先，招聘劳动力时，优先考虑有劳动技能或生产经验的劳动力，并根据其等级匹配对等的工资待遇，对高技能劳动力实施较高的工资和生活待遇，对低技能劳动力实施较低的工资，这样会倒逼低技能劳动力自觉加强劳动技能培训。

其次，对由于劳动力价格扭曲而引进的部分技能等级较低的劳动力，要定期加强对他们的培训学习并采取规范的监督考核机制，从而在短期内快速提升其劳动技能。

7.2.2 我国出口产品质量升级：基于资本价格扭曲的视角

本书研究表明，资本价格扭曲对产品质量存在成本效应、要素配置效应、研发效应及规模效应。基于此，我们认为，应该着重从资本价格扭曲的这四个渠道探讨我国出口产品质量升级的路径问题。

1. 成本效应

资本价格扭曲的成本效应与劳动力价格扭曲类似，即扭曲会降低产品的投入成本，增强价格优势，在产品畅销的情形下，企业不会有动力进行产品质量升级。此外，资本价格扭曲的成本效应还具有明显的行业差异和所有制差异，即资本价格扭曲在资本密集型行业的成本效应最明显，而在劳动密集型行业和技术密集型行业相对较弱；资本价格扭曲的成本效应在非国有企业表现更加明显。

根据上述结论，我国资本价格扭曲的市场化改革在各要素密集型行业、各所有制企业应该有所差别：在资本密集型行业，应该适度加快资本价格扭曲的市场化步伐，而在劳动密集型与技术密集型行业，资本市场化改革可以相对温和、适度推进；应该尽快消除对非国有企业的资本使用歧视政策，使得非国有企业（尤其是私营、民营企业）的融资政策能够逐步与国有企业、外资企业一致。

2. 要素配置效应

资本价格扭曲会引起企业生产过程资本与各要素配置比例的改变，从而恶化要素配置效率，对产品质量升级不利。从这个角度看，资本要素的市场化进程也是一个必然趋势。但需要指出的是，由于我国各要素都存在不同程度的价格扭曲，如资本价格扭曲与劳动力价格扭曲同时存在。这需要统筹各要素的市场化进程，协调好资本与劳动力要素的市场化改革步伐。由于我国资本价格扭曲程度明显重于劳动力价格扭曲（施炳展、冼国明，2012），因此，从要素配置改善的角度，对资本要素的市场化改革速度要稍快于劳动力要素市场，这样能够有效防止资本投入偏多，有助于劳动力、资本要素的合理化配置，此外，它对企业规模的盲目扩张、产能过剩等都会有所抑制，从而有助于产品质量升级。

3. 研发效应

根据上面的研究可知，资本价格扭曲的研发效应具有两面性：一方面，资本价格扭曲刺激企业扩大投资，增强了企业的市场势力，它可能就无动力进行产品质量升级；另一方面，资本价格扭曲使得企业有机会通过融资来加大对研发的投入，增强研发实力。因此，我们认为，资本价格扭曲对企业研发的影响具有两面性，这取决于企业自身的发展战略：如果企业重视产品质量升级，资本价格扭曲有助于企业壮大研发实力，从而加快产品质量升级步伐；如果企业不重视产品质量升级，则资本价格扭曲可能会起到反向作用。

另外，考虑到资本要素的市场化改革对不同所有制企业研发效应影响存在差异，因此我们认为应该逐步消除对非国有企业融资的歧视性政策，这有助于它们解决融资难的问题，融资问题的逐步解决对其研发投入的加强甚至产品质量的升级有至关重要的作用。

4. 规模效应

资本价格负向扭曲会刺激企业扩大投资和生产规模，而生产规模的扩大会造成规模效应，但我国大多企业存在盲目扩张现象，造成规模不经济现象。这种盲目扩张与资本价格负向扭曲有密切关系。从这个角度看，资本要素的市场化改革进行是大势所趋。

当然，由于不同所有制企业的融资政策不同，即资本价格扭曲存在显著的所有制差异，因此，资本价格扭曲的规模效应对国有企业来说，容易造成其非理性扩张（包括生产规模的扩大和加大对其他企业的并购等方面），一味地追求市场势力，从而忽视产品质量升级。因此，针对国有企业，应该逐步稳健地减轻其资本要素价格扭曲度。而对于大多民营企业而言，为了解决其融资难的问题，对其应该采取与国有企业方向相反的措施：即应该适度稳健地给它们提供融资便利（即资本价格的负向扭曲）。这样一来，国有企业融资成本适度提高，而民营企业融资成本适度降低，有利于各自的发展和产品质量的提高。

7.2.3 我国出口产品质量升级：基于中间品价格扭曲的视角

中间投入品（尤其是进口中间品）往往包含一定的附加值，我们的研究也表明，进口中间品大都存在价格正向扭曲，这种扭曲在一定程度上能够反映其附加值水平；只有在进口中间品价格扭曲度较轻时，它才会显著促进我国出口产品质量升级，而当扭曲度过大时，它会抑制我国出口产品质量升级。

需要说明的是，进口中间品价格正向扭曲度不但与其自身附加值有关，还与我国国内中间品生产企业对进口中间品的抵制措施有关，各种针对进口中间品的抵制措施势必会抬高进口中间品的价格，从而使得其价格扭曲度更大。这也可能是进口中间品扭曲度越大其对我国出口产品质量的促进作用越弱的一个重要原因。此外，根据第 6 章的实证分析可知，国内外技术差距过大也可能是正向扭曲度较大的进口中间品不会促进我国出口产品质量升级的一大原因。

基于上述分析，我们给出如下政策建议：

第一，要进口适宜的中间品，尽量少进口价格扭曲度较为严重的中间品，包含过高或过低附加值的中间品可能对我国出口产品质量升级都不利。所谓适宜的中间品，就是指现在引进可以显著促进我国出口产品质量升级，未来一段时间仍能使用，发挥其对产品质量升级的作用。

第二，要扩大对中间品进口的渠道和来源地，防止少部分发达国家对中间品市场价格的垄断，从而有利于抑制进口中间品价格扭曲程度过大。

第三，要进一步规范进口中间品市场，尽快出台明确对进口中间品的相关规定细则，旨在规范国内中间品生产企业的行为，使其减轻对进口中间品的抵制，这样既便于降低进口中间品价格扭曲度，同时又有助于形成既能进口一些种类和数量的中间品，这样本土企业就能在进口中间品的适度竞争压力下，快速提升自己生产中间品的质量水平的良性竞争局面，从而能够快速提升我国出口产品质量。

第四，加大对国内中间品生产企业的研发补贴力度，并增强对其研发补贴资金去向的监督和管理，使其专款专用，这对于我国企业研发能力的提升，以及减少对进口中间品的依赖是非常关键的。

第五，处理好企业研发与进口中间品的关系，既不能封闭自己研发，又不能一味依赖进口中间品，可以鼓励企业强强联合，壮大研发队伍；同时鼓励企业开展战略资产寻求性境外投资，从而为快速缩短与发达国家关于中间品生产技术的差距创造条件。

7.2.4　我国出口产品质量升级：基于能源价格扭曲的视角

能源要素是大多产品生产所必须投入的生产要素之一，但由于我国能源要素市场长期存在价格扭曲，致使很多企业投入了过多的能源要素，盲目扩张企业规模，不注重产品质量提升，既浪费了大量的资源能源，污染了环境，造成了大量的产能过剩，还造成了各要素投入的错配。基于上述基本研究结论，我们提出如下政策建议：

第一，稳步推进我国能源要素的市场化改革。当然，一刀切也不是很合适。应该基于各要素密集型行业的实际情况进行梯度化改革。如对能源要素密集型行业（如钢铁行业、水泥行业、陶瓷行业、黑色金属冶炼等）的能源要素市场化改革要更快、更稳健一些，通过把能源要素使用价格逐步回归到市场供求均衡所需要的水平，来控制这些资源投入型、环境污染型行业的发展规模，这样能源要素使用成本提升了，规模控制了，企业会被倒逼进行产品质量升级。而对能源要素投入相对较低行业的能源要素市场化改革，可以适度放慢节奏，市场化改革力度也可以酌情减轻。这样便于这些企业逐步适应能源要素价格上涨给它们带来的冲击。

第二，对能源要素的市场化改革要注意适当区别对待各所有制企业的实际情况。如国有企业虽然部分属于能源要素密集型行业，但国有企业对我国国家经济安全、能源供给、就业等起到了不可替代的作用。因此，我们认为对国有企业能源要素的市场化改革不可力度过大，应该稳步推进，适度、动态地进行市场化改革，给国有企业比较充分的时间去调整，从而实现其从粗放到集约、从效益差到效益好的转变，而这个过程有助于产品质量升级。而对于众多能源要素密集型民营企业而言，应该对其加大力度进行能源要素的市场化改革。这样做的意义在于：一方面控制了能源要素的过度使用、污染源的扩散；另一方面，通过对能源要素的市场化改革，倒逼这些中小型企业加快进行转型，减少对能源要素的投入比例，改善要素配置效率，加快产品质量升级的进程。

参考文献

［1］蔡昉、王德文、都阳：《劳动力市场扭曲对区域差距的影响》，载于《中国社会科学》2001年第3期。

［2］陈晓华、沈成燕：《出口持续时间对出口产品质量的影响研究》，载于《国际贸易问题》2015年第1期。

［3］陈永伟、胡伟民：《价格扭曲、要素错配和效率损失：理论和应用》，载于《经济学（季刊）》2011年第10期。

［4］陈勇兵、李伟、蒋灵多：《中国出口产品的相对质量在提高吗？——来自欧盟HS-6位数进口产品的证据》，载于《世界经济文汇》2012年第4期。

［5］樊海潮、郭光远：《出口价格、出口质量与生产率间的关系：中国的证据》，载于《世界经济》2015年第2期。

［6］耿伟：《要素价格扭曲是否提升了中国企业出口多元化水平?》，载于《世界经济研究》2013年第9期。

［7］黄先海、蔡婉婷、宋华盛：《金融危机与出口质量变动：口红效应还是倒逼提升》，载于《国际贸易问题》2015年第10期。

［8］黄先海、诸竹君、宋学印：《中国出口企业阶段性低加成率陷阱》，载于《世界经济》2016年第3期。

［9］黄益平：《美国金融危机与中国经济增长前景》，载于《国际金融研究》2009年第1期。

［10］姜学勤：《要素市场扭曲与中国宏观经济失衡》，载于《消费导刊》2009年第2期。

［11］科尔奈：《根本没有中国模式》，载于《社会观察》2010年第12期。

［12］李坤望、蒋为：《市场进入与经济增长——以中国制造业为例的实证分析》，载于《经济研究》2015年第5期。

[13] 李坤望、蒋为、宋立刚：《中国出口产品品质变动之谜：基于市场进入的微观解释》，载于《中国社会科学》2014 年第 3 期。

[14] 李平、姜丽：《贸易自由化、中间品进口与中国技术创新》，载于《国际贸易问题》2015 年第 7 期。

[15] 李秀芳、施炳展：《中间品进口多元化与中国企业出口产品质量》，载于《国际贸易问题你》2016 年第 3 期。

[16] 林毅夫、蔡昉、李周：《对赶超战略的反思》，载于《战略与管理》1994 年第 12 期。

[17] 林雪、林可全：《中国要素价格扭曲对经济失衡的影响研究》，载于《上海经济研究》2015 年第 8 期。

[18] 刘海洋、林令涛、高璐：《进口中间品与出口产品质量升级：来自微观企业的证据》，载于《国际贸易问题》2017 年第 2 期。

[19] 刘瑞明：《中国的国有企业效率：一个文献综述》，载于《世界经济》2013 年第 11 期。

[20] 刘晓宁、刘磊：《贸易自由化对出口产品质量的影响效应——基于中国微观制造业企业的实证研究》，载于《国际贸易问题》2015 年第 8 期。

[21] 刘怡、耿纯：《出口退税对出口产品质量的影响》，载于《财政研究》2016 年第 5 期。

[22] 卢峰、姚洋：《金融压抑下的法治、金融发展和经济增长》，载于《中国社会科学》2004 年第 1 期。

[23] 陆铭、高虹、佐藤宏：《城市规模与包容性就业》，载于《中国社会科学》2012 年第 10 期。

[24] 罗丽英、齐月：《技术创新效率对我国制造业出口产品质量升级的影响研究》，载于《国际经贸探索》2016 年第 4 期。

[25] 马光荣、李力行：《金融契约效率、企业退出与资源误置》，载于《世界经济》2014 年第 10 期。

[26] 毛其淋：《要素市场扭曲与中国工业企业生产率——基于贸易自由化视角的分析》，载于《金融研究》2013 年第 2 期。

[27] 戚建梅：《要素价格扭曲对中国出口产品质量的影响研究》，对外经济贸易大学博士学位论文，2017 年。

[28] 任曙明、孙飞：《需求规模、异质性研发与生产率》，载于

《财经研究》2014 年第 8 期。

[29] 盛丹、王永进:《“企业间关系”是否会缓解企业的融资约束》, 载于《世界经济》2014 年第 10 期。

[30] 盛仕斌、徐海:《要素价格扭曲的就业效应研究》, 载于《经济研究》1999 年第 5 期。

[31] 施炳展:《中国企业出口产品质量异质性: 测度与事实》, 载于《经济学 (季刊)》2014 年第 1 期。

[32] 施炳展、邵文波:《中国企业出口产品质量测算及其决定因素——培育出口竞争新优势的微观视角》, 载于《管理世界》2014 年第 9 期。

[33] 施炳展、冼国明:《要素价格扭曲与中国工业企业出口行为》, 载于《中国工业经济》2012 年第 2 期。

[34] 史晋川、赵自芳:《所有制约束与要素价格扭曲——基于中国工业行业数据的实证分析》, 载于《统计研究》2007 年第 6 期。

[35] 苏理梅、彭冬冬、兰宜生:《贸易自由化是如何影响我国出口产品质量的? ——基于贸易政策不确定性下降的视角》, 载于《财经研究》2016 年第 4 期。

[36] 唐杰英:《要素价格扭曲对出口的影响——来自中国制造业的实证分析》, 载于《世界经济研究》2015 年第 6 期。

[37] 田巍、余淼杰:《中间品贸易自由化和企业研发: 基于中国数据的经验分析》, 载于《世界经济》2014 年第 6 期。

[38] 汪建新、黄鹏:《信贷约束、资本配置和企业出口产品质量》, 载于《财贸经济》2015 年第 5 期。

[39] 汪建新、贾圆圆、黄鹏:《国际生产分割、中间投入品进口和出口产品质量》, 载于《财经研究》2015 年第 4 期。

[40] 汪建新:《贸易自由化、质量差距与地区出口产品质量升级》, 载于《国际贸易问题》2014 年第 10 期。

[41] 王明益、戚建梅:《我国出口产品质量升级: 基于劳动力价格扭曲的视角》, 载于《经济学动态》2017 年第 1 期。

[42] 王明益:《技术差距对我国出口产品质量影响研究》, 山东大学博士学位论文, 2014。

[43] 王明益:《内外资技术差距与中国出口产品质量升级研究——

基于中国7个制造业行业数据的经验研究》，载于《经济评论》2013年第6期。

[44] 王明益：《要素价格扭曲会阻碍出口产品质量升级吗——基于中国的经验证据》，载于《国际贸易问题》2016年第8期。

[45] 王明益：《中国出口产品质量提高了吗》，载于《统计研究》2014年第5期。

[46] 王宁、史晋川：《要素价格扭曲对中国投资消费结构的影响分析》，载于《财贸经济》2015年第4期。

[47] 王宁、史晋川：《中国要素价格扭曲程度的测度》，载于《数量经济技术经济研究》2015年第9期。

[48] 王涛生、左红艳、陈健美：《机电类出口产品质量指数非线性自校正模型及其应用》，载于《中南大学学报（自然科学版）》2013年第1期。

[49] 王希：《要素价格扭曲与经济失衡之间的互动关系研究》，载于《财贸研究》2012年第5期。

[50] 王志华、董存田：《我国制造业结构与劳动力素质结构吻合度分析》，载于《人口与经济》2012年第9期。

[51] 夏晓华、李进一：《要素价格异质性扭曲与产业结构动态调整》，载于《南京大学学报（哲学．人文科学．社会科学版）》2012年第3期。

[52] 冼国明、程娅昊：《多种要素扭曲是否推动了中国企业出口》，载于《经济理论与经济管理》2013年第4期。

[53] 谢攀、林致远：《地方保护、要素价格扭曲与资源误置——来自A股上市公司的经验证据》，载于《财贸经济》2016年第2期。

[54] 许开国：《地区性行政垄断的宏观成本效率损失研究》，载于《经济评论》2009年第5期。

[55] 许明：《提高劳动报酬有利于企业出口产品质量提升吗?》，载于《经济评论》2016年第5期。

[56] 姚上海：《从“民工潮”到“民工荒”——农民工劳动力要素价格扭曲现象剖析》，载于《中南民族大学学报（人文社会科学版）》2005年第5期。

[57] 姚战琪：《生产率增长期与要素再配置效应：中国的经验研

究》，载于《经济研究》2009 年第 11 期。

[58] 殷德生：《中国入世以来出口产品质量升级的决定因素与变动趋势》，载于《财贸经济》2011 年第 11 期。

[59] 余淼杰、张睿：《中国制造业出口质量的准确衡量：挑战与解决方法》，载于《经济学（季刊）》2017 年第 1 期。

[60] 张杰、翟福昕、周晓艳：《政府补贴、市场竞争与出口产品质量》，载于《数量经济技术经济研究》2015 年第 4 期。

[61] 张杰、周晓艳、郑文平、卢哲：《要素市场扭曲是否激发了中国企业出口》，载于《世界经济》2011 年第 8 期。

[62] 张杰：《金融抑制、融资约束与出口产品质量》，载于《金融研究》2015 年第 6 期。

[63] 张明志、铁瑛：《工资上升对中国企业出口产品质量的影响研究》，载于《经济学动态》2016 年第 9 期。

[64] 张曙光、程炼：《中国经济转轨过程中的要素价格扭曲与财富转移》，载于《世界经济》2010 年第 10 期。

[65] 张翊、陈雯、骆时雨：《中间品进口对中国制造业全要素生产率的影响》，载于《世界经济》2015 年第 9 期。

[66] 张幼文：《生产要素的国际流动与全球化经济的运行机制》，载于《国际经济评论》2013 年第 9 期。

[67] 章璐：《中国出口产品质量的测度与分析》，浙江大学硕士学位论文，2010 年。

[68] 赵春明、张群：《进口关税下降对进出口产品质量的影响》，载于《经济与管理研究》2016 年第 9 期。

[69] 赵自芳：《生产要素市场扭曲的经济效应》，浙江大学博士毕业论文，2007。

[70] 郑振雄、刘艳彬：《要素价格扭曲下的产业结构演进研究》，载于《中国经济问题》2013 年第 3 期。

[71] 钟建军：《进口中间品质量与中国制造业企业全要素生产率》，载于《中南财经政法大学学报》2016 年第 5 期。

[72] 诸竹君、黄先海、王煌：《企业创新提升了出口企业加成率吗》，载于《国际贸易问题》2017 年第 7 期。

[73] Aiginger, K. , The Use of Unit Values to Discriminate Between

Price and Quality Competition. *Cambridge Journal of Economics*, Vol. 21, No. 2, 1997, pp. 571 – 592.

[74] Aiginger, K. , Unit Values to Signal the Quality Position of CEECs. In Competitiveness of Transition Economies. OECD Proceedings, 1998 (10), pp. 213 – 234.

[75] Alcalá, F. , Product, Quality and Trade, mimeo, 2007, University of Murcia.

[76] Altonji, J. G. and Segal, L. M. , Small – Sample Bias in GMM Estimation of Covariance Structures. *Journal of Business and Economic Statistics*, Vol. 14, No. 3, 1997, pp. 353 – 366.

[77] Amit, K. , The Long and Short of Quality Ladders. *Review of Economic Studies*, 2011, 77 (4): 1450 – 1476.

[78] Amiti, M. and Konings, J. Trade Liberalization, Intermediate Inputs, and Productivity: Evidence from Indonesia. *American Economic Review*, Vol. 97, No. 5, May 2007, pp. 1611 – 1638.

[79] Amiti, M. and Khandelwal, A. Competition and Quality Upgrading (Mimeo, 2009, Columbia University).

[80] Amiti, M. and Freund C. , An Anatomy of China's Export Growth. China's Growing Role in World Trade. The University of Chicago Press, 2008.

[81] Aoki, S. , A Simple Accounting Framework for the Effect of Resource Misallocation on Aggregate Productivity. MPRA Working Paper, 2009.

[82] Atkinson, S. E. , Halvorsen R. , A Test of Relative and Absolute Price Efficiency in Regulated Utilities. *Review of Economics and Statistics*, 1980, 62 (1), pp. 81 – 88.

[83] Aw, Bee Yan, and Mark J. Roberts, Measuring Quality Change in Quota – Constrained Import Markets. *Journal of International Economics*, Vol. 21, 1986, pp. 45 – 60.

[84] Baldwin, R. , and J. Harrigan, Zeros, Quality, and Space: Trade Theory and Trade Evidence. *American Economic Journal*: *Microecnomics*, 2011 (3), pp. 60 – 88.

[85] Bas, M. , and V. Strauss – Kahn, Input – Trade Liberalization,

Export Prices and Quality Upgrading, FREIT Working Paper, No. 571, 2012.

[86] Bastos, P. and Silva, J., The Quality of a Firm's Exports: Where You Export to Matters. *Journal of International Economics*, Vol. 82, No. 2, 2010, pp. 99 – 111.

[87] Bils, M. and Klenow, P., Quantifying quality growth. *American Economic Review*, Vol. 91, April, 2001, pp. 1006 – 1030.

[88] Boorstein, Randi, and Robert C. Feenstra, Quality Upgrading and its Welfare Cost in U. S. Steel Imports, 1969 – 74. NBER Working Paper, No. 2452, 1987.

[89] Brooks, E., Why Don't Firms Export More? Product Quality and Colombian Plants. *Journal of Development Economics*, Vol. 80, 2006, pp. 160 – 178.

[90] Crino, R. and Epifani, P. Productivity, Quality, and Export Intensities. Working Paper No. 824. October, 2010, UFAE&IAE.

[91] Crozet, M., K. Head, and T. Mayer, Quality Sorting and Trade: Firm Level Evidence for French Wine. *Review of Economic Studies*, 2012, 79 (2): 609 – 644.

[92] Dickens W T, Lang K. Labor Market Segmentation and the Union Wage Premium. Review of Economics & Statistics, 1988, 70 (3): 527 – 530.

[93] Fabrizio, Stefania, Deniz Igan, and Ahoka Mody, The Dynamics of Product Quality and International Competitiveness. IMF mimeo, 2007.

[94] Fajgelbaum, P., Grossman, G. and Helpman, E. Income Distribution, Product Quality, and International Trade. *Journal of Political Economy*, Vol. 119, No. 4, 2011, pp. 721 – 765.

[95] Falvey, R. and Kierzkowski, H., Product Quality, Intra-industry Trade and Imperfect Competition. in (H. Kierzkowski, ed.), Protection and Competition in International Trade, 1987, pp. 495 – 511, Oxford: Basil Blackwell.

[96] Feenstra, Robert C., Quality Change under Trade Restraints in Japanese Autos. *Quarterly Journal of Economics*, Vol. 103, 1988, pp. 131 – 146.

[97] Feestra, R., New Product Varieties and the Measurement of International Prices. *American Economic Review*, Vol. 84, No. 1, 1994,

pp. 157 – 177.

[98] Feestra, R., Z. Y. Li. and M. J. Yu, Exports and Credit Constraints Incomplete Information: Theory and Evidence from China. *Review of Economics and Statistics*, forthcoming.

[99] Flam, H. and Helpman, E., Vertical Product Differentiation and North – South Trade. *American Economic Review*, Vol. 77, No. 5, 1987, pp. 810 – 822.

[100] Garbaccio, R., Price Reform and Structural Change in the Chinese Economy Policy: Policy Simulations Using a CGE Model. *China Economic Review*, 1994, 6, pp. 1 – 34.

[101] Gervais, A., Product Quality and Firm Heterogeneity in International Trade. Mimeo, 2009.

[102] Grossman, G. and Helpman, E., Quality Ladders and Product Cycles. *Quarterly Journal of Economics*, Vol. 106, 1991, pp. 557 – 586.

[103] Grossman, G. and Helpman, E., Quality Ladders in the Theory of Growth. *Review of Economic Studies*, Vol. 58, No. 1, 1991, pp. 43 – 61.

[104] Grossman, G. and Helpman, E., Growth and Welfare in a Small, Open Economy. in Helpman E. and Razin, A. *International Trade and Trade Policy Cambridge*, MA: MIT Press, 1991 (b).

[105] Hallak, J. C., Product Quality and the Direction of Trade. *Journal of International Economics*, Vol. 68, No. 1, 2006, pp. 238 – 265.

[106] Hallak, J. C. and Sivadasan, J., Firms' Exporting Behavior under Quality Constraints. NBER Working Paper No. 14928, 2009.

[107] Hallak, J. C., A Product – Quality View of the Linder Hypothesis. *Review of Economics and Statistics*, Vol. 92, No. 3, 2010, pp. 453 – 466.

[108] Hallak, J. C. and Schott, P. K., Estimating Cross – Country Differences in Product Quality. *Quarterly Journal of Economics*, Vol. 126, No. 1, 2011, pp. 417 – 474.

[109] Hallak, J., and J. Sivadasan, Productivity, Quality and Export Behavior under Minimun Quality Requirements. NBER Working Paper No. 14928, 2009.

[110] Hausman, R., J. Hwang, and D. Rodrik, What You Export

Matters. *Journal of Economic Growth*, 2007, 12 (1), pp. 1 –25.

[111] Hausman, J. , Valuation of New Goods under Perfect and Imperfect Competition. in Bresnahan and Gordoneds, The Economics of New Goods, NBER Working Paper, 1996.

[112] Hsieh, C. T. and Klenow P. J. , Misallocation and Manufacturing TFP in China and India. *Quarterly Journal of Economics*, Vol. 124, No. 4, 2005, pp. 1403 –1448.

[113] Hummels, C. T. and P. Klenow, The Variety and Quality of a Nation's Exports. *American Economic Review*, Vol. 95, No. 3, 2005, pp. 704 –723.

[114] Hummels, D. , and A. Skiba, Shipping the Good Apples Out? An Empirical Confirmation of the Alchian – Allen Conjecture. *Journal of Political Economics*, Vol. 112, 2004, pp. 1384 –1402.

[115] Jara – Díaz, S. , F. J. Ramos – Real and E. Martínez – Budría. , Economies of Integration in the Spanish Electricity Industry using a Multistage Cost Function. *Energy Economics*, Vol. 6, No. 3, 2004, pp. 995 –1013.

[116] Johnson, H. G. , Factor Market Distortion and the Shape of the Transformation Curve. *Econometrica*, Vol. 34, No. 3, 1986, pp. 686 –698.

[117] Johnson, R. , Trade and Prices with Heterogeneous Firms. *Journal of International Economics*, Vol. 86, 2012, pp. 43 –56.

[118] Khandelwal, A. The Long and Short of Quality Ladders. *Review of Economics Studies*, Vol. 77, No. 4, 2010, pp. 1450 –1476.

[119] Kneller, R. A. and Yu, Z. , Quality Selection, Chinese Exports and Theories of Heterogeneous Firm Trade. Discussion Paper 08/44, GEP, University of Nottingham, 2008.

[120] Krugler, M. , and E. Verhgoogen, Prices, Plants Size, and Product Quality. *Review of Economic Studies*, Vol. 79, No. 1, 2012, pp. 307 –339.

[121] Krugman, P. , Increasing Returns, Monopolistic Competition, and International Trade. *Journal of International Economics*, Vol. 9, No. 4, 1979, pp. 469 –496.

[122] Kugler, M. and Verhoogen, E. , The Quality – Complementarity Hypothesis: Theory and Evidence from Columbia. NBER Working Paper,

No. 14418, 2008.

[123] Kugler, M. and Verhoogen, E., Prices, Plant Size, and Product Quality. *Review of Economic Studies*, Col. 79, No. 1, 2012, pp. 307 – 319.

[124] Levinsohn, J. and Petrin, A., Estimating Production Functions Using Inputs to Control for Unobservables. *Review of Economic Studies*, Vol. 70, No. 2, 2003, pp. 317 – 342.

[125] Luong, T. A., R. Huang and S. Li, Ethnic Diversity and the Quality of Exports: Evidence from Chinese Firm – Level Data. FREIT Working Paper, 2013.

[126] Magee, S. P., Factor Market Distortion, Production, and Trade: A Survey. Oxford Economic Papers, New Series, Vol. 25, No. 1, 2012, pp. 1 – 43.

[127] Manova, K., and Z. Zhang, Export Prices Across Firms and Destinations. *Quarterly Journal of Economics*, Vol. 127, No. 1, 2012, pp. 379 – 436.

[128] Mark, J., D. Yi Xu, Fan X. Y. and Sheng, Z., A Structural Model of Demand Cost and Export Market Selection for Chinese Footwear Products, 2012, Mimeo.

[129] Martin, J., Mark-ups, Quality and Transport Costs. CREST Working Paper, No. 2010 – 2017, 2010.

[130] Mastooreh E., Normaz W., Export Product Quality between China and Asian Countries. *Journal of Global Policy and Governance*, Vol. 1, No. 1, 2013, pp. 173 – 183.

[131] Melitz, M. J., The Impact of Trade on Intra – Industry Reallocations and Aggregate Industry Productivity. *Econometrica*, Vol. 71, No. 6, 2003, pp. 1695 – 1725.

[132] Mundlak, Y., Further Implications of Distortion in the Factor Market. *Ecnometrica*, Vol. 38, No. 3, 1970, pp. 517 – 535.

[133] Murphy, K. M. and Shleifer, A., Quality and Trade. *Journal of Development Economics*, Vol. 53, No. 1, 1997, pp. 1 – 15.

[134] Nevo, A., Measuring Market Power in the Ready – to – Eat Cereal Industry. *Econometrica*, Vol. 69, No. 6, 2001, pp. 307 – 342.

[135] Olley, S., and A. Pakes. The Dynamics of Productivity in the Telecommunications Equipment Industry. *Econometrica*, Vol. 64, No. 6, 1996, pp. 1263 - 1297.

[136] Rader, T., The Welfare Loss from Price Distortions. *Econometrica*, Vol. 44, No. 3, 1976, pp. 1253 - 1257.

[137] Rodrik, D., What is So Special about China's Export. NBER Working Paper, No. 11947, 2006.

[138] Shin, R. T. and Johns Ying, Unnatural Monopolies in Local Telephone. *Journal of Economics*, Vol. 17, No. 2, 1992, pp. 171 - 183.

[139] Schott, P., Across - Product versus Within - Product Specialization in International Trade. *Quarterly Journal of Economics*, Vol. 119, No. 4, 2004, pp. 647 - 678.

[140] Schott, P. K., The Relative Sophistication of Chinese Exports. *Economic Policy*, Vol. 53, No. 4, 2008, pp. 5 - 49.

[141] Skoorka, B. M., Measuring Market Distortion: International Comparisons, Policy and Competitiveness. *The Applied Economics*, Vol. 32, No. 3, 2002, pp. 253 - 264.

[142] Verhoogen, E., Trade, Quality Upgrading and Wage Inequality in the Mexican Manufacturing Sector. *Quarterly Journal of Economics*, Vol. 3, No. 2, 2008, pp. 489 - 530.

[143] Wang, Z. and S. J. Wei, What Accounts for the Rising Sophistication of China's Exports. In R. Feenstra and S. J. Wei eds., China's Growing Role in World Trade. Combridge: M. A, 2010.

[144] Xu, B., The Sophistication of Exports: Is China Special? *China Economic Review*, Vol. 8, No. 3, 2010, pp. 482 - 493.

[145] Xu, Dianqing, Price Distortion in the Transition Process: A CGE Analysis of China's Case. *Economics of Planning*, Vol. 26, No. 2, 1993, pp. 161 - 182.

[146] Young, A., The razor's Edge: Distortions and Incremental Reform in the People's Republic of China. *Quarterly Journal of Economics*, Vol. 115, No. 2, 2000, pp. 1091 - 1135.

后　记

大概自2015年下半年我们就开始着手考虑写这本书了，其间从提纲的拟订与反复修改、文献梳理、数据获取与处理、实证分析及政策建议等整个过程下来经历了四年时间，现在终于出版了。

在写作初期，笔者自认为写作意义是很大的，一方面，因为要素价格扭曲几乎是一直贯穿中国改革开放40多年整个过程的，是我国改革开放过程中的典型性特征事实；另一方面，“新常态”时期的到来，也使得众多的外贸企业面临转型升级的“阵痛期”。在这种背景下，企业出口产品质量升级是一个亟须解决的重要课题。因此，把要素价格扭曲与出口产品质量结合起来研究既立足于中国的基本经济特征，又致力于为当前我国经济高质量发展提供理论依据。但由于在写作过程中一直反复阅读相关期刊及书籍材料，慢慢察觉近年来关于要素价格扭曲影响经济效应的相关文章已经越来越少了，而关于像劳动力工资上涨、最低工资上调等新闻或学术性论文倒是经常出现。换言之，最近两三年，伴随着劳动力工资的不断调整，劳动力要素的价格是否还存在扭曲？这是写作过程中一直考虑的问题。但由于无法拿到最近两三年的微观数据（主要是工业企业数据库和海关数据库），所以这个问题一直没法解决。希望在不久的将来等拿到关于企业层面的相关数据时，笔者再把这个问题好好研究一下。但无论如何笔者都认为，不管本书所探讨的内容是不是与当前经济状况很一致，它的理论意义还是比较明显的，因为至少还有部分生产要素（如资本及部分能源要素）的价格在部分部门（地区）仍处于较明显的“扭曲”状态。

此外，还需特别指出的是，本书探讨的中间品价格扭曲目前也是一直存在的，只是这种扭曲方向与其他要素恰好相反。目前，中间品进口是我国货物进口的最重要的产品种类，所以探讨中间品价格扭曲对产品质量的影响还是很有意义的。但由于中间品价格扭曲的测度需要用到中间品来源国的生产函数和相关数据，这导致目前关于中间品价格扭曲的测度仍比较粗糙，在未来一段时间，笔者会基于改进的测度方法继续研究这个问题。

笔　者

2019 年 8 月